U0871995

高等职业教育智慧财经专业群建设新形态系列教材

大数据技术在财务中的应用（Python版）

微课版

赵丽生◎总主编

乔冰琴　王建虹◎主　编

同济大学出版社
TONGJI UNIVERSITY PRESS
·上海·

内 容 提 要

本书是高等职业教育智慧财经专业群建设新形态系列教材之一。本书内容以Python基础、Python办公自动化、Python数据分析及可视化为主线，以Anaconda为主要开发环境，以项目任务式结构讲解Python技术在财务中的应用。全书共十个项目，主要包括Python基础认知，Python基础程序设计，Python分支结构程序设计，Python循环结构程序设计，业务、财务数据获取，业务、财务数据清洗，数据合并，业务、财务数据统计计算与分组计算，业务、财务数据可视化，财务办公自动化。

本书既可作为高职专科和高职本科财会类专业的课程教材，也可作为应用型本科财会类专业的课程教材，还可作为职业财会人员更新升级知识和技能的参考用书。

图书在版编目（CIP）数据

大数据技术在财务中的应用：Python 版 / 乔冰琴，王建虹主编 . -- 上海：同济大学出版社，2023.6

高等职业教育智慧财经专业群建设新形态系列教材 / 赵丽生总主编

ISBN 978-7-5765-0831-4

Ⅰ. ①大… Ⅱ. ①乔… ②王… Ⅲ. ①财务管理—数据处理—高等职业教育—教材 Ⅳ. ① F275

中国国家版本馆 CIP 数据核字（2023）第 077172 号

大数据技术在财务中的应用（Python 版）

乔冰琴　王建虹　**主编**

责任编辑　杨　艳　**助理编辑**　郭紫月　**责任校对**　徐春莲　**封面设计**　渲彩轩

出版发行　同济大学出版社 www. tongjipress. com. cn
（地址：上海市四平路 1239 号　邮编：200092　电话：021-65985622）

经　销　全国各地新华书店
排　版　南京文脉图文设计制作有限公司
印　刷　苏州市古得堡数码印刷有限公司
开　本　787mm × 1092mm　1/16
印　张　20.5
字　数　512 000
版　次　2023 年 6 月第 1 版
印　次　2024 年 1 月第 2 次印刷
书　号　ISBN 978-7-5765-0831-4

定　价　65.00 元

本书若有印装质量问题，请向本社发行部调换　　版权所有　侵权必究

preface

前言

在教育部发布的《职业教育专业简介（2022年修订）》中，明确“大数据技术在财务中的应用”课程是高职专科大数据与会计专业和会计信息管理专业的核心课程，是高职本科大数据与财务管理专业和大数据与会计专业的基础课程。

本书是支持“大数据技术在财务中的应用”及相关课程教学的新形态教材。本书以项目任务式结构组织教学内容，以培养学生具备应用大数据技术进行业务、财务数据收集，清洗，整理，挖掘和可视化输出等能力为教学目标。

本书共分十个项目：Python基础认知，Python基础程序设计，Python分支结构程序设计，Python循环结构程序设计，业务、财务数据获取，业务、财务数据清洗，数据合并，业务、财务数据的统计计算与分组计算，业务、财务数据可视化及财务办公自动化。前四个项目注重Python基础知识和基本技能的讲解和训练，后六个项目注重Python在业财大数据场景下相关知识和技能的讲解及训练。

本书的主要特点有以下四个方面：

1. 融入课程思政元素

本书全面贯彻党的二十大精神，坚持立德树人的根本任务，将思政教育融入财务大数据技术知识和技能培养体系中，精心选择与国家发展战略紧密相关的公司案例，以案例学习引入中国式现代化、未来国家发展战略、全球生态保护等课程思政内容，培养学生树立正确的世界观、人生观和价值观。

2. 提升综合职业素质

本书内容的编排和阐述突出对学生数字意识和数据逻辑、自主学习和思考能力、综合实操技能以及问题解决能力的培养。本书既是财务大数据技术知识学习与技能训练的综合体，也是思维训练、逻辑训练、职业素养训练、先进科技认知、终身学习能力提升等综合职业能力形成的支撑体。

3. 支持传统财会专业转型

在习近平新时代中国特色社会主义思想的引领下，围绕我国会计理论和实务中新一代信息技术的应用需求，支持财务数字化应用、财务大数据分析、数字化管理会计等岗位群的专业人才培养，助力企业转向精细化管理、靶向化治理及科学化决策，促进高等职业院校财务会计类专业教学向大数据方向转型升级，是本书编写的初心。本书针对大数据技术和 Python 语言在业务、财务融合的应用需求和应用场景，细致梳理岗位需求、深入挖掘真实场景、精心选择序化内容，由浅入深、由易入难，循序渐进地带领读者跨入业财分析的大门。

4. 配套教学资源丰富

本书除配套完备的教学课件、课程标准、练习答案、代码文件及素材文件等教学资源外，还配套任务实施微视频讲解，读者可扫描书中的二维码观看。

本书由山西省财政税务专科学校大数据学院乔冰琴副教授、山西省财政税务专科学校大数据学院王建虹教授担任主编。各项目编写分工如下：项目一和项目十由王建虹编写，项目二由山西省财政税务专科学校会计学院教师翟梦佳编写，项目三由山西省财政税务专科学校会计学院教师闫美娟编写，项目四由山西省财政税务专科学校会计学院教师解峥编写，项目五至项目八由乔冰琴编写，项目九由乔冰琴和王建虹共同编写。山西云会计财税科技有限公司技术负责人霍文亮参与了项目五至项目十的 Python 应用场景设计和案例源代码调优。本书由乔冰琴负责总纂定稿。

本书既可作为高职专科和高职本科财会类专业的课程教材，也可作为应用型本科财会类专业的课程教材，还可作为职业财会人员更新升级新知识和新技能的参考用书。

由于新技术正以令人目不暇接的速度更新迭代，加之编者水平有限，书中难免存在疏漏与不妥之处，敬请广大读者批评指正。

编　者

2023 年 4 月于太原

如何使用
教材配套代码

contents

目录

项目一

Python 基础认知

项目导读

近年来，科技发展的速度越来越快，应用于财务领域的新技术层出不穷。从ERP、财务共享、财务中台，再到财务机器人等，财务一直走在与新信息技术共同发展的路上。作为财务人，在财务数字化的大趋势下，如何向数字化管理会计成功转型？当前，“财务视角＋业务理解＋数据分析能力”成为财务人员转型突破的方向之一。Python作为现阶段非常流行的数据分析工具，不仅语言简洁、容易上手，而且具有强大的数据分析和数据可视化能力。本项目将以搭建财务大数据应用开发环境、使用Jupyter Notebook交互式笔记本、编写Python程序计算应交增值税三个任务为例，讲解Python的基础知识，带领同学们走上Python学习之路，为同学们掌握Python财务大数据分析技能、在未来职业生涯中提升自身价值作好铺垫。

项目分解

项目一　Python基础认知

- ◎ 任务一　搭建财务大数据应用开发环境
- ◎ 任务二　使用 Jupyter Notebook 交互式笔记本
- ◎ 任务三　编写 Python 程序计算应交增值税

学习目标

知识目标

1. 认识 Python 及其编程环境；
2. 掌握 Anaconda 下载和安装的相关操作；
3. 理解 Python 变量、表达式和数据类型等基础知识；
4. 掌握 Python 的赋值语句、输入函数和输出函数。

技能目标

1. 能下载和安装 Anaconda 软件；
2. 能熟练使用 Jupyter Notebook 工具；
3. 能编写简单的 Python 代码。

素质目标

1. 培养学生掌握处理数据的基本能力、增强专业技能；
2. 扩大学生的知识范围，培养学生的程序思维能力；
3. 紧跟时代发展，更新观念，提升学生在数字化时代的竞争力。

任务一 搭建财务大数据应用开发环境

任务描述

人与计算机打交道时，需要通过一种“语言”控制计算机，让计算机为我们做事情，这样的语言就是编程语言。全世界大概有 600 多种编程语言，但流行的编程语言只有 20 多种。不同的计算机编程语言在功能上各有千秋，但在财务大数据应用中通常首选 Python 语言。

“工欲善其事，必先利其器”。在正式学习 Python 数据分析之前，首先需要搭建好 Python 语言环境——Anaconda。本任务将讲解 Anaconda 环境的下载和安装方法，为后面利用 Anaconda 进行大数据处理及分析做好准备。

任务分析

为什么要有开发环境？为什么要用 Anaconda？Anaconda 和 Python 是什么关系？在实际工作中使用 Excel 已经能完成日常财务工作，为什么还要用 Python 来解决财务问题？从哪里下载 Anaconda 环境？怎样安装 Anaconda 环境？安装时需注意哪些问题？本任务将逐一解答上述问题，并带领同学们动手完成财务大数据应用开发环境的搭建。

知识要点

一、Python 语言认知

Python 语言由荷兰人吉多·范罗苏姆（Guido van Rossum）于 1989 年发明，目前已成为非常流行的编程语言之一。关于 Python 的诞生，流传着一段传奇的故事，Python 语言的发明者喜欢看马戏，而该马戏团的名字蒙提·派森（Monty Python）中有一个词是“Python”，因此这位发明者就将其发明的语言命名为 Python。Python 这个词的本义是“蟒蛇”，所以我们看到的 Python 图标就是两条盘在一起的蟒蛇。Python 语言的定位是“优雅”“明确”“简单”，即简明优雅、易于开发，用尽量少的代码就能完成更多的工作。初学者学 Python，不但入门容易，而且还可以借助 Python 的强大功能去完成复杂的业务、财务分析工作。

Python 的应用范围很广，从比较前沿的数据挖掘、科学计算、网络爬虫、图像处理、人工智能到传统的 Web 开发、游戏开发等，Python 都可以胜任。或许正是因为 Python 拥有如此强大的应用场景，所以很多人都加入到学习 Python 的队伍中来。不仅程序员、大学生和其他行业的人员开始使用 Python，就连小学课程中都有了 Python 的影子。也许在不久的将来，Python 真的会成为人人都要懂的语言。

Python 本身的功能并不强，但 Python 是一个开源的编程语言，人人都可以扩展它的功能。Python 的强大功能主要依赖于程序爱好者们无私奉献的第三方扩展库（或称工具包、模块），基于这些库来完成财务大数据分析工作则相当容易和方便。归纳起来，Python 主要有以下三大方面的应用：

（1）Web 开发。许多大型网站就是用 Python 开发的，如知乎、豆瓣、YouTube、Instagram 等。很多大公司，如腾讯、网易、谷歌、雅虎等也在大量地使用 Python 语言完成企业的各种工作。

（2）数据科学。这方面的应用主要包括机器学习、数据分析和数据可视化、人工智能、爬虫等。

（3）脚本。脚本主要指日常工作中需要的小工具或小程序，例如，财务人员使用小程序以辅助完成日常工作等。

二、Python 开发环境认知

计算机本质上只能识别 0 和 1。然而，如果仅仅用 0 和 1 来书写程序难度太大，因此计算机的先驱者们发明了编程语言，这种语言非常接近于人类语言，适合人类使用。在将人类编写的程序交给计算机运行前，需要有一个翻译，以把编程语言编写的程序翻译成计算机能读懂的内容，然后计算机才能按照要求去完成工作，能够提供程序编写界面、承担程序翻译和运行等工作的平台就是开发环境。

像人们上网使用的浏览器有许多不同的浏览器软件、聊天有许多不同的聊天软件、看视频有许多不同的视频软件一样，Python 语言也有很多不同的开发环境可供使用。

Anaconda 主要是基于 Python 语言进行数据处理和科学计算开发的平台，其内置了许多重要的 Python 第三方库。只要在计算机上安装好 Anaconda，就能方便地进行 Python 程序编写及数据分析的工作。初学者仅需下载和安装好 Anaconda，就做好了 Python 数据分析开发环境的基本准备。基于此，本书选择 Anaconda 作为编写和执行 Python 代码的开发环境。

三、Excel 和 Python 的对比

Excel 能完成日常办公中绝大多数数据的分析工作，但是随着移动互联网时代的到来，数据越来越多，使用 Excel 进行数据分析越来越难，而应用 Python 功能丰富且强大的第三方库却可以大幅提高日常工作效率。Excel 和 Python 的不同体现在以下几个方面。

（一）海量数据处理方面

对比一组数据：用 Excel 处理 50 000 行 100 列的数据需要 15 分钟；用 Python 处理 10 000 000 行 50 000 列的数据只需 10 秒。大数据时代，需要处理的数据都是海量数据。当使用 Excel 时，庞大的数据量会造成查询速度和运算速度均明显下降，有时甚至会导致软件无法正常运行；而使用 Python 处理海量数据，无论是查询速度还是运算速度都极快。

（二）复杂计算逻辑方面

分别使用 Excel 和 Python 统计某公司所有门店在 2021 年营销活动期间各月平均经营数据，统计规则如下：

（1）计算各门店各月平均经营数据。

（2）基于开店时间调整每月平均经营数据：若是在 2010 年 1 月 1 日以后开的门店，每月平均经营数据乘以 0.9；否则，每月平均经营数据乘以 1。

（3）基于门店规模调整每月平均经营数据：若是大型门店，每月平均经营数据乘以 0.5；若是中型门店，每月平均经营数据乘以 0.7；若是小型门店，每月平均经营数据乘以 1。

（4）基于城市规模调整每月平均经营数据：若是一线城市门店，每月平均经营数据乘以 0.8；若是二线城市门店，每月平均经营数据乘以 0.9；若是三线城市门店，每月平均经营数据乘以 1。

由于 Excel 是一种菜单式操作软件，完成上述计算所需的步骤比较烦琐，同学们可以自行考虑如何使用 Excel 完成上述计算；而 Python 是一种编程式语言，其提供了丰富的计算功能和强大的程序逻辑，完成上述计算仅需几行代码。

（三）出错概率方面

Excel 的菜单式操作需要手动反复单击菜单功能进行相关设置，这不仅效率低而且易出错；而对于重复性的操作，在 Python 中只需提前编写好程序就可达到一次编写、多次重复自动运行的效果，效率高且不易出错。

任务实施

步骤 1：下载 Anaconda 软件。打开浏览器，在地址栏中输入清华大学开源软件镜像站地址 https://mirrors.tuna.tsinghua.edu.cn/anaconda/archive/，打开如图 1-1 所示的界面。

微课 1：下载与安装 Anaconda

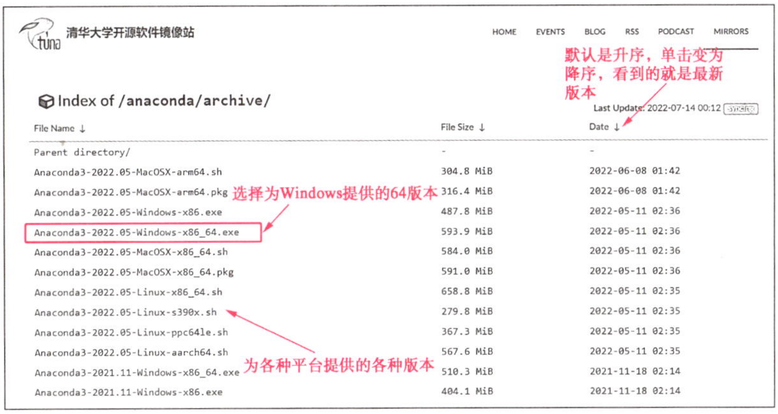

图 1-1　Anaconda 下载界面

在图 1-1 中，第 1 列显示的是可下载文件的文件名（包含 Windows、MacOS 和 Linux 三种操作系统适用的下载文件），第 2 列是可下载文件的大小，第 3 列是可下载文件的上传日期。刚进入这个界面时，所有文件按照上传日期从远到近排序，可以单击 “Date” 改变时间排序方式。若将可下载文件按日期降序排列，则最新上传的文件就会排在最前面。

选择适用于 Windows 操作系统的 Anaconda 安装文件，单击该文件开始下载。

知识拓展

操作系统（Operation System，简称 OS）是管理计算机硬件与软件资源的计算机程序。操作系统需要处理诸如管理与配置内存、决定系统资源供需的优先次序、控制输入设备与输出设备、操作网络与管理文件系统等基本事务。操作系统也会给用户提供一个让用户与系统进行交互的操作界面。

Microsoft Windows 操作系统是美国微软公司研发的一套操作系统；MacOS

是一套由美国苹果公司开发的运行于 Macintosh 系列电脑上的操作系统；UNIX 系统是一个分时操作系统，目前主要用于工程应用和科学计算等领域；Linux 是一种免费使用和自由传播的类 UNIX 操作系统。

步骤 2： 安装 Anaconda。双击下载好的 Anaconda 安装文件，打开 Anaconda 安装向导，按照提示完成 Anaconda 的安装。

步骤 3： 查看 Anaconda 的安装结果。单击“开始”按钮展开程序列表，在其中找到“Anaconda3”文件夹。展开该文件夹后，可以看到其中包含多个 Anaconda 组件，如图 1-2 所示。这些组件中最常用的是“Jupyter Notebook（anaconda3）”，它是 Anaconda 提供的编辑和运行 Python 代码的环境，本书中所有代码的练习都将在这个组件打开的界面中进行。

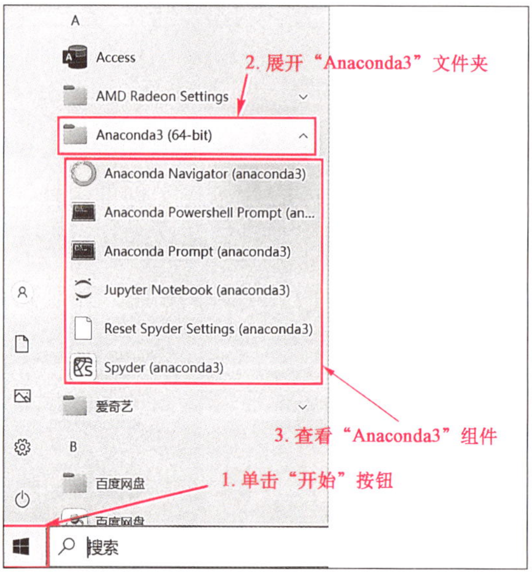

图 1-2　查看 Anaconda 的安装结果

单击图 1-2 中的“Anaconda Navigator（anaconda3）”，若出现如图 1-3 所示的界面，则表示 Anaconda 安装成功。

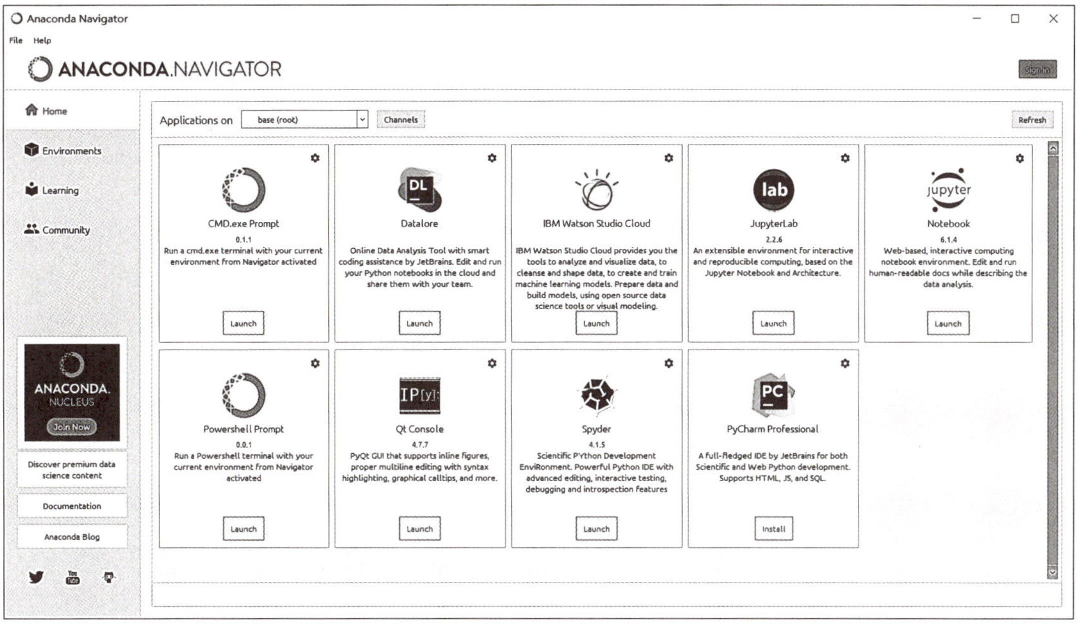

图 1-3 Anaconda Navigator 首页界面

任务二 使用 Jupyter Notebook 交互式笔记本

任务描述

使用 Jupyter Notebook 进行程序的创建、执行等基本操作。打开 Jupyter Notebook 工作环境，同学们可以通过创建和运行自己的第一个 Python 程序，来体验程序的含义以及通过程序控制计算机执行任务的原理，并掌握 Jupyter Notebook 的使用方法。

任务分析

要编写程序，首先要选择一个可以编辑程序代码的环境，Anaconda 集成环境提供了一个代码编辑工具——Jupyter Notebook。如何启动和使用 Jupyter Notebook？如何在 Jupyter Notebook 中输入代码？写代码有没有标准与要求？本任务将带领同学们逐步学习这些知识和技能。

知识要点

一、Jupyter Notebook 认知

Jupyter Notebook 是 Anaconda 集成环境中自带的代码编辑器，在计算机上安装好 Anaconda，就默认拥有了 Jupyter Notebook，不需要再另行下载和安装。从本质上讲，Jupyter Notebook 是一个网页程序，它是以网页的形式打开的，但 Jupyter Notebook 和普通网页不同的是，数据分析师可以在 Jupyter Notebook 页面中直接编写和运行代码，代码的运行结果也会直接在网页中显示，这种操作 Jupyter Notebook 的过程叫作交互式编程。

对于数据分析来说，Jupyter Notebook 最大的优点是可以重现整个分析过程，它可以将数

据分析的一些说明性文字、程序代码、计算公式、图表展示和分析结论都整合在一个文档中，还可以将这个文档方便地分享给他人，以便数据的使用者查看数据分析过程及分析结论。

二、Jupyter Notebook 工作主界面认知

在“开始”—“程序”菜单中，单击“Anaconda3”下的“Jupyter Notebook”，启动 Jupyter Notebook 环境。Jupyter Notebook 启动后会打开两个窗口，其一是如图 1-4 所示的 Jupyter Notebook 服务器界面，在 Jupyter Notebook 工作期间，一定不能关闭此服务器窗口，否则 Jupyter Notebook 将无法正常工作。其二是如图 1-5 所示的在浏览器中打开的 Jupyter Notebook 工作主界面。

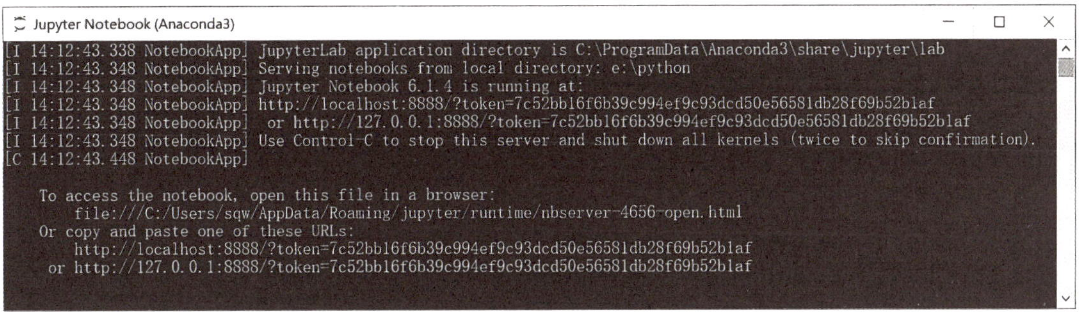

图 1-4　Jupyter Notebook 服务器界面

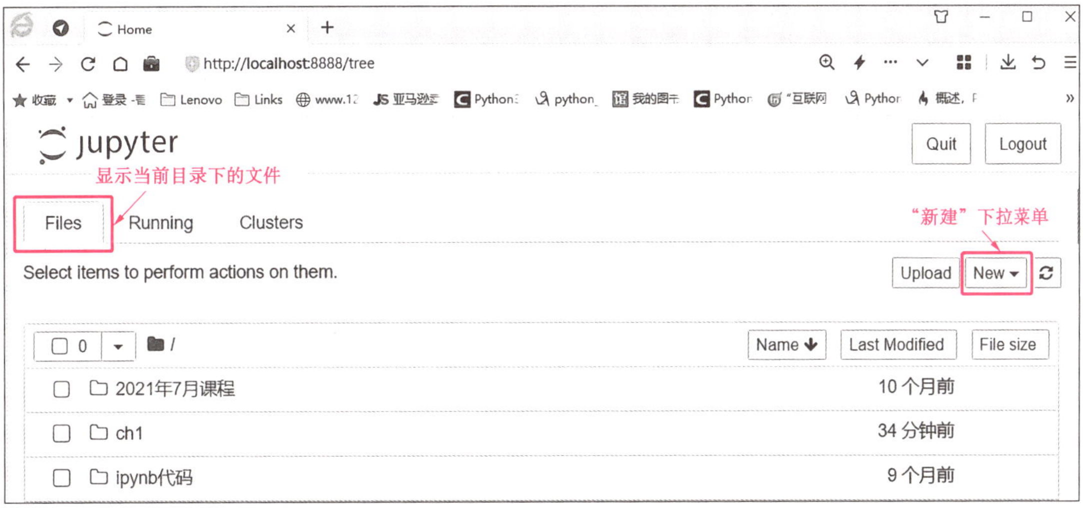

图 1-5　Jupyter Notebook 工作主界面

三、Jupyter Notebook 程序界面认知

图 1-5 是启动 Jupyter Notebook 后显示的工作主界面，此界面显示的是当前文件夹

（系统默认此路径为 C:\Users\xxx，其中，Users 在计算机中可能显示为用户，xxx 是计算机用户名）下的所有子文件夹和文件。若单击某个文件夹（如此处单击“ch1”文件夹），就会进入文件夹界面，如图 1-6 所示。在此界面中，所有新建的文件夹或文件都将保存到“ch1”文件夹中。

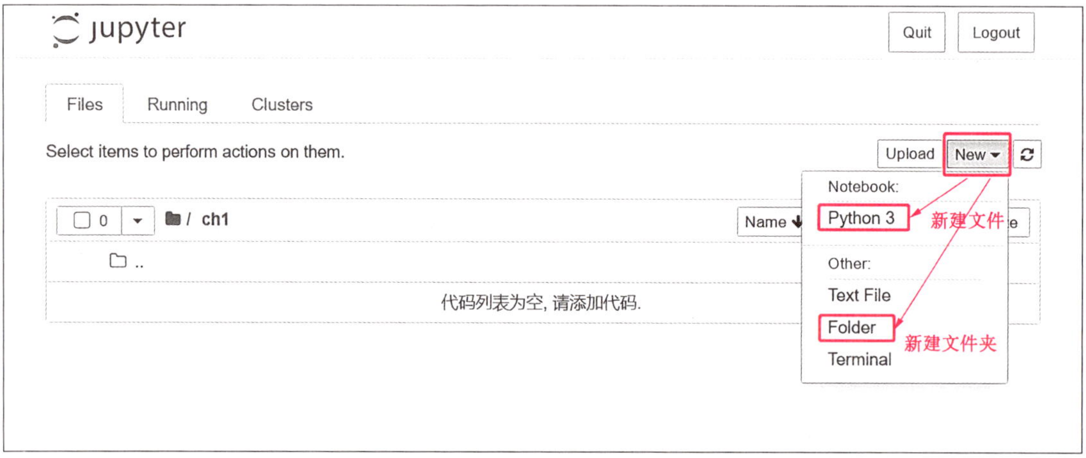

图 1-6　新建 Python 程序文件

提示

若图 1-5 所示的界面中没有“ch1”文件夹，可以单击“New”下拉菜单自行创建。

在图 1-6 中，单击“New”下拉菜单中的“Python 3”(“Python 3”中的“3”是 Python 的版本编号）新建一个 Python 文件，Jupyter 将打开一个可编辑 Python 程序代码的新 Notebook 页面，如图 1-7 所示。

图 1-7　Jupyter Notebook 程序界面

Notebook 界面主要包含三个区域：

（1）文件名称。系统自动将新建的 Python 文件命名为“Untitled”。单击“Untitled”，打开“重命名”对话框，在此可为文件重命名，如图 1-8 所示。

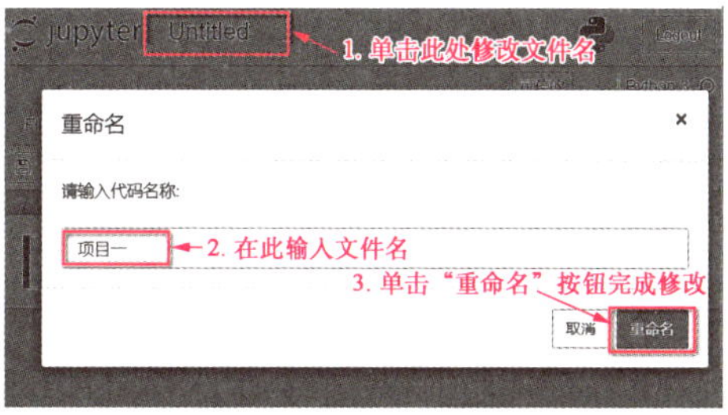

图 1-8　重命名对话框

（2）菜单栏（工具栏）。程序代码的编辑、运行等操作都可通过菜单栏中的菜单或其下的工具栏按钮实现。

（3）编辑区域。程序编辑区域是 Notebook 的主要区域，由一至多个代码单元（Cell）组成，每个代码单元可书写一至多行代码。新建的 Notebook 只有一个代码单元，可以根据需要增加多个代码单元。每个单元都有两种形式：

（1）代码（code）单元。代码单元是编写代码的地方，此类型的单元以“In[序号]:”开头。

（2）Markdown 单元。代码单元中可以输入 Python 代码，也可以输入 Markdown 形式的文本。单击工具栏中“代码”下拉框，从展开的列表中选择“Markdown”选项，就可以将代码单元转换成 Markdown 单元，如图 1-9 所示。

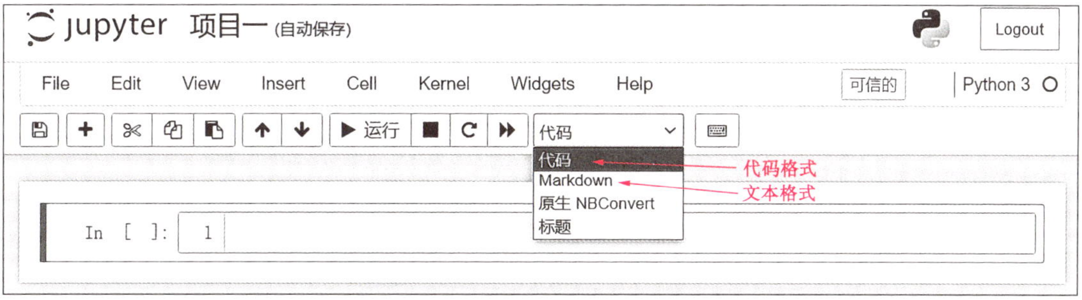

图 1-9　代码和 Markdown 格式切换

可以在 Markdown 单元中编辑文字，用于对程序功能或对数据分析过程作说明。图 1-10 为在 Markdown 单元中输入文字说明。文字前的“#”号个数表示该行文本使用的标题样式，一个“#”号表示一级标题样式，两个“#”号表示二级标题样式，以此类推，可

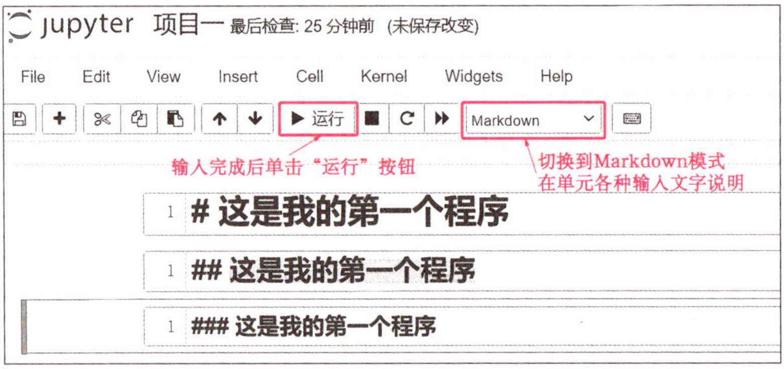

图 1-10　Markdown 模式的使用

以用到六级标题样式。需要注意的是，“#”号和其后的文字之间要用至少一个空格隔开。

四、Python 程序及编码规范

（一）Python 程序认知

计算机是由硬件和软件组成的机器，计算机硬件主要有 CPU、内存、硬盘和输入输出设备等。计算机软件有操作系统软件（如 Windows、Linux 等）以及在操作系统上运行的各种应用程序（如 Word、QQ 等）。

应用程序看起来能做很多事情，能读写文档、播放音乐、聊天、玩游戏、下围棋……但本质上，计算机只会执行预先写好的程序。根据程序的指示，计算机可以读入数据、执行计算、输出计算结果等。因此，可以简单地认为，程序常需要完成三步，即输入数据、处理数据、输出数据。

Python 程序是用户编写的、由多条 Python 命令组合而成的代码集合。执行 Python 程序，可以指挥计算机完成相应的操作。例如，print() 是 Python 中的输出命令，执行 print()，意味着指挥计算机将指定的信息输出到屏幕上（准确地说是输出在 IPython Shell 上）。

（二）Python 语言编码规范认知

类似中文有中文的语法和规则、英语有英语的语法和规则，不同编程语言的语法和规则也各不相同。Python 语言优雅、简洁，其自有一套编码规范。学习 Python 编程，应先了解和掌握最基本的 Python 编码规范。

1. 代码缩进与对齐

代码缩进在 Python 程序中有着非常重要的作用。本书项目一和项目二中所涉及的代码在代码单元中不设置缩进，从项目三开始，就会出现不同缩进的代码。缩进距离相同的代码属于同等级别的代码，这些代码在执行时将自上而下按顺序运行。缩进距离不同的代码具有包含关系，这些内容将在项目三中涉及，这里不重点讲述。

2. 必要的空格和空行

编写 Python 程序时，可以在运算符两侧、函数参数之间、逗号两侧等位置添加空格，也可以在不同功能的代码块之间增加空行，以此来增加程序代码的可读性。

3. 区分大小写

Python 程序严格区分大小写，要格外注意程序代码中的大小写，否则将出现意想不到的错误。例如，将 print 命令写成 Print，程序则会出错。

4. Python 程序文件名后缀

在 Jupyter Notebook 编辑器中编写的 Python 程序文件扩展名为“.ipynb”。

任务实施

步骤 1： 打开 Jupyter Notebook。单击“开始”—“程序”—“Anaconda3”下的“Jupyter Notebook”，启动 Jupyter Notebook 环境。

微课 2：启动和入门 Jupyter Notebook

步骤 2： 创建存放 Python 程序的文件夹。单击“Jupyter Notebook”工作主界面中的“New”，在展开的下拉菜单中单击“Folder”菜单项，创建一个新文件夹。

步骤 3： 重命名新文件夹。新创建的文件夹的默认名称为“Untitled Folder”，这显然并不符合实际使用需要。选中此文件夹，单击工具栏中的“Rename”按钮（动态工具栏，选中对象才会出现），在打开的“重命名”对话框中，输入新文件夹名字“项目一”，单击“重命名”按钮完成此文件夹名称的修改。如图 1-11 所示。

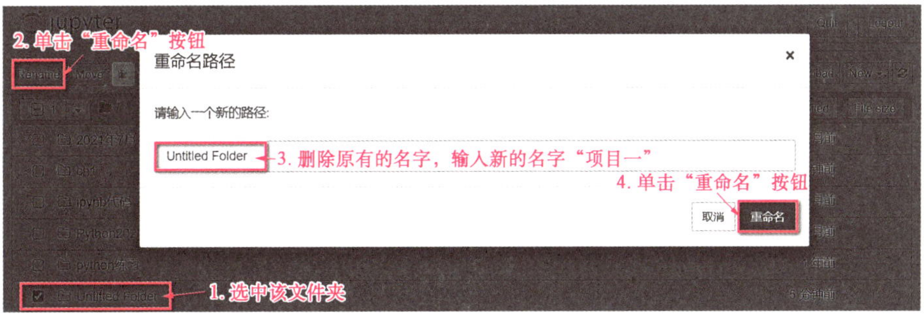

图 1-11 重命名文件夹

步骤 4： 在“项目一”文件夹下新建 Python 文件。单击“项目一”文件夹，转到此文件夹下，如图 1-12 所示。单击“New”下拉菜单中的“Python 3”菜单项，新建一个 Python 文件。此时，Jupyter 将打开一个可编辑 Python 程序代码的新 Notebook 页面，新建的文件名默认为“Untitled”。单击“Untitled”，在打开的“重命名”对话框中，输入新的程序文件名称“项目一-任务二”，单击“重命名”按钮完成修改，重命名方法可参考图 1-8。

图 1-12　新建 Python 文件

步骤 5： 输入 Python 程序代码。新建的 Python 程序中只有一个代码单元，将输入光标移到此单元格中，输入下列 5 行代码。注意每输入完一行代码后，按回车键将输入光标定位到下一行，再继续输入其他行的代码。

微课 3：
编写并运行第一个 Python 程序

```
# 欢迎走进 Python 世界
import datetime
today = datetime.date.today()
print(" 你好！今天是：", today)
print(" 欢迎走进 Python 世界 ")
```

此段代码中，第 1 行代码是注释语句，不具有任何功能，只对程序作说明。第 2 行代码将 datetime 模块导入到当前程序中，用于处理日期和时间。第 3 行调用 datetime 模块中 date 类的 today() 函数获取系统当前日期，并将此日期赋值给 today 变量。第 4 行和第 5 行是使用 print() 函数在屏幕上显示相关信息。

提示

本任务主要介绍如何使用 Jupyter Notebook，因而此处只简单解释代码含义。更多更详细的内容请在后续继续学习。

步骤 6： 5 行代码输入完成后，单击工具栏上的“运行”按钮运行程序，运行结果如图 1-13 所示。

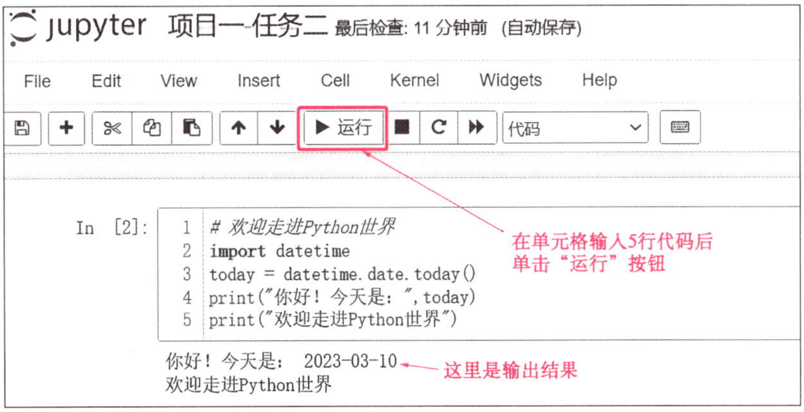

图 1-13　输入并运行 Python 程序

从图 1-13 可以看出，Python 代码的执行结果会显示在代码单元的下方，同时输入光标自动移动到下一个新代码单元中。

步骤 7： 在步骤 6 的代码前添加一行对 Python 代码进行说明的文字。选中第一个代码单元（鼠标单击代码单元左侧的空白处），单击“Insert”—“Insert Cell Above”菜单项，在当前代码单元之前插入一个新代码单元。选中新代码单元，将其切换为“Markdown”模式；在此单元中输入“## 我的第一个 Python 程序”（注意“#”号和文字之间至少有 1 个空格），如图 1-14 所示。

图 1-14　添加文字说明

步骤 8： 单击“运行”按钮运行步骤 7 的代码。至此，本任务的所有代码及其运行结果都显示在当前“项目一--任务二.ipynb”文件的 Notebook 界面，如图 1-15 所示。

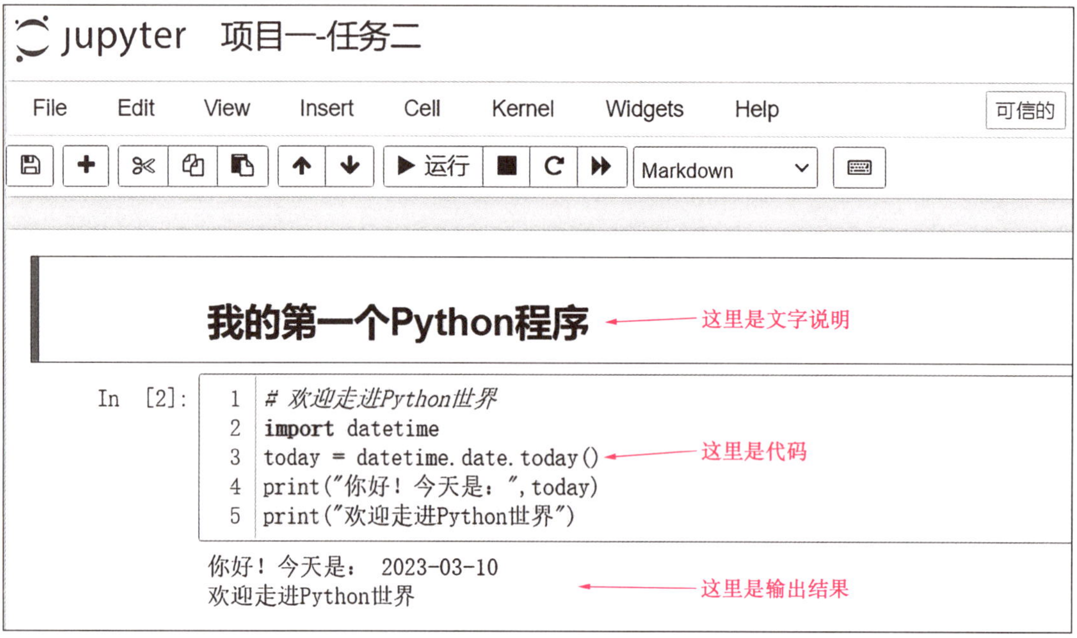

图 1-15　任务二运行结果

任务三 编写 Python 程序计算应交增值税

任务描述

某公司 2022 年第一季度的销售额为 390 000 元，增值税税率为 13%。请编写 Python 程序，按照公式：应交税费（销项税额）= 销售收入 × 税率，计算该公司 2022 年第一季度的应交税费。通过本任务的学习，同学们应该掌握 Python 编程的基础知识，为后续深入学习 Python 更强大的功能做好准备。

任务分析

根据应交税费公式计算应交税费时，首先需要获得销售收入和税率的数值。Python 程序常见的保存数值的方法是定义变量，例如，定义一个名为 income 的变量，用来保存销售收入的值；计算的应交税费也需存储在变量中，那么可以定义一个名为 tax 的变量，用来保存计算结果。

若要增强应交税费程序的计算功能，还可以考虑由用户从键盘输入不同的销售收入数据，这样程序便可以依据用户输入的销售收入计算不同的应交税费。

按照上述分析思路，本任务将带领同学们学习 Python 中有关变量、键盘输入、结果输出、运算符和表达式等方面的知识。

知识要点

一、变量与赋值

Python 程序中使用到的数据都会存放在内存单元中，这些内存单元中的数据可以直接使用；也可以定义一个变量，并将该变量指向内存单元中的数据。后者是编写 Python 程序的常见做法。程序中的变量代表了一种变化的数据，可以根据需要给变量赋不同的值，从而提高程序的灵活性。

给变量赋值通过赋值运算符（=）来实现。示例代码如下：

```
brand = " 华为 "                # brand 是一个变量，被赋值为“华为”
huawei_price = 3800            # huawei_price 是一个变量，将一个整数 3800 赋值给变量

brand = " 小米 "                # brand 重新赋值为“小米”
xiaomi_price = 3500.88         # 将一个浮点数（小数）3500.88 赋值给变量 xiaomi_price
```

上述代码中，brand、huawei_price 和 xiaomi_price 都是 Python 变量，给变量赋值后，就可以在后续的代码中使用该变量的值。变量的值可以改变，改变方法很简单，使用赋值运算符（=）为此变量重新赋值即可。

每行代码中，“#”后面的内容是 Python 的注释。注释是代码中穿插的辅助性文字，用于标识代码的含义和功能，合理使用注释可以提高代码的可读性。不过要注意的是，在运行 Python 程序时，注释语句不会被执行。

二、标识符与关键字

（一）标识符

标识符是用来标识某个对象的名称，现实生活中用苹果、香蕉来表示某种水果，用张三、李四表示某个人。Python 中，变量名、函数名，以及后续要学的模块名等都是标识符。编写程序时，常需用户自行命名一些标识符，而不符合 Python 要求的标识符常会造成程序错误，故了解 Python 标识符的命名规则就格外重要。下面列出 Python 标识符的命名规则：

（1）标识符由字母、下划线和数字组成，且不能以数字开头。

（2）Python 中的标识符区分大小写。例如，andy 和 Andy 是不同的标识符。

（3）Python 中的标识符不能使用关键字。例如，print 不能作为标识符。

（4）尽量用有意义的名字作为 Python 标识符，以提高代码的可读性，例如，使用 city 表示城市，age 表示年龄。

Python 标识符的示例如下：

```
studentNo12            # 合法标识符
xiaomi_price           # 合法标识符，多个单词的命名中尽可能使用小写字母，并用下划线分隔
huaweiBrand            # 合法标识符，驼峰式命名
studentg#12            # 非法标识符，标识符不能包含 # 符号
2ndObj                 # 非法标识符，标识符不能以数字开头
```

提示

若变量名由多个单词组成，则这多个单词可以用下划线连接，如“xiaomi_price”，也可以使用驼峰式命名，如“huaweiBrand”。驼峰式命名中，第一个单词的首字母为小写，第二个及后续单词的首字母均大写，大小写字母一高一低如同驼峰一般，故称为驼峰式命名。

（二）关键字

关键字是由 Python 语言事先定义的、具有特殊含义和功能的标识符。不允许用户自定义和 Python 关键字同名的标识符。本书后续项目中会出现很多 Python 关键字，在学习过程中，请同学们自行留意并记住这些关键字，限于篇幅，此处就不一一列出了。

提示

若要查看 Python 关键字信息，可以在代码单元中输入并运行 help() 命令，进入 Python 帮助系统进行查看。

三、数据类型

对数据进行类型定义，一方面是为了确定数据占内存空间规模大小，类似于普通类型教室能容纳 50 名学生，阶梯类型教室能容纳 150 名学生；另一方面，定义数据类型是为了告诉计算机如何处理这种数据，例如，两个数值可以进行加、减、乘、除等数学运算（2+3=5），或者两个字符串可以连接成一个更长的字符串（'2'+'3'='23'）。

Python 的常用数据类型有整型（int）、浮点型（float）、布尔型（bool）、字符串（string）、列表（list）、字典（dictionary）等。

Python 常用简单数据类型示例如下：

```
name = '小明'          # 将字符串‘小明’赋值给变量 name，字符串是用引号括起来的字符序列
salary = 6888.56       # 将浮点数 6888.56 赋值给变量 salary
working_year = 36      # 将整数 36 赋值给变量 working_year
```

四、表达式与运算符

表达式是数学中算式的概念，只要有计算就有表达式。表示运算的符号被称为运算符，参与运算的数据被称为操作数。例如，4+5 是一个加法运算，“+”为运算符，4 和 5 为操作

数。使用运算符将操作数连接而成的式子被称为表达式。

表达式可分为多种类别，具体类别取决于表达式中所用运算符的类型。运算符的主要类别有赋值运算符、算术运算符、复合赋值运算符、比较运算符、逻辑运算符以及成员运算符。

赋值运算符用“=”表示，注意在 Python 中等于是用“==”表示，两个“=”号中间不能有空格。

算术运算符用于对操作数执行算术运算。算术运算符有加（+）、减（－）、乘（*）、除（/）、%（取余，除法计算后的余数）、幂（**）、//（取整除，除法计算后的商的整数部分）。图 1-16 为算术运算符示例程序，其他更多的运算符将在后面的项目中继续学习。

```
# 下列程序将数值123倒序输出
num = 123                  # 定义一个整数123
a = num %10                # %是取模运算，除法计算后的余数，得到个位数
b = num //10%10            # //是取整除，除法计算后的商的整数部分，得到十位数
c = num//100               # 得到百位数
result = 100*a+10*b+c      # 个位数乘以100加上十位数乘以10加上百位数字
print('结果为：',result)# 输出结果
```

```
结果为： 321
```

图 1-16　算术运算符示例

五、输入函数与输出函数

（一）输入函数 input()

在程序中使用 input() 函数，可以使程序在运行时动态接收用户从键盘上输入的数据。input() 函数示例如图 1-17 所示。

```
1 choice = input('请输入您的选择（Y/N?）')
2 print("选择为：", choice)
```

```
请输入您的选择（Y/N?） Y
```

图 1-17　input() 函数示例

上述示例中一共有两行代码，第 1 行代码是将用户从键盘输入的数据赋值给变量 choice，当程序执行到 input() 函数时，程序会立即暂停，并在屏幕上显示提示信息，图 1-17 中，input() 函数的参数是一个用一对单引号定界的字符串，此字符串作为 input() 函数的提示信息，提醒用户从键盘输入数据，用户输入结束后要按回车键确认输入，这样 input() 函数就能将用户的输入值带回程序中，程序收到 input() 函数的返回值后，将该值赋值给变量 choice，才会继续向下执行第 2 行代码。

input() 函数将用户的输入一律处理为字符型数据。此例中，当用户输入 Y 时，程序将把 input() 函数带回的“Y”赋值给变量 choice，接着 print() 函数输出 choice 变量的值。运行结果如图 1-18 所示。

```
choice = input('请输入您的选择（Y/N?）')
print("选择为：", choice)
```

```
请输入您的选择（Y/N?）Y
选择为： Y
```

图 1-18 input() 函数的运行结果

（二）输出函数 print()

Python 使用 print() 函数将程序处理的结果显示在屏幕上。print() 函数的功能非常强大，它既可以直接输出数据，也可以输出变量，还可以将表达式的结果计算出来并输出；它既可以输出单个值，也可以输出多个用逗号分隔的值，还可以输出带格式的字符串等。

print() 函数的基本用法示例如图 1-19 所示。

```
print(6)                        # 使用print函数输出一个对象

# 使用print函数输出多个对象，用逗号分隔，输出的结果默认用空格分隔
x = 6
print(x,9,'python')             # 输出多个对象，可以是变量、数值、字符串等

# print（）函数可以省略所有参数，表示输出一个空行
print()
print(x,9,'python',sep='#')     # 输出结果希望用“#”分隔，使用sep参数

# 每执行一次print，默认都会换行，如果不想换行，可以设置 end参数
print("中国，",end=' ')          # 用空格结尾，不换行，所以和下一个输出语句的内容显示在一行
print("加油！")                  # 上一个输出没换行，这句输出和上一句的输出显示在一行
print('3+2 =',3+2)              # 可以直接输出表达式的值
```

```
6
6 9 python        <------ 输出多个对象的值
                  <------ 输出空行
6#9#python        <------ 输出结果用#分隔
中国， 加油！       <------ 不换行，两条语句输出在一行
3+2 = 5           <------ 输出表达式的值
```

图 1-19 print() 函数示例

任务实施

步骤 1： 打开 Jupyter Notebook，在 Jupyter Notebook 中新建一个 Python 文件，将其命名为“项目一-任务三.ipynb”。

微课 4：编写应交增值税程序

步骤 2： 在第一个代码单元中，输入如下代码并运行。

```
income = 390000       # 定义销售收入
tax = income * 0.13     # 计算税费
print('应交税费为：', tax, '元')
```

以上 3 行代码构成一个 Python 程序，代码 income=390000 使用赋值运算符将 390000 赋值给 income 变量；同理，代码 tax=income*0.13 使用赋值运算符将表达式 income * 0.13 的计算结果赋值给变量 tax；代码 print(' 应交税费为：', tax, ' 元 ') 使用 print() 函数输出 3 项内容，第 1 项是字符串 ' 应交税费为：'，第 2 项是变量 tax 的值，第 3 项是字符 ' 元 '。

步骤 3： 为代码添加文字说明。选中第 1 个代码单元，单击 "Insert"—"Insert Cell Above" 菜单项，在第 1 个代码单元之前插入一个新的代码单元。切换此代码单元为 Markdown 模式，输入 "#### 计算应交增值税" 后运行代码（注意 "#" 号和文字之间有空格）。

步骤 2 和步骤 3 的运行结果如图 1-20 所示。

计算应交增值税

```
income = 390000          # 定义销售收入
tax = income * 0.13      # 计算税费
print('应交税费为：', tax, '元')
```

```
应交税费为： 50700.0 元
```

图 1-20　计算应交税费

步骤 4：使用 input() 函数接收用户从键盘输入的销售收入，实现 Python 程序根据用户输入的数据动态计算应交税费的效果。代码如下：

```
income = input(' 请输入销售收入：')      # 使用 input() 函数接收从键盘输入的数据
income = float(income)                   # 将 income 的值转换为浮点型数据
tax = income * 0.13                      # 计算应交税费
print(' 应交税费为：', tax, ' 元 ')       # 输出结果
```

其中，代码 income = input(' 请输入销售收入：') 使用 input() 函数接收用户从键盘输入的销售收入数据，并将此数据赋值给变量 income。由于 input() 函数以字符串形式接收数据，无论用户输入的内容是数字还是字符，input() 一律以字符串形式返回给变量 income，即 income 的值是字符串类型，这显然并不符合程序对 income 变量的取值要求，因为后续 income 需要参与乘法运算。

代码 income=float(income) 中，float() 函数将字符型的 income 转换为浮点型的 income，并将转换结果重新赋值给变量 income。

后续两行代码完成 tax 的计算，并输出计算结果。

运行代码，输入销售收入 890000，最终程序输出结果如图 1-21 所示。

```
请输入销售收入：890000
应交税费为： 115700.0 元
```

图 1-21　使用 input() 函数接收销售收入并计算应交税费

知识拓展

除了 float() 函数可以将字符型数据转换为浮点型小数外，Python 还提供了 int() 函数和 chr() 函数来实现不同数据类型之间的转换。int() 函数是将其他类型数据转换为整数，chr() 函数则是将其他类型数据转换为字符。

步骤 5： 利用 Jupyter Notebook 的导出功能，将 .ipynb 形式的 Python 程序导出为其他格式的文件，如 HTML 网页格式、PDF 文件格式、Notebook 笔记本格式、Python 文件格式等。单击 “File” 菜单，将鼠标置于 “Download as” 菜单项，在展开的二级菜单中单击 “HTML(.html)”，将当前的 Notebook 文件导出为网页文件。如图 1-22 所示。

微课 5：导出 Notebook 文件

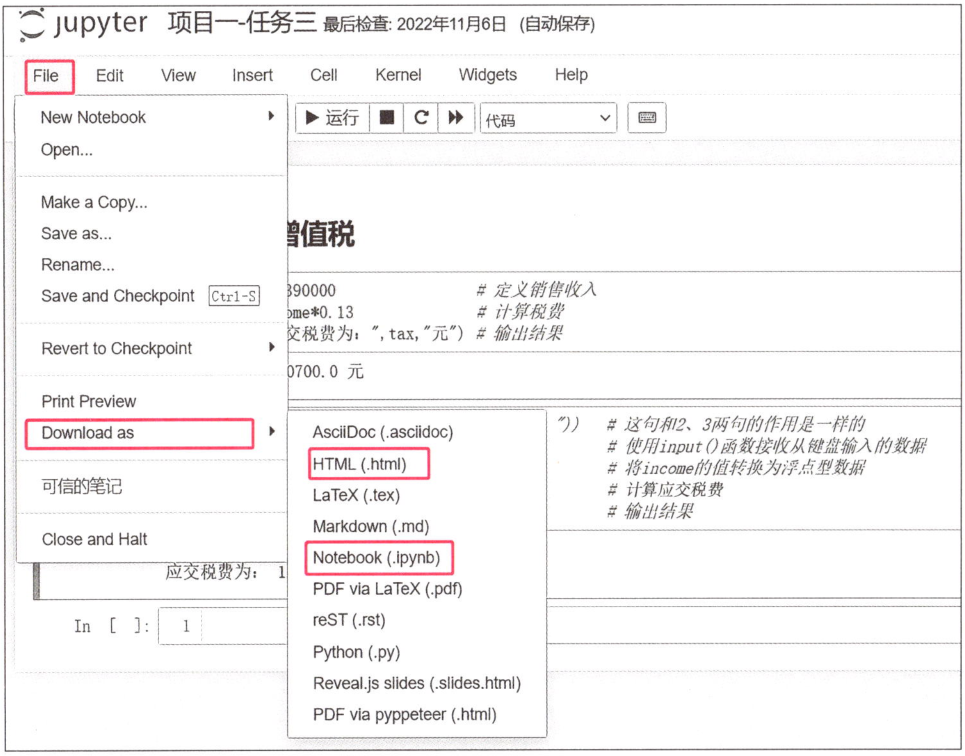

图 1-22　导出文件

步骤 6： 利用导出功能将当前的 Notebook 文件导出到合适的文件夹下。单击“File”菜单，将鼠标置于“Download as”菜单项，在展开的二级菜单中单击“Notebook(.ipynb)”，打开如图 1-23 所示的对话框，单击“浏览”按钮可以将当前的 Notebook 文件导出到合适的文件夹下。

图 1-23　选择导出文件夹

项目总结

Python 是一种高级编程语言，使用 Python 进行数据分析需要安装第三方工具包，而 Anaconda 中集成了常用的数据分析工具包，因此 Anaconda 是编写和执行 Python 数据分析代码的首选环境。Jupyter Notebook 是 Anaconda 集成环境中的一个组件，是一个交互式的网页型 Python 代码编辑器。Jupyter Notebook 页面中有两种可编辑单元模式：Markdown 单元模式和代码单元模式，这两种模式允许用户方便地将说明性文字、程序代码、计算公式、图表和分析结论都整合在一个 Notebook 文件中。

本项目通过三个任务的学习，带领同学们认识了 Jupyter Notebook 工具，初步掌握了 Python 的基础知识以及 Python 程序的编写和运行方法，为后续继续深入学习 Python 做好了准备。

实战演练

一、单选题

1. Python 中使用（　　）符号表示单行注释。

A. #　　B. /　　C. //　　D. <!-- -->

2. 下列变量名中，合法的是（　　）。

A. dogNo12　　B. dog#12　　C. 2ndObj　　D. current assets

3. 在 Python 中，具有特殊功能和含义的标识符被称为关键字，下列选项中不是关键字的是（　　）。

A. input　　B. print　　C. float　　D. currentAssets

4. 下列选项中，不属于数字类型的是（　　）。

A. 整型　　B. 浮点型　　C. 字符型　　D. 布尔型

5. Python 中的 input() 函数可以接收从键盘输入的数据，下列关于 input() 函数的说法中，不正确的是（　　）。

A. 可以接收从键盘输入的任何类型的数据

B. 运行 input() 函数时，程序会立即暂停，等待用户输入

C. 用户从键盘输入数据，并按回车键确认输入后，程序才会继续向下执行

D. 用户从键盘输入的数据会以字符串的形式作为 input() 函数的返回值

二、实操题

1. 练习从清华大学开源软件镜像站下载适合自己计算机的 Anaconda 安装程序。
2. 在计算机上练习安装 Anaconda 环境，并检验是否安装成功。
3. 在 Jupyter Notebook 中创建 Python 程序，根据用户从键盘输入的身高与体重，完成 BMI 指数的计算。

说明：BMI 指数是用体重（千克）除以身高（米）的平方得出的数字，是国际上常用的衡量人体胖瘦程度以及是否健康的一个标准。

4. 在 Jupyter Notebook 中创建 Python 程序，依据毛利率计算公式：毛利率 = 毛利润 / 营业收入 ×100%，计算某公司 2022 年 12 月的销售毛利率。文件名自行命名。该公司 12 月的相关数据为：营业收入为 300 万元，毛利润为 106 万元。
5. 将第 4 题修改为从键盘输入营业收入和毛利润，并根据输入数据计算毛利率。

项目二
Python 基础程序设计

项目导读

学习一门外语常需经历从易到难、从字词到段落最后再到文章的过程。学习 Python 这样的编程语言也需从变量、运算符、列表、字典、元组等基础知识开始，经过分支结构、循环结构等程序逻辑的学习，到 Pandas、Matplotlib 等工具包的学习，最终再将 Python 应用到财务场景，实现基于 Python 的业务、财务分析并辅助企业决策的全过程。本项目将以使用列表计算销售毛利率、使用字典计算流动比率两个任务为例，讲解 Python 基础程序设计的相关知识，开启财务大数据分析的大门。

项目分解

项目二　Python 基础程序设计

- ◎ 任务一　使用列表计算销售毛利率
- ◎ 任务二　使用字典计算流动比率

学习目标

知识目标

1. 理解 Python 列表并掌握列表的基本用法；
2. 理解 Python 字典并掌握字典的基本用法。

技能目标

1. 能熟练操作列表；
2. 能熟练操作字典。

素质目标

1. 培养学生最基本的程序逻辑思维、财务大数据认知及数据处理能力；
2. 培养学生对代码的基础认知力及应用代码解决问题的初始意愿。

任务一 使用列表计算销售毛利率

任务描述

表 2-1 提供了上海 EL 公司 4 年的营业收入和营业成本数据，本任务将基于这些数据，分别计算这 4 个年度的销售毛利率。销售毛利率的计算公式为：毛利率 = 毛利润 / 营业收入 ×100%=（营业收入－营业成本）/ 营业收入 ×100%。

表 2-1　上海 EL 公司 2019 年至 2022 年 4 个年度相关数据

单位：元

项目	2019/12/31	2020/12/31	2021/12/31	2022/12/31
营业收入	16 384 460 845.12	16 622 477 702.45	25 910 722 692.18	30 836 033 599.98
营业成本	14 638 530 898.60	14 965 384 385.33	21 601 779 075.48	25 477 176 429.80

任务分析

在编写 Python 程序计算上海 EL 公司各年销售毛利率时，需将用到的数据保存在 Python 程序中。由于本任务涉及数据较多，若直接使用项目一学过的变量来存储这些数据，则需要定义多个变量，而在程序中管理多个变量比较麻烦。Python 提供了列表类型数据，列表是一种容器类型数据，一个列表可以存储多个数据。针对本任务，可以定义 4 个列表，每个列表保存 1 年的营业收入和营业成本，这样 4 年的 8 个数据只需定义 4 个列表即可。

知识要点

一、列表

列表是 Python 重要的数据类型之一，是一组任意对象的有序集合。使用列表可以使

Python 程序更加简洁、功能更加强大。定义列表的语法格式如下：

```
[ele1,ele2,ele3,...]
```

其中，[] 是定义列表的专用符号，列表中的元素必须用 [] 括起来；列表元素 ele1, ele2, ele3,... 可以是任意类型的对象；不同列表元素之间用英文逗号分隔。

图 2-1 的代码中，第 1 行代码 list1=['math','chinese',167,345] 定义了一个名为 list1 的列表，该列表包含 4 个列表元素，'math' 和 'chinese' 是字符串类型的列表元素，167 和 345 是整数类型的列表元素。

```
1  list1 = ['math', 'chinese', 167, 345]   # 创建列表
2  print(list1)                            # 输出列表
```

```
['math', 'chinese', 167, 345]
```

图 2-1　创建列表

图 2-2 的代码中，第 1 行代码使用 type() 函数返回列表 list1 的类型名称。从图中可以看出，list1 的数据类型为 'list'，即 list1 的数据类型为列表。

```
1  print(type(list1))   # 使用type()函数查看list1数据类型
```

```
<class 'list'>
```

图 2-2　列表的类型名称

思考

若 x=12，则 type(x) 的结果是什么？若 y=12.26，则 type(y) 的结果是什么？

二、列表的基本操作

列表是一种有序的数据集合，列表中的每个元素都有位置编号，这种位置编号被称为列表元素的索引，索引是操作列表元素的重要手段。

列表元素的索引有两种方式，其一是从左至右、从 0 开始依次增 1 对元素顺序编号，即元素依次编号为 0，1，…，n−1；其二是从右至左、从−1 开始依次减 1 对元素顺序编号，即元素依次编号为−1，−2，…，−n；其中，n 是列表的长度，即列表的元素个数。两种编号方式适用于不同的场景，具体应用时，哪种方便使用哪种。

程序中常用的对列表操作的方式通常有：获取列表元素、修改列表元素、增加列表元素或者删除列表元素。

（一）获取列表元素

获取列表元素有两种方法：索引和切片。这两种方法都是按照列表元素的位置编号来获取元素的。

1. 索引方式获取列表元素

索引方式获取列表元素示例如图 2-3 所示。

```
list2 = ['财务', '大数据', 12, 12.26]  # 创建列表
print(list2[0])                       # 输出列表第0个元素
print(list2[2])                       # 输出列表第2个元素
print(list2[-1])                      # 输出列表最后一个元素
print(list2[-4])                      # 输出列表第0个元素
```

```
财务
12
12.26
财务
```

图 2-3　通过索引访问列表元素

2. 切片方式获取列表元素

切片方式可以从列表中获取多个连续的元素，从列表中切片的语法格式如下：

```
list_name[start:end:step]
```

其中，start、end 是元素的索引，start 是第一个截取的元素索引，end 是第一个不截取的元素索引。step 是截取的步长，可取正负值，正值表示从左至右截取，负值表示从右至左截取；step 缺省状态下取 1，表示从左至右逐个截取元素。

切片示例如图 2-4 所示。从图中可以看出，切片操作获取的也是列表；而索引方式获取的是列表元素本身（参见图 2-3）。

```
list3 = [1, 2, 3, 4, 5, 6] # 创建列表
print('1:',list3[0:3])      # 切片索引为0、1、2的元素
print('2:',list3[:3])       # 从0开始切片时，可以省略start
print('3:',list3[1:])       # 切片到最后一个元素时，可以省略end
print('4:',list3[3:6])      # end超过最后一个元素的索引，则切片到最后一个元素
print('5:',list3[:])        # start和end都省略时，切片所有元素
print('6:',list3[::2])      # step为2，按步长2切片
print('7:',list3[5:3:-1])   # 从右至左切片，start为5，end为3
print('8:',list3[5:3:1])    # 从左至右切片，start为5，end为3，返回空列表
print('9:',list3[-1:-5:-1])# 从右至左切片，start为-1，end为-5
```

```
1: [1, 2, 3]
2: [1, 2, 3]
3: [2, 3, 4, 5, 6]
4: [4, 5, 6]
5: [1, 2, 3, 4, 5, 6]
6: [1, 3, 5]
7: [6, 5]
8: []
9: [6, 5, 4, 3]
```

图 2-4　通过切片访问列表元素

提示

step 取正值时表示正向切片，即从左至右切片，此时，start 的索引位置必须在 end 的左面；step 取负值时表示反向切片，即从右至左切片，此时，start 的索引位置必须在 end 的右面。

（二）修改列表元素

如果要修改列表中的元素，可以通过给列表元素重新赋值来实现。示例如图 2-5 所示。

```
list4 = ['Python', '财务', 167, 345]
list4[2] = 789         # 修改列表元素
print(list4)
```

```
['Python', '财务', 789, 345]
```

（a）修改单个元素

```
list5 = [1, 2, 3, 4, 5, 6]
list5[:2] = ['a','b'] # 修改列表元素
print(list5)
```

```
['a', 'b', 3, 4, 5, 6]
```

（b）修改多个元素

图 2-5　修改列表元素

提示

不能为列表中不存在的位置赋值，如执行 list5[6] = 123，系统将提示 “IndexError: list assignment index out of range”，表示列表索引超出范围。

（三）增加列表元素

向列表中增加新元素可以使用 append()、insert() 和 extend() 等方法。

1. append() 方法

append() 方法是以追加形式在列表的最后添加新元素。其语法格式是：列表名.append(数据)。示例如图 2-6 所示。

```
# 使用append()增加列表元素
list6 = []                 # 定义空列表
list6.append(-1)           # 在列表末尾追加元素-1
list6.append('a')          # 在列表末尾追加元素'a'
list6.append([1,10])       # 在列表末尾追加另一个列表
print(list6)               # 输出列表
```

```
[-1, 'a', [1, 10]]
```

图 2-6　使用 append() 增加元素

2. insert() 方法

insert() 方法是将新元素插入列表指定位置。其语法格式是：列表名.insert（插入位置，插入的数据）。示例如图 2-7 所示。

```
# 使用insert()增加列表元素
list7 = [1, 2, 3]
list7.insert(2,0)        # 在索引为2的位置插入元素0
list7.insert(0,[8, 9]) # 在索引为0的位置插入列表[8,9]
print(list7)
```

```
[[8, 9], 1, 2, 0, 3]
```

图 2-7　使用 insert() 增加元素

3. extend() 方法

extend() 方法用于在列表末尾一次性追加另一个序列中的多个值，即用新序列扩展原来的列表。其语法格式是：列表名.extend（数据）。示例如图 2-8 所示。

```
# 使用extend()扩展列表元素
list8 = [1, 2, 3]
list8.extend([5, 6]) # 用[5, 6]扩展list8
print(list8)
```

```
[1, 2, 3, 5, 6]
```

图 2-8　使用 extend() 增加元素

提示

在使用 append() 和 insert() 添加列表元素时，若给出的新元素不是单个值，而是一个序列，则 append() 和 insert() 都是将新序列整体作为一个新元素添加到列表中；而 extend() 是在原列表末尾添加新序列中的各个值。

append() 和 insert() 既可以在列表中添加单个值，也可以添加序列对象；而 extend() 只能在原列表末尾添加序列对象。

（四）删除列表元素

可以使用 del 语句来删除列表中的元素，del 语句既可使用索引删除单个元素，也可使用切片删除连续多个元素。示例如图 2-9 所示。

```
# 删除列表元素
list9 = ['I', 'am', 'very','very', 'happy']
del list9[2]    # 删除索引为2的元素
print(list9)
del list9[1:3] # 删除从1到3（不包括3）的元素
print(list9)
```

```
['I', 'am', 'very', 'happy']
['I', 'happy']
```

图 2-9　删除列表元素

任务实施

一、使用列表计算各年度销售毛利率

微课 6：使用列表计算各年度销售毛利率

步骤 1： 打开 Jupyter Notebook，在 Jupyter Notebook 中新建一个 Python 文件，将其命名为“项目二-任务一.ipynb”。

步骤 2： 使用 Markdown 模式，添加一个标题，输入以下内容并运行：

```
### 一、使用列表计算上海 EL 公司 2019 年至 2022 年各年度销售毛利率
```

步骤 3： 定义列表 gList1，用于存储上海 EL 公司 2019 年的相关数据。代码如下：

```
# 定义列表，存储上海 EL 公司 2019 年的相关数据
gList1 = [16384460845.12, 14638530898.60]
print(" 列表为：",gList1)                              # 输出列表
print(" 列表各元素分别为：",gList1[0],gList1[1])       # 输出列表各元素的值
```

gList1 是一个包含两个元素的列表；两条 print() 命令分别输出列表本身及列表中各元素的值。注意区别列表对象与列表中的元素，print(" 列表为 :",gList1) 输出的列表是由一对 [] 定义的对象，其中包括 2 个元素；而 print(" 列表各元素分别为 :",gList1[0],gList1[1]) 采用索引分别输出指定的列表元素，此处，gList1 中的各个元素都是小数。

运行代码，结果如图 2-10 所示。

```
列表为： [16384460845.12, 14638530898.6]
列表各元素分别为： 16384460845.12 14638530898.6
```

图 2-10　用列表存储 2019 年相关数据

提示

注意代码中的中括号和逗号都是英文符号。

步骤 4： 采用复制列表和修改列表元素的方法创建 gList2 列表，用于存储上海 EL 公司 2020 年的相关数据。代码如下：

```
''' 复制列表 gList1 的所有元素到列表 gList2 中，
列表 gList2 存储 2020 年的相关数据 '''
gList2=gList1             # 复制 gList1 中所有元素
print(' 复制后 gList2 的值是：{}'.format(gList2))
# 修改列表 gList2 中的所有元素
gList2=[16622477702.45,14965384385.33]
print(' 重新赋值后 gList2 的值是：{}'.format(gList2))
```

其中，一对三引号括起来的内容是 Python 中多行注释语句的定义形式。代码 gList2=gList1 采用赋值方式将 gList1 赋值给 gList2，此时 gList2 与 gList1 内容相同。代码 gList2=[16622477702.45,14965384385.33] 采用赋值命令重新给列表 gList2 赋值；也可以采用这种赋值方式修改列表中的某个值，例如，代码 gList2[0]=16622477702.45 只修改索引为 0 的元素值，其他值保持不变。

运行代码，结果如图 2-11 所示。

```
复制后gList2的值是:[16384460845.12, 14638530898.6]
重新赋值后gList2的值是：[16622477702.45, 14965384385.33]
```

图 2-11　用列表存储 2020 年相关数据

知识拓展

format() 函数是一种格式化字符串的方法，主要用来构造动态字符串，其使用格式为 str.format()。其中，str 是一个包含 {} 的字符串模板，{} 用于在 str 的指定位置占位，同时可以通过 {} 为对应的占位字符设置显示格式。执行 str.format() 时，format 中的参数将替换到格式字符串 str 的 {} 位置，并以 {} 中预先设定好的格式输出。若 str 中有多个 {}，还可以设置每一个 {} 对应于 format() 中的哪个数据；若没有设置 {} 与 format() 中的值的对应关系，则所

有 {} 默认从 0 开始按顺序递增编号，并自动与 format() 中的各个值一一对应。format() 示例如图 2-12 所示。

```
# 不指明{}与format()参数对应关系时，二者顺序对应
print('{},{}'.format('li', 25))
# 不指明{}与format()参数对应关系时，{}数量可以少于format()参数数量,反之会出错
print('我爱吃{}和{}。'.format('香蕉', '苹果', '大鸭梨'))
# 使用变量名表示{}与format()参数的对应关系
print('{name},{sex},{age}'.format(age = 25, sex = 'male', name = 'li'))
# 使用format()参数的位置索引表示{}与format()参数的对应关系
print('小明身高{0}，家住{1}。'.format(1.8, '北京'))
# 使用format()参数的位置索引表示{}与format()参数的对应关系
print('{0}今年{1}。\n{0}和我是朋友。\n{0}和li也是朋友。'.format('小明', 17))
```

```
li,25
我爱吃香蕉和苹果。
li,male,25
小明身高1.8，家住北京。
小明今年17。
小明和我是朋友。
小明和li也是朋友。
```

图 2-12 format () 函数示例

步骤 5： 定义列表 gList3，用于存储上海 EL 公司 2021 年的相关数据。代码如下：

```
# 定义列表，存储 2021 年的相关数据
gList3 = []                                   # 定义一个空列表
gList3.append(float(input(' 营业收入：')))    # 利用 append() 给列表追加营业收入
gList3.insert(1,float(input(' 营业成本：')))  # 利用 insert() 给列表追加营业成本
print("2021 年的数据 :",gList3)               # 输出列表
```

代码 gList3=[] 定义了一个空列表，空列表是不包含任何元素的列表，用一对空中括号 [] 表示。

代码 gList3.append(float(input(' 营业收入：'))) 使用 append() 向 gList3 列表末尾追加元素；这是一个三层函数嵌套的代码，Python 将以从里至外的方式逐层运行各个函数。程序执行此代码时，先执行最里层的 input ()，input() 将接收用户从键盘输入的数据；接着执行第二层的 float ()，float() 将用户输入的数据转换成浮点数；最后执行最外层的 append ()，append() 将该浮点数追加到列表。特别要注意：input() 会将用户从键盘输入的任何数据都处理为字符型数据，此处用户从键盘输入的营业收入需使用 float() 函数将数据转换为浮点类型，才能参与后续的数值计算。

代码 gList3.insert(1,float(input('营业成本：'))) 使用 insert() 向 gList3 的 1 位置处插入元素。运行此代码时，先执行最里层的 input ()，再执行第二层的 float ()，最后执行最外层的 insert ()，即将用户从键盘输入的数据先转换成浮点数，再插入到列表的指定位置。

运行代码，结果如图 2-13 所示。

```
营业收入：25910722692.18
营业成本：21601779075.48
2021年的数据：[25910722692.18, 21601779075.48]
```

图 2-13　用列表存储 2021 年相关数据

知识拓展

除了 float() 外，Python 还提供了其他数据类型转换函数，Python 中常用的类型转换函数见表 2-2。

表 2-2　Python 中常用的类型转换函数

函数	功能描述
int(x)	将 x 转换为整数
float(x)	将 x 转换为小数
str(x)	将 x 转换为字符串

步骤 6： 计算上海 EL 公司 2019 年至 2021 年 3 个年度的销售毛利率，并将这 3 个计算结果存储到列表 elGPM 中；完成全部计算后，输出每个年度的销售毛利率。代码如下：

```
# 计算上海 EL 公司 2019 年至 2021 年的销售毛利率
elGPM = []
elGPM.append((gList1[0]-gList1[1])/gList1[0])
elGPM.append((gList2[0]-gList2[1])/gList2[0])
elGPM.append((gList3[0]-gList3[1])/gList3[0])
print('2019、2020、2021 年销售毛利率 \n{}'.format(elGPM))
print('2019 年销售毛利率 {:.4f}'.format(elGPM[0]))
print('2020 年销售毛利率 {:.4f}'.format(elGPM[1]))
print('2021 年销售毛利率 {:.4f}'.format(elGPM[2]))
# 将销售毛利率的值用百分比格式显示，保留两位小数位数
GPM1Percent = '{:.2%}'.format(elGPM[0])     # 构造格式字符串
```

```
print(" 上海 EL 公司 2019 年销售毛利率：",GPM1Percent)
GPM23Percent = '{:.2%}\t{:.2%}'.format(elGPM[1],elGPM[2])
print(" 上海 EL 公司 2020 年、2021 年销售毛利率分别是：",GPM23Percent)
```

此代码首先建立一个空列表 elGPM，然后使用列表 elGPM 的 append() 方法将计算好的 2019、2020、2021 年的销售毛利率添加到列表 elGPM 中。接着使用 4 个 print() 命令依次输出列表 elGPM 及 elGPM 中的每个元素值。注意在代码 print(' 2019、2020、2021 年销售毛利率 \n{}'.format(elGPM)) 中，\n 是 Python 中的换行符号，即此 print() 命令在第 1 行输出字符串“2019、2020、2021 年销售毛利率”，在第 2 行输出列表 elGPM。

代码中的 GPM1Percent 变量是格式字符串变量，它将 elGPM[0] 设置为保留 2 位小数的百分比形式，随后的 print() 代码输出了 GPM1Percent 的值，即上海 EL 公司 2019 年的销售毛利率。

同理，代码中的 GPM23Percent 变量也是格式字符串变量，它将 elGPM [1] 和 elGPM [2] 设置为保留 2 位小数的百分比形式，随后的 print() 代码输出了 GPM23Percent 的值，即上海 EL 公司 2020 年和 2021 年的销售毛利率。

注意倒数第 2 行代码中的格式串 '{:.2%}\ t{:.2%}'，其中第 1 个 {:.2%} 对应 elGPM [1]，第 2 个 {:.2%} 对应 elGPM [2]，\t 是 Python 转义字符，表示在两个输出值之间输出一个 tab 键（tab 是横向制表符）。

运行代码，结果如图 2-14 所示。

```
 2019、2020、2021年销售毛利率
[0.10656010979085795, 0.09968991066089747, 0.16629963077025497]
 2019年销售毛利率0.1066
 2020年销售毛利率0.0997
 2021年销售毛利率0.1663
上海EL公司2019年销售毛利率： 10.66%
上海EL公司2020年、2021年销售毛利率分别是： 9.97%        16.63%
```

图 2-14 计算 2019、2020、2021 年的销售毛利率

步骤 7： 处理 2022 年的数据，将计算结果加入到列表中。代码如下：

```
# 计算上海 EL 公司 2022 年度的销售毛利率，并将其插入到列表 elGPM 中
print('2019、2020、2021 年度的销售毛利率分别是：\n',elGPM)
# 列表 elGPM1 存储 2022 年的相关数据
gList4 = [30836033599.98,25477176429.80]
# 计算 2022 年的销售毛利率 gpm2022
gpm2022 = ((gList4[0]-gList4[1])/gList4[0])
# 将 gpm2022 添加到 elGPM 列表的最后，elGPM 包含 4 个元素
```

```
elGPM.insert(3, gpm2022)
print('2019-2022 年度的销售毛利率分别是：\n{}'.format(elGPM))   # 输出 elGPM
GPM1234Percent = '{:.2%}\t{:.2%}\t{:.2%}\t{:.2%}'\
.format(elGPM[0],elGPM[1],elGPM[2],elGPM[3])
print("2019-2022 年度的销售毛利率分别是：\n",GPM1234Percent)
```

此代码运行前，列表 elGPM 中只有 3 个元素，这 3 个元素分别是 2019、2020、2021 年的销售毛利率，这可由第 2 行 print() 的输出结果看出来。

列表 gList4 保存了 2022 年的相关初始数据；gpm2022 变量保存了 2022 年的销售毛利率，这是一个 float 类型的小数。

elGPM. insert (3,gpm2022) 将 gpm2022 的值的插入到列表 elGPM 中，使 elGPM 的 4 个元素依次是 2019、2020、2021、2022 年的销售毛利率。

GPM1234Percent 是带 {} 的格式字符串，此字符串为列表 elGPM 中的 4 个元素分别定义了以保留 2 位小数的百分比形式进行输出的格式。由于给 GPM1234Percent 变量赋值的代码较长，为方便阅读，此处使用了 Python 的代码续行符（\）实现代码换行。需要注意的是，代码续行符后不能再输入其他任何符号。

运行代码，结果如图 2-15 所示。

```
2019、2020、2021年度的销售毛利率分别是：
 [0.10656010979085795, 0.09968991066089747, 0.16629963077025497]
2019-2022年度的销售毛利率分别是：
[0.10656010979085795, 0.09968991066089747, 0.16629963077025497, 0.17378555360581383]
2019-2022年度的销售毛利率分别是：
 10.66% 9.97%    16.63%   17.38%
```

图 2-15　计算各年销售毛利率

提示

本任务将 2022 年的销售毛利率单独计算，再通过插入的方式添加到列表中，是为了展示一种方法，如果以后继续增加 2023 年或者更多年份的数据，可以使用相同的方法。

二、使用嵌套列表计算销售毛利率

继续在“项目二-任务一.ipynb”文件中完成下面的步骤。

微课 7：使用嵌套列表计算销售毛利率

步骤 1： 添加一个 Markdown 模式的标题，输入如下的标题内容，并运行代码。

```
### 二、使用嵌套列表计算上海 EL 公司销售毛利率
```

步骤 2： 定义嵌套列表 elist，用于存储 2019 年的营业收入和营业成本。代码如下：

```
# 定义列表，存储 2019 年的相关数据
elist = [[16384460845.12, 14638530898.6]]
print(' 列表 elist:',elist)                              # 输出列表 elist
print(' 列表 elist 的元素个数 :',len(elist))               # 输出列表 elist 的元素个数
print(' 列表 elist 的元素 :',elist[0])                     # 输出列表 elist 中的元素
print(' 内层列表的元素 :',elist[0][0],elist[0][1])         # 输出内层列表的元素
```

其中，elist 是包含一个元素的列表，而这个元素本身也是列表，从而形成一种嵌套列表的形式。

对于列表 elist 而言，elist[0] 是以索引形式访问 elist 中索引为 0 的元素，此元素就是列表 [16384460845.12,14638530898.6]。

对于列表 elist[0] 而言，由于其值是 [16384460845.12,14638530898.6]，则 elist[0][0] 是以索引形式访问 elist[0] 中索引为 0 的元素，此元素就是 16384460845.12；而 elist[0][1] 是以索引形式访问 elist[0] 中索引为 1 的元素，此元素就是 14638530898.6。

运行代码，结果如图 2-16 所示。

```
列表elist: [[16384460845.12, 14638530898.6]]
列表elist的元素个数: 1
列表elist的元素: [16384460845.12, 14638530898.6]
内层列表的元素: 16384460845.12 14638530898.6
```

图 2-16　使用嵌套列表存储 2019 年相关数据

步骤 3： 将 2020 年的相关数据保存在列表中，再将此列表追加到 elist 中，作为列表 elist 的元素。代码如下：

```
elist.append([16622477702.45,14965384385.33])          # 将 2020 年数据追加到 elist 中
print(' 列表 elist:\n',elist)                          # 输出列表 elist
print(' 列表 elist 的元素 :\n',elist[0],'\n',elist[1]) # 输出 elist 中各元素的值，每个元素也是列表
```

运行代码，结果如图 2-17 所示。

```
列表elist:
 [[16384460845.12, 14638530898.6], [16622477702.45, 14965384385.33]]
列表elist的元素:
 [16384460845.12, 14638530898.6]
 [16622477702.45, 14965384385.33]
```

图 2-17　将 2020 年的数据添加到列表中

步骤 4： 同步骤 3，分别将 2021 年、2022 年的数据追加至列表 elist 中。代码如下：

```
elist.append([25910722692.18, 21601779075.48])  # 将 2021 年数据添加到列表中
elist.append([30836033599.98,25477176429.80])  # 将 2022 年数据添加到列表中
print(elist)  # 输出列表 elist
```

运行代码，输出：[[16384460845.12,14638530898.6],[16622477702.45,14965384385.33],[25910722692.18,21601779075.48],[30836033599.98,25477176429.8]]。列表 elist 中包含了 2019 年至 2022 年的相关数据，每年数据均为 elist 的一个列表元素，而此元素又是列表形式，内含营业收入和营业成本两个列表元素。

步骤 5： 计算 2019 年至 2022 年各年的销售毛利率。代码如下：

```
# 计算上海 EL 公司 2019 年至 2022 年的销售毛利率
eGPM = []
eGPM.append((elist[0][0]-elist[0][1])/elist[0][0])
eGPM.append((elist[1][0]-elist[1][1])/elist[1][0])
eGPM.append((elist[2][0]-elist[2][1])/elist[2][0])
eGPM.append((elist[3][0]-elist[3][1])/elist[3][0])
print(' 各年销售毛利率 \n{}'.format(eGPM))
print('2019 年销售毛利率 \n{:.4f}'.format(eGPM[0]))
print('2020 年销售毛利率 \n{:.4f}'.format(eGPM[1]))
print('2021 年销售毛利率 \n{:.4f}'.format(eGPM[2]))
print('2022 年销售毛利率 \n{:.4f}'.format(eGPM[3]))
# 将销售毛利率的值用百分比的格式显示，小数点后保留两位
eGPM1234Percent = '{:.2%}\t{:.2%}\t{:.2%}\t{:.2%}'\
.format(eGPM[0],eGPM[1],eGPM[2],eGPM[3])
print(" 上海 EL 公司 2019-2022 年度的销售毛利率分别是：\n",eGPM1234Percent)
```

eGPM 是一个空列表。eGPM.append() 用于往 eGPM 中追加元素，本段代码使用 4 个 eGPM.append() 代码向 eGPM 中追加了 4 个元素，这 4 个元素分别是上海 EL 公司 2019 年至 2022 年的销售毛利率。随后的代码用于以不同格式输出这些销售毛利率。

运行代码，结果如图 2-18 所示。

```
各年销售毛利率
[0.10656010979085795, 0.09968991066089747, 0.16629963077025497, 0.17378555360581383]
2019年销售毛利率
0.1066
2020年销售毛利率
0.0997
2021年销售毛利率
0.1663
2022年销售毛利率
0.1738
上海EL公司2019-2022年度的销售毛利率分别是：
 10.66% 9.97%   16.63%  17.38%
```

图 2-18　计算各年销售毛利率

任务二 使用字典计算流动比率

任务描述

表 2-3 给出了上海 EL 公司 2021 年和 2022 年的流动资产合计和流动负债合计数据，本任务将根据这些数据计算该公司这两年的流动比率。流动比率的计算公式：流动比率 = 流动资产合计 / 流动负债合计 ×100%。

表 2-3　上海 EL 公司 2021 年和 2022 年两个年度的相关数据

单位：元

项目	2021/12/31	2022/12/31
流动资产合计	305 086 772	350 073 315
流动负债合计	110 018 343	150 035 859

任务分析

此任务可以使用列表来存储数据，例如，将各年数据分别存储在不同的列表中。不过，列表虽可以存储多个数据，但却无法得知列表中的哪个元素是流动资产合计，哪个元素是流动负债合计。Python 提供的另一种容器型数据结构——字典，可以解决此问题。本任务将使用字典存储表 2-3 中的数据，并利用字典中的数据完成流动比率的计算。

知识要点

一、字典

字典是一种容器类型数据，像列表一样，字典也可以包含多个字典元素。

1. 使用 {} 定义字典

可以使用一对大括号 {} 定义字典，语法格式如下：

```
{key1:value1,key2:value2,...}
```

其中，字典中的各个元素均由形如“key:value”的键值对组成，每个键和它的值之间用冒号隔开，不同的字典元素之间用逗号分隔。

图 2-19 为使用 {} 定义字典示例。此代码将上海 EL 公司 2021 年的数据存储于字典 gDict1。此字典中共有两个键值对，这两个键值对用逗号分隔开来。'current_assets' 是键（key），305086772 是该键对应的值（value）；同理，'current_liabilities' 是键（key），110018343 是该键对应的值（value）。

```
# 使用{}定义字典
gDict1 = {'current_assets':305086772,'current_liabilities':110018343}
print(gDict1)
```

```
{'current_assets': 305086772, 'current_liabilities': 110018343}
```

图 2-19　使用 {} 定义字典

2. 使用 dict() 函数定义字典

也可以使用 dict() 函数定义字典，语法格式如下：

```
dict(key1=value1, key2=value2,...)
```

其中，函数的参数就是字典的各个键值对，每个键值对均形如“key=value”，不同参数之间用逗号分隔。

图 2-20 为使用 dict() 函数定义字典示例。此代码将上海 EL 公司 2022 年的数据存储于字典 gDict2。此字典中共有两个键值对，这两个键值对用逗号分隔开来。current_assets 是键（key），350073315 是该键对应的值（value）；同理，current_liabilities 是键（key），150035859 是该键对应的值（value）。

```
# 使用dict()定义字典
gDict2 = dict(current_assets = 350073315,current_liabilities = 150035859)
print(gDict2)
```

```
{'current_assets': 350073315, 'current_liabilities': 150035859}
```

图 2-20　使用 dict() 定义字典

需要注意的是，同一个字典中不同字典元素的键名（key）不允许重复。键名必须是不可变类型的数据，如字符串、数字、元组。字典元素的值（value）可以是任何类型的数据。

二、字典的基本操作

和列表一样，在定义字典后，要想使用字典里的元素，同样要进行访问提取，还可以通过增加元素、删除元素、修改元素对字典做进一步操作。

（一）访问字典元素

可以通过键值对的key访问对应的value，访问语法是“字典名[key]”。示例如图2-21所示。

```
# 访问字典元素
print(gDict1['current_assets'])
print(gDict1['current_liabilities'])
```

```
305086772
110018343
```

图2-21　访问字典元素

提示

若访问字典中不存在的key，将返回错误信息。

（二）添加字典元素

给字典中不存在的key赋值就可以在字典中添加元素。示例如图2-22所示。

```
# 添加字典元素
gDict1['period'] = '2021'
print(gDict1['period'])
print(gDict1)
```

```
2021
{'current_assets': 305086772, 'current_liabilities': 110018343, 'period': '2021'}
```

图2-22　添加字典元素

思考

图2-22的示例中，gDict1字典共有几个键值对？

（三）修改字典元素

给字典中已经存在的key重新赋值，可以改变原key对应的值。示例如图2-23所示。

```
# 修改字典元素
gDict1['period'] = 0
print(gDict1['period'])
print(gDict1)
```

```
0
{'current_assets': 305086772, 'current_liabilities': 110018343, 'period': 0}
```

图 2-23　修改字典元素

（四）删除字典元素

使用 del 语句可以删除指定的字典元素或删除整个字典。删除指定字典元素的语法格式如下：

```
del 字典名 [key]
```

删除整个字典的语法格式如下：

```
del 字典名
```

示例如图 2-24 所示。

```
# 删除字典元素
del gDict1['period']
print(gDict1)
```

```
{'current_assets': 305086772, 'current_liabilities': 110018343}
```

图 2-24　删除字典元素

执行 del gDict1['period'] 前，gDict1 有三个键值对；执行 del gDict1['period'] 后，gDict1 有两个键值对。

知识拓展

删除某个字典元素后，再输出该元素的值，系统会报错。示例如图 2-25 所示。

```
print(gDict1['period'])
```

```
---------------------------------------------------------------------------
KeyError                                  Traceback (most recent call last)
~\AppData\Local\Temp\ipykernel_4680\3494491013.py in <module>
----> 1 print(gDict1['period'])

KeyError: 'period'
```

图 2-25　输出不存在的键值

KeyError 是键名错误的意思，表示字典 gDict1 中没有名为 'period' 的键。

同样，删除整个字典后，再次输出该字典，系统也会报错。示例如图 2-26 所示。

```
del gDict1    # 删除整个字典
print(gDict1)
```

```
---------------------------------------------------------------------------
NameError                                 Traceback (most recent call last)
<ipython-input-19-edf0a53f5cec> in <module>
      1 del gDict1    # 删除整个字典
----> 2 print(gDict1)

NameError: name 'gDict1' is not defined
```

图 2-26　输出不存在的字典

在 Python 中，若运行代码后出现“name '× × ×' is not defined”的错误提示，表示变量不存在。

任务实施

一、使用字典计算流动比率

微课 8：使用字典计算流动比率

步骤 1： 打开 Jupyter Notebook，在 Jupyter Notebook 中新建一个 Python 文件，将其命名为“项目二-任务二.ipynb”。

步骤 2： 添加一个标题，使用 Markdown 模式，输入以下内容并运行：

```
### 一、使用字典计算上海 EL 公司流动比率及其变化
```

步骤 3： 定义字典 gDict1，用于存储上海 EL 公司 2021 年的相关数据。代码如下：

```
# 定义字典 gDict1, 存储上海 EL 公司 2021 年的数据
gDict1 = {'current_assets':305086772,'current_liabilities':110018343}
print(gDict1)  # 输出字典
# 输出 gDict1 中每个 key 对应的值
print('2021 年的流动资产：',gDict1['current_assets'],' 元 ')
print('2021 年的流动负债：',gDict1['current_liabilities'],' 元 ')
```

运行代码，结果如图 2-27 所示。

```
{'current_assets': 305086772, 'current_liabilities': 110018343}
2021年的流动资产： 305086772 元
2021年的流动负债： 110018343 元
```

图 2-27　用字典存储 2021 年的相关数据

字典 gDict1 包括两个键值对，通过两个键值对的 key 可以看出该字典中的值分别是 305086772 和 110018343。

代码 print(gDict1) 输出整个字典，字典以大括号标注其数据。代码 print('2021 年的流动资产：',gDict1['current_assets'], ' 元 ') 共输出三个数据项，三个数据项间以英文逗号分隔；第 1 项和第 3 项均为字符型数据，第 2 项 gDict1['current_assets'] 是指字典 gDict1 中键名为 'current_assets' 的值。代码 print('2021 年的流动负债：',gDict1['current_liabilities'],' 元 ') 的功能同理。

步骤 4： 定义字典 gDict2，用于存储上海 EL 公司 2022 年的相关数据。代码如下：

```
# 定义字典 gDict2, 存储上海 EL 公司 2022 年的数据
gDict2 = {}            # 空字典 , 等价于 gDict2 = dict()
gDict2['current_assets'] = 350073315
gDict2['current_liabilities'] = 150035859
print('2022 年的流动资产、流动负债分别是：')
print(gDict2)
```

代码 gDict2={} 定义了一个空字典。代码 gDict2['current_assets']=350073315 和 gDict2['current_liabilities']=150035859 分别在 gDict2 中添加新元素。代码 print(gDict2) 输出了此字典。

运行代码，结果如图 2-28 所示。

```
2022年的流动资产、流动负债分别是：
{'current_assets': 350073315, 'current_liabilities': 150035859}
```

图 2-28　用字典存储 2022 年相关数据

步骤 5： 计算 2021 年的流动比率，并以保留两位小数的格式输出此比率。代码如下：

```
# 根据流动比率的计算公式计算上海 EL 公司 2021 年的流动比率
elCR = (gDict1['current_assets'] /gDict1['current_liabilities'])
print(' 上海 EL 公司 2021 年的流动比率 :',elCR)
# 将流动比率的值用百分比的格式显示，小数点后保留两位
elCRpercent='{:.2f}'.format(elCR)
print(' 上海 EL 公司 2021 年的流动比率 :',elCRpercent)
```

elCR 存储的是基于字典元素计算得到的上海 EL 公司 2021 年的流动比率。随后的代码以不同格式输出了 elCR 的值。

运行代码，结果如图 2-29 所示。

```
上海EL公司2021年的流动比率: 2.773053689783348
上海EL公司2021年的流动比率: 2.77
```

图 2-29　计算上海 EL 公司 2021 年的流动比率

步骤 6： 同步骤 5，计算 2022 年的流动比率，并将计算结果保存到 elCR1 变量中。代码如下：

```
# 根据流动比率的计算公式计算上海 EL 公司 2022 年的流动比率
elCR1 = (gDict2['current_assets'] /gDict2['current_liabilities'])
print(' 上海 EL 公司 2022 年的流动比率 :',elCR1)
# 将流动比率的值用百分比的格式显示，小数点后保留两位
elCRpercent1 = '{:.2f}'.format(elCR1)
print(' 上海 EL 公司 2022 年的流动比率 :',elCRpercent1)
```

运行代码，结果如图 2-30 所示。

```
上海EL公司2022年的流动比率: 2.333264309834091
上海EL公司2022年的流动比率: 2.33
```

图 2-30　计算上海 EL 公司 2022 年的流动比率

步骤 7： 比较 2021 年和 2022 年的流动比率大小，并输出比较结果。代码如下：

```
# 比较上海 EL 公司 2021 年和 2022 年的流动比率
growth = elCR1-elCR
# 定义百分比形式的格式字符串
growth='{:.2f}'.format(growth)
# 输出比较结果
print('{} 年比 {} 年的流动比率下降了 {}'.format('2022','2021',growth))
```

growth 为 elCR1 和 elCR 的差，即 2022 年的流动比率与 2021 年的流动比率的差。随后的代码输出了 growth 的值。

运行代码，结果如图 2-31 所示。

```
2022年比2021年的流动比率下降了-0.44
```

图 2-31　比较 2 年的流动比率

二、使用嵌套字典计算流动比率

微课 9：使用嵌套字典计算流动比率

继续在“项目二-任务二.ipynb”文件中完成下面的步骤。

步骤 1： 添加一个 Markdown 模式的标题，输入以下标题内容并运行代码：

```
### 二、使用嵌套字典计算上海 EL 公司的流动比率
```

步骤 2： 创建嵌套字典 gDict，用于存储 2021 年和 2022 年的相关数据。代码如下：

```
# 创建嵌套字典存储数据
gDict = {'current_assets':{2021:305086772,2022:350073315},\
        'current_liabilities':{2021:110018343,2022:150035859}}
print(gDict)                    # 输出 gDict
print(' 流动资产 :',gDict['current_assets'])                  # 输出流动资产
print(' 流动负债 :',gDict['current_liabilities'])             # 输出流动负债
print('2021 年的流动资产 :',gDict['current_assets'][2021])      # 输出 2021 年的流动资产
print('2022 年的流动资产 :',gDict['current_assets'][2022])      # 输出 2022 年的流动资产
print('2021 年的流动负债 :',gDict['current_liabilities'][2021]) # 输出 2021 年的流动负债
print('2022 年的流动负债 :',gDict['current_liabilities'][2022]) # 输出 2022 年的流动负债
```

运行代码，结果如图 2-32 所示。

```
{'current_assets': {2021: 305086772, 2022: 350073315}, 'current_liabilities': {2021: 110018343, 2022: 150035859}}
流动资产: {2021: 305086772, 2022: 350073315}
流动负债: {2021: 110018343, 2022: 150035859}
2021年的流动资产: 305086772
2022年的流动资产: 350073315
2021年的流动负债: 110018343
2022年的流动负债: 150035859
```

图 2-32　创建嵌套字典

gDict 是嵌套字典，其中 key 值 'current_assets' 对应的 value 是 {2021:305086772,2022:350073315}，而这个 value 本身也是一个字典，这就形成了嵌套字典。

若要输出 2021 年或 2022 年的流动资产，应先通过代码 gDict['current_assets'] 得到对应的值 {2021:305086772,2022:350073315}，由于该值也是一个字典，因此要取得键 2021 或键 2022 的值，可使用代码 gDict['current_assets'][2021] 或 gDict['current_assets'][2022]。

提示

注意此处内层字典 {2021:305086772,2022:350073315} 中的键 2021 和 2022 采用了数值形式。

步骤 3： 计算上海 EL 公司 2021 年、2022 年的流动比率。代码如下：

```
# 根据流动比率的计算公式计算上海 EL 公司 2021 年的流动比率
eCR = (gDict['current_assets'] [2021]/gDict['current_liabilities'][2021])
print(' 上海 EL 公司 2021 年的流动比率 :',eCR)
# 根据流动比率的计算公式计算上海 EL 公司 2022 年的流动比率
eCR1 = (gDict['current_assets'] [2022]/gDict['current_liabilities'][2022])
print(' 上海 EL 公司 2022 年的流动比率 :',eCR1)
```

运行代码，结果如图 2-33 所示。

```
上海EL公司2021年的流动比率：2.773053689783348
上海EL公司2022年的流动比率：2.333264309834091
```

图 2-33　计算 2021 年、2022 年的流动比率

步骤 4： 比较 2021 年和 2022 年的流动比率，并输出比较结果。代码如下：

```
# 比较上海 EL 公司 2021 年和 2022 年的流动比率
growth1 = eCR1-eCR
# 定义百分比形式的格式字符串
growth1 = '{:.2f}'.format(growth1)
# 输出比较结果
print('{} 年比 {} 年的流动比率下降了 {}'.format('2022','2021',growth1))
```

运行代码，输出“2022 年比 2021 年的流动比率下降了−0.44”。

知识拓展

除了列表和字典，Python 提供的容器类型数据还有元组（Tuple）和集合（Sets）。

一、元组

Python 的元组与列表类似，主要不同之处在于元组中的元素不能修改，而列表的元素可以修改。

（一）创建元组

元组使用一对小括号 () 将其所包含的元素括起来，不同元素之间使用英文逗号隔开。如代码 tup1=('physics', 'chemistry',6731,2089) 定义了一个名为 tup1

的元组，该元组中包含 4 个元素。

元组中只包含一个元素时，需要在这个元素后面添加逗号。如代码 tup2=(50,)，如果不加逗号，创建出来的就不是元组，而是 50 这个整数。其原因是 Python 中的小括号 () 既可以表示 tuple，又可以表示数学公式中的小括号，若不加逗号，就会产生歧义。

（二）访问元组元素

可以像列表一样，使用元组中各元素的索引来访问元组中的数据。如代码 tup1[1] 可以访问 tup1 中索引为 1 的元素，即 'chemistry'。示例如图 2-34 所示。

```
tup1 = ('physics', 'chemistry', 6731, 2089)
print ("tup1[1]: ", tup1[1])

tup1[1]:  chemistry
```

图 2-34　访问元组元素

（三）修改元组

元组中的元素不允许修改，但可以对元组进行连接组合，即可以将多个元组结合。示例如图 2-35 所示。

```
tup1 = ('physics', 'chemistry', 6731, 2089)
tup2 = (50,)
# 创建一个新的元组
tup3 = tup1 + tup2
print(tup3)

('physics', 'chemistry', 6731, 2089, 50)
```

图 2-35　元组的结合

（四）删除元组

元组中的元素不允许删除，但可以使用 del 语句来删除整个元组。注意，元组被删除后，重新输出此元组会出现错误信息提示。示例如图 2-36 所示。

```
tup1 = ('physics', 'chemistry', 6731, 2089)
del tup1
print(tup1)

---------------------------------------------------------------------------
NameError                                 Traceback (most recent call last)
<ipython-input-111-1b70e6e73cd5> in <module>
      1 tup1 = ('physics', 'chemistry', 6731, 2089)
      2 del tup1
----> 3 print(tup1)

NameError: name 'tup1' is not defined
```

图 2-36　删除元组

二、集合

集合是由不重复元素组成的无序集。在 Python 中，集合用一对大括号 {} 来定义。例如，代码 fruits = {"apple","banana","cherry"} 定义了一个名为 fruits 的集合。由于集合中的元素没有顺序，因此无法通过元素索引来访问元素。

项目总结

本项目基于使用列表计算销售毛利率和使用字典计算流动比率两个任务，讲解了 Python 的列表和字典两种容器类型数据结构。通过学习，同学们应掌握列表和字典的定义以及相应的增、删、改、查等操作，为后续更深入地学习、处理更加复杂的数据奠定基础。

实战演练

一、单选题

1. 下列关于列表和字典区别的描述中，错误的是（　　）。

A. 在字典中，每个 key 表明了对应 value 的含义，相比列表来说，字典中 value 的含义更明确

B. 字典是一组键值对的集合，这个集合是无序的，即字典的元素不像列表的元素那样具有索引

C. 字典是多个键值对的集合，且同一个字典中的键名不能重复

D. 访问字典中的值时，可以像列表一样使用元素索引来访问

2. 已知列表 y=[3,5,7]，那么执行语句 y.insert(1,2) 后，y 的值是（　　）。

A. [3,5,7,2]　　B. [3,2,5,7]

C. [3,2,7]　　D. [3,1,2,7]

3. 下列数据中，属于列表的是（　　）。

A. [56,23,001,'python']　　B. {56,23,001,'python'}

C. (56,23,001,'python')　　D. 56,23,001,'python'

4. 已知 list1 = ['beijing','chaoyang',2023,188]，则 list1[–2] 的值是（　　）。

A. 'beijing'　　B. 2023　　C. 188　　D. 'chaoyang'

5. 已知 list_a = [1,2,3,4,5,6] ，执行 list_a[:3] = ['a','b','c'] 后，list_a 的值（　　）。

A. [1,2,'a','b','c',4,5,6]　　B. ['a','b','c',2,3,4,5,6]

C. [['a','b','c'],4,5,6]　　D. ['a','b','c',4,5,6]

二、实操题

1. 创建一个空列表，将其命名为 fruits。

（1）向列表中添加元素 apple、pear、orange 和 banana；

（2）在元素 orange 前面插入一个元素 peach；

（3）把 apple 的名字改成中文“苹果”。

2. 定义一个列表变量，将 A 公司的主营业务成本、期初存货和期末存货存储到列表中；并按照公式：存货周转率 = 主营业务成本 / [（期初存货 + 期末存货）/2]，计算存货周转率。相关数据见表 2-4。

表 2-4　A 公司相关数据

单位：元

项目	2022/12/31
主营业务成本	3 200 547
期初存货	1 308 737
期末存货	95 871

3. 小亮去超市购买了三种水果，西瓜花费 18.9 元，苹果花费 15 元，草莓花费 38.6 元。定义一个字典以存储这些购物数据；根据水果名称查询购买此水果的费用。

4. 使用字典计算任务一中上海 EL 公司 2019 年至 2022 年各年度销售毛利率。

5. 针对如下的嵌套列表，按要求编写代码。

```
schoolNames = [[' 北京大学 ',' 清华大学 '],[' 南开大学 ',' 天津大学 ',' 天津师大 ']]
```

（1）输出列表 schoolNames；

（2）输出列表 schoolNames 的元素个数；

（3）输出列表 schoolNames 第 0 个元素的值；

（4）输出北京大学；

（5）输出天津大学。

项目三

Python 分支结构程序设计

项目导读

近年来，利用 Python 技术帮助人类处理有规律的、数量较大的、容易出错的业务，如银企对账、合并报表、费用报销与审核、财务指标计算等，不仅能大幅提高财务工作效率、降低出错率，也能让财务人员投入到更具创造性的工作中，促进财务数字化转型。本项目将从使用单分支结构审核发票年份、使用双分支结构审核发票时效、使用多分支结构审核发票金额等任务开始，讲解使用 Python 技术完成费用报销中自动发票审核工作的方法，为进一步提升学生程序逻辑判断能力和应用能力、利用 Python 技术解决更加复杂的数据处理问题奠定基础。

项目分解

项目三　Python 分支结构程序设计

- ◎ 任务一　使用单分支结构审核发票年份
- ◎ 任务二　使用双分支结构审核发票时效
- ◎ 任务三　使用多分支结构审核发票金额

学习目标

知识目标

1. 理解分支结构；
2. 掌握单分支、双分支和多分支结构的用法；
3. 了解 datetime 模块的基本使用方法；
4. 了解字符串的截取方法。

技能目标

1. 能读懂分支结构程序；
2. 能编写分支结构程序；
3. 能简单使用 datetime 模块的常用方法；
4. 能熟练使用字符串的各种方法。

素质目标

1. 培养学生基本的程序逻辑思维，提升学生对分支程序的理解、分析和解决能力；
2. 提升学生对复杂数据逻辑的判断能力和应用能力。

任务一 使用单分支结构审核发票年份

任务描述

发票年份审核是费用报销工作中和审核发票相关的一项重要工作，对于不符合报销年份的发票，应作相应的警示和退回处理。本任务将使用 Python 的单分支结构程序，对 ABC 公司日常费用报销时所提交发票的所属年份进行审核。

任务分析

实际中，费用报销所附的发票年份应符合公司对报销时限的要求。例如，ABC 公司规定只有当年的发票才能报销。编程实现发票年份审核功能时，需使用 Python 中的分支程序，分支程序能根据发票年份的判断结果进行不同的处理。由于本任务比较简单，因而将采用 Python 的单分支结构程序来解决发票年份的判断问题。

知识要点

一、datetime 模块

Python 中的 datetime 模块提供了用于表示、处理日期和时间的大部分功能函数，基于 datetime 模块，可以在 Python 中方便地创建日期时间型数据、计算和输出与日期时间相关的信息等。

（一）导入 datetime 模块

datetime 模块由 Python 的第三方工具包提供。使用 datetime 模块前，需要先将其导入到 Python 中。导入 datetime 模块的代码如下：

```
import datetime
```

为方便在后续的程序代码中使用 datetime 模块的功能函数，可以在导入 datetime 模块时，为其起一个简短的别名。代码如下：

```
import datetime as dt
```

代码中的 as dt 功能是为模块 datetime 起别名为 dt，在后续程序中，当用到 datetime 时，都可用 dt 来代替。例如，调用 datetime 模块中的函数时，其调用语法 datetime. 函数名 () 就可以用 dt. 函数名 () 来替代。

（二）使用 datetime 获取系统当前日期

datetime 模块中的 date 类可以用于获取系统当前日期。示例如图 3-1 所示。

```
# 使用datetime获取系统当前日期
import datetime as dt          # 导入datetime包
curDate = dt.date.today()      # 调用dt模块date类的today()方法
print("今天日期是：",curDate)
```

```
今天日期是： 2023-03-18
```

图 3-1 获取系统当前日期

每个日期都有 .year、.month 和 .day 属性，利用这三个属性可以从日期中提取出相应的年、月、日等数据。示例如图 3-2 所示。

```
# 从日期中提取年、月、日
year = curDate.year            # 获取date1对象的年份
month = curDate.month          # 获取date1对象的月份
day = curDate.day              # 获取date1对象的日期
print("今天是{}年{}月{}日".format(year,month,day))
```

```
今天是2023年3月18日
```

图 3-2 从日期中提取出相应的年、月、日

从日期中提取出来的年、月、日的数据类型并不相同，弄清楚这些数据的数据类型，才能对日期进行正确的计算。查看日期及年、月、日数据类型的示例如图 3-3 所示。从图中可以看出，日期的数据类型为 datetime.date，年、月、日的数据类型为 int。

```
# 查看数据类型
print('日期的数据类型：',type(curDate))   # 输出日期的数据类型
print('年的数据类型：',type(year))        # 输出年的数据类型
print('月的数据类型：',type(month))       # 输出月的数据类型
print('日的数据类型：',type(day))         # 输出日的数据类型
```

```
日期的数据类型： <class 'datetime.date'>
年的数据类型： <class 'int'>
月的数据类型： <class 'int'>
日的数据类型： <class 'int'>
```

图 3-3 查看日期及年、月、日的数据类型

二、单分支结构

在实际问题处理中，常常需要根据不同的条件判断结果进行不同的处理，例如，判断发票日期是否符合要求，符合则进入下一流程，不符合则退回发票。Python 解决这类问题的方法是使用分支结构程序。分支结构也被称为选择结构，其程序逻辑是根据条件判断结果，执行相应的程序流程。若程序仅根据一个条件判断结果执行一个相应的流程，则这种程序结构被称为单分支结构；若程序能根据两个条件判断结果，分别执行两个不同的流程，则这种程序结构被称为双分支结构；若程序能根据多个条件判断结果执行相应的多个不同流程，则这种程序结构被称为多分支结构。

单分支结构的语法格式如下：

```
if 条件表达式:
    语句块
```

其中，条件表达式是计算结果为真或假的表达式；if 条件表达式后面一定要有冒号，这表示其后将出现 if 条件为真时执行的相应程序（语句块）；if 下的语句块必须缩进，以表示这段代码是包含在 if 条件为真时的代码。需要注意的是，相同层次的若干行代码，其缩进量也须相同。

单分支结构程序的执行逻辑是：当 if 条件表达式成立（即为真）时，执行 if 下的语句块；否则，跳过 if 下的语句块。if 将以两种形式结束执行，其一是执行完 if 下的语句块，if 结束；其二是不执行 if 下的语句块，if 结束。无论 if 下的语句块是否执行，if 结束后，程序都将继续执行 if 后面的其他语句。

单分支结构程序示例如图 3-4 所示。从图中可以看出，profit21<profit22 是 if 的判断条件，当条件为真时，执行 if 下的两条 print() 函数。

```
profit21 = 1443
profit22 = 1527
if profit21 < profit22:
    print('该公司2021年的净利润比2022年低')
    print('比较结束！')
```

```
该公司2021年的净利润比2022年低
比较结束！
```

图 3-4　单分支结构程序示例

知识拓展

条件表达式可以是关系表达式或逻辑表达式。关系表达式是指用“>、<、

==、>=、<=、!=”等关系运算符将两个表达式连接起来的式子。逻辑表达式是指用逻辑运算符“and、or、not”将关系表达式或逻辑量连接起来的式子。关系表达式和逻辑表达式的计算结果都是逻辑值，即真（True）或者假（False）。

另外要注意的是，Python 把非零值当作真值，把零值当作假值。例如，if(3+2) 中，由于 3+2 等于 5，而 5 是非零值，因此，if(3+2) 中的条件表达式是真值；同理，if(3−3)、if(0) 中的条件表达式均是假值。

三、字符串

字符串类型是 Python 语言的常用数据类型之一，Python 中的字符串通常使用一对单引号或一对双引号引起来；对于多行字符串，还可以使用一对三引号引起来。

字符串是若干个字符的集合，如 'python' 是 6 个字符的集合。从一个长的字符串中截取某个子字符串是 Python 程序的常见操作，Python 提供类似于获取列表元素的方法，来支持用户对长的字符串进行子串提取。获取字符串中某些字符的语法格式为：字符串 [start:end:step]。字符串截取示例如图 3-5 所示。

```
s = 'python'
print(s)              # 输出s
print(s[0:3])         # 输出索引为0, 1, 2的字符
print(s[-3:-1])       # 输出索引为-3, -2的字符
print(s[-1:-3:-1])    # 输出索引为-1, -2的字符
```

```
python
pyt
ho
no
```

图 3-5　字符串切片示例

任务实施

步骤 1： 新建一个 Python 文件，将其命名为“项目三－任务一.ipynb”。

步骤 2： 在第一个代码单元输入一段说明文字，以对本任务功能作总体说明。将第一个代码单元切换为 Markdown 模式，输入以下内容并运行：

微课 10：
使用单分支结构审核发票年份

```
### 使用单分支结构对发票年份进行审核
```

步骤 3： 定义字典 invoiceInf，用于存储发票数据。字典 invoiceInf 以发票中的“发票代码”“发票号码”“发票日期”“校验码”和“发票金额”等项目名称为键，以发票中各项目的数据为值。代码如下：

```
# 获取发票基本信息数据
invoiceInf = {' 发票代码 ': '014002100111', ' 发票号码 ': '67532379', ' 发票日期 ': '2023 年 01 月 20 日 ','
校验码 ': '65864144121281379618', ' 发票金额 ': '2300.88'}
```

运行代码，创建字典 invoiceInf。invoiceInf 是一个包含 5 个键值对的字典变量。

步骤 4： 从发票日期中获取发票年份信息。代码如下：

```
invoiceDate = invoiceInf[' 发票日期 ']   # 通过键“发票日期”获取对应的值
print(' 发票日期：',invoiceDate)          # 输出发票日期
print(' 发票日期的数据类型：',type(invoiceDate))  # 输出发票日期的数据类型
```

运行代码，结果如图 3-6 所示。从图中可以看出，invoiceDate 的值是字符串类型。

```
发票日期：  2023年01月20日
发票日期的数据类型：  <class 'str'>
```

图 3-6 获取发票日期

步骤 5： 从 invoiceDate 中提取年份数据。代码如下：

```
# 从发票日期字符串中提取年份
invoiceYear = invoiceDate[0:4]          # 提取发票日期中的年份
invoiceYear = int(invoiceYear)          # 将年份转换为整型
print(' 发票年份：',invoiceYear)         # 输出年份值
```

invoiceDate[0:4] 从字符型变量 invoiceDate 中以切片操作截取索引从 0 开始至 4 之前的所有字符，这段字符就是表示年的字符。而实际中的年份是整型数值，因而，应将字符型的年份转换为整数型的年份，int() 函数完成了数据类型转换的任务，最终 invoiceYear 变量是整数类型的年份 2023。

运行程序，输出“发票年份：2023”。

步骤 6： 获取系统当前日期，并从此日期中提取出年份，以便后续步骤中用此年份和发票中的年份进行比较。代码如下：

```
# 获取系统当前日期
import datetime as dt           # 导入 datetime 模块
```

```
curDate = dt.date.today()            # 获取系统当前日期
curYear = curDate.year               # 从系统日期中提取当前年份
print(' 当前年份：',curYear)          # 输出当前年份
```

运行代码，输出“当前年份：2023”。

提示

由于系统当前年份的不同，会导致此处的运行结果发生变化。本步骤运行时，系统当前年份是 2023 年，故输出当前年份是 2023。

步骤 7： 将发票年份和当前年份进行比较，并输出比较结果。代码如下：

```
# 若发票年份和当前年份相同，则输出“发票是本年度的发票，年度审核通过”
if invoiceYear == curYear:
    print(" 发票是本年度的发票，年度审核通过。")
```

此代码是一个单分支结构的程序，其分支条件 invoiceYear==curYear 用来判断发票的年份是否等于当前年份，若等于，则执行 print(" 发票是本年度的发票，年度审核通过。")。

运行代码，输出“发票是本年度的发票，年度审核通过。”。

提示

由于系统当前年份的不同，会导致此处的运行结果发生变化。本步骤运行时，系统当前年份是 2023 年，发票年份也是 2023 年，满足 invoiceYear==curYear 条件，因而输出审核通过的提示信息。

任务二 使用双分支结构审核发票时效

任务描述

ABC 公司对费用报销时的发票时效要求是三个月以内，即发票月份若在报销当月的前三个月内，则审核通过；超过三个月则审核不通过。本任务将在上一任务的基础上，继续对符合年限的发票进行月份审核，以便确定发票月份是否满足报销时效性的要求。

任务分析

在任务一对发票年份审核的基础上，继续使用分支程序对发票月份进行判断。由于本任务要求对符合月份要求的发票输出审核通过的提示，对不符合月份要求的发票输出审核不通过的提示，因此，此处需使用 Python 的双分支结构程序来解决发票月份判断的问题。通过本任务的学习，同学们应能够区别单分支结构和双分支结构，并能编写简单的双分支结构程序。

知识要点

双分支结构能根据条件表达式的两种判断结果，分别执行不同的程序流程，因而，双分支结构适合解决当满足条件时执行一种处理流程，不满足条件时执行另外一种处理流程的问题。双分支结构的语法格式如下：

```
if 条件表达式:
    语句块 1
else:
    语句块 2
```

其中，语句块 1 和语句块 2 分别是满足条件表达式时要执行的代码和不满足条件表达式时要执行的代码；else 后也有冒号，表示其下是 else 的语句块；if 的语句块和 else 的语句块都需要缩进，以明示哪段代码是 if 包含的代码，哪段代码是 else 包含的代码。

双分支结构程序的运行逻辑是：当 if 条件表达式成立（即为真）时，执行语句块 1；否则，跳过语句块 1 执行 else 下的语句块 2。语句块 1 和语句块 2 只能执行其中的一个，无论执行哪个，运行结束后都会跳出双分支，继续执行双分支下的其他程序代码。

双分支结构程序示例如图 3-7 所示。从图中可以看出，profit21>profit22 是条件表达式，print(' 该公司 2021 年的净利润比 2022 年高 ') 是条件为真时要执行的语句，print(' 该公司 2022 年的净利润比 2021 年高 ') 是条件为假时要执行的语句。print(' 比较结束！ ') 是双分支结束后要执行的语句，即无论 if 的条件为真还是为假，print(' 比较结束！ ') 都会运行。

```
profit21 = 1443          # 某公司2021年的净利润，万元
profit22 = 1527          # 某公司2022年的净利润，万元
if profit21 > profit22:
    print('该公司2021年的净利润比2022年高')
else:
    print('该公司2022年的净利润比2021年高')
print('比较结束！')
```

```
该公司2022年的净利润比2021年高
比较结束！
```

图 3-7 双分支结构程序示例

思考

if('true') 中的条件表达式是真还是假？

任务实施

继续在任务一创建的“项目三－任务一.ipynb”文件中完成本任务。

微课 11：使用双分支支结构审核发票月份

步骤 1： 为本任务添加标题，将当前代码单元切换为 Markdown 模式，输入以下内容并运行：

```
### 使用双分支结构判断发票月份是否在近三个月
```

步骤 2： 从发票数据中获取发票月份信息。代码如下：

```
# 从发票日期字符串中提取月份
invoiceMonth = invoiceDate[5:7]          # 提取发票日期中的月份
invoiceMonth = int(invoiceMonth)         # 将月份转换为整型
print(' 发票月份：',invoiceMonth)         # 输出月份值
```

invoiceDate[5:7] 从字符型变量 invoiceDate 中以切片操作截取从 5 开始至 7 之前的所有字符，这段字符就是表示月的字符。而实际中的月份是整数型数值，因此，应将字符型的月份转换为整数型的月份，int() 函数完成了数据类型转换的任务，最终 invoiceMonth 变量是整数类型的月份 1。

运行代码，输出结果“发票月份：1”。

步骤 3： 从系统当前日期中获取当前月份。代码如下：

```
# 从系统当前日期中获取当前月份
curMonth = curDate.month                # 通过系统当前时间 date 获取月份
print(' 当前月份：',curMonth)           # 输出当前月份
```

运行代码，输出“当前月份：3”。

步骤 4： 使用两个单分支结构依次判断发票是否在近三个月内。首先使用第 1 个单分支结构判断当前月份与发票月份之差是否小于等于 3，若是，则输出“发票是近三个月发票，审核通过。”。接着使用第 2 个单分支结构判断当前月份与发票的月份之差是否大于 3，若是，则输出“发票不是近三个月发票，审核不通过。”。代码如下：

```
# 使用两个单分支结构解决审核通过和不通过的问题
if curMonth - invoiceMonth <= 3:
    print(" 发票是近三个月发票，审核通过。")
if curMonth - invoiceMonth > 3:
    print(" 发票不是近三个月发票，审核不通过。")
```

运行代码，输出“发票是近三个月发票，审核通过。”。

提示

由于系统当前月份的不同会导致此处的运行结果发生变化，本步骤运行时，系统当前月份是 3 月，发票月份是 1 月，故满足第 1 个单分支条件，输出审核通过的提示信息。

此步骤使用两个单分支结构程序实现完整地输出审核通过或不通过的结果。仔细辨识可以发现，两个单分支的条件其实是相反的，前者不满足时即满足后者，后者不满足时即满足前者。这恰好与 Python 的双分支相对应，故此步骤的代码可以优化为下一步骤的代码。

步骤 5： 使用双分支结构判断发票是否在近三个月内，并根据判断结果输出审核通过或审核不通过。代码如下：

```
# 将发票月份和当前月份进行比较，并输出比较结果
if curMonth - invoiceMonth <= 3:
    print(" 发票是近三个月发票，审核通过。")
else:
    print(" 发票不是近三个月发票，审核不通过。")
```

运行代码，输出“发票是近三个月发票，审核通过。”。

此代码仅使用一个双分支结构就实现了审核通过或审核不通过的判断。双分支的判断条件是 curMonth - invoiceMonth<=3，满足此条件，则输出审核通过；否则，跳到 else 处执行其下的 print() 函数，输出审核不通过。

思考

若以 curMonth - invoiceMonth>3 作为双分支的判断条件，则该如何修改本步骤的代码？

任务三 使用多分支结构审核发票金额

任务描述

本任务对发票金额进行审核，以便确定发票金额是否符合 ABC 公司报销标准。ABC 公司对发票金额审核的要求是：当发票金额不超过 5 000 元时，直接审核通过；当发票金额大于 5 000 元且不超过 10 000 元时，需主管领导审批；当发票金额超过 10 000 元时，需分管部门领导审批。本任务将对 ABC 公司的费用报销发票金额进行审核，并根据审核结果输出相应的提示。

任务分析

分析 ABC 公司的发票金额审核标准，发现其共有 3 种审核结果：直接审核通过、需主管领导审批和需分管部门领导审批。对于多种判断结果，常用的解决办法是使用 Python 的多分支结构程序，这种结构程序更有利于解决具有复杂逻辑判断的问题。通过本任务的学习，同学们应能够区分单分支结构、双分支结构及多分支结构的使用场景，并能根据不同的场景设计合理的分支程序。

知识要点

多分支结构能根据条件表达式的多种判断结果，分别执行不同的程序流程，因而，多分支结构适合解决若满足第一种条件时执行第一种处理流程，若满足第二种条件时执行第二种处理流程，若满足第三种条件时执行第三种处理流程，以此类推，直到不满足所有条件时执行最后一种处理流程的问题。多分支结构的语法格式如下：

```
if 条件表达式 1:
    语句块 1
```

elif 条件表达式 2:
    语句块 2
elif 条件表达式 3:
    语句块 3
…
else:
    语句块 n

多分支结构程序的运行逻辑是：当 if 条件表达式成立（即为真）时，执行语句块 1；否则，跳过语句块 1，转去判断 elif 后的条件表达式。当 elif 后的条件表达式成立时，执行其下的语句块 2；否则，跳过语句块 2，转去判断下一个 elif 后的条件表达式。以此类推，直到最后一个 elif 条件表达式也不成立时，执行 else 后的语句块 n。

对于多分支结构，一定要注意的是：整个分支结构只会执行其中的某一个语句块，不论执行哪个语句块，在执行完该语句块之后，多分支结构都会结束，程序会继续执行多分支结构之后的其他程序代码。

多分支结构程序示例如图 3-8 所示。从图中可以看出，第一个条件表达式为 profit21>profit22。若该条件成立，则执行其下的代码；反之，继续判断第二个条件表达式 profit21==profit22。若该条件成立，则执行其下的代码；反之，执行最后一个 else 下的代码。根据 profit21=1443 和 profit22=1527 可知，第一个条件表达式 profit21>profit22 和第二个条件表达式 profit21==profit22 均不成立，故输出“该公司 2021 年净利润低于 2022 年”。

```
profit21 = 1443          # 某公司2021年的净利润，万元
profit22 = 1527          # 某公司2022年的净利润，万元
if profit21 > profit22:
    print("该公司2021年净利润高于2022年")
elif profit21 == profit22:
    print("该公司2021年净利润等于2022年")
else:
    print("该公司2021年净利润低于2022年")

该公司2021年净利润低于2022年
```

图 3-8 多分支结构程序示例

任务实施

接续任务二，继续在“项目三－任务一.ipynb”文件中完成本任务。

微课 12：使用多分支结构审核发票金额

步骤 1： 为本任务添加标题，将当前代码单元切换为 Markdown 模式，输入以下内容并运行：

```
### 使用多分支结构对发票金额进行审核
```

步骤 2： 从发票数据中获取发票金额。代码如下：

```
# 获取发票金额
invoiceAmount = invoiceInf['发票金额']                    # 通过键“发票金额”获取数值
print('发票金额的数据类型：',type(invoiceAmount))          # 输出发票金额的数据类型
```

invoiceInf['发票金额'] 通过字典 invoiceInf 的键“发票金额”获取其对应的值，并将此值保存在 invoiceAmount 变量中，type(invoiceAmount) 检测发票金额的数据类型。

运行代码，结果输出“发票金额的数据类型：<class'str'>”，说明发票金额的数据类型是字符型，对于金额来说，字符型是不适用的，需要将其转换为数值类型才能参与数值计算和数值比较。

步骤 3： 转换发票金额的数据类型。代码如下：

```
# 转换发票金额的数据类型
invoiceAmount = float(invoiceAmount)                      # 将发票金额转换为浮点型数据
print('发票金额的数据类型：',type(invoiceAmount))          # 输出发票金额的数据类型
print('发票金额：',invoiceAmount)                          # 输出发票金额
```

float(invoiceAmount) 将发票金额的数据类型转换为浮点型，并将转换类型后的数据重新赋值到发票金额中；接下来的两条 print() 函数分别输出了发票金额的数据类型和值。

运行代码，结果如图 3-9 所示。

```
发票金额的数据类型： <class 'float'>
发票金额： 2300.88
```

图 3-9　发票金额的数据类型和值

步骤 4： 使用多分支结构对发票金额进行审核。代码如下：

```
# 对发票金额进行审核，当发票金额不超过 5000 时，审核通过
# 当发票金额大于 5000 且不超过 10000 时，提示主管领导审批
# 当发票金额超过 10000 时，提示分管部门领导审批
if (invoiceAmount >= 0 and invoiceAmount <= 5000):   # 条件 1
    print("发票金额审核通过！")                        # 满足条件 1
elif (invoiceAmount > 5000 and invoiceAmount <= 10000):    # 条件 2
    print("发票金额超过公司报销标准，请主管领导审批！")      # 满足条件 2
elif (invoiceAmount > 10000):                              # 条件 3
    print("发票金额超过公司报销标准，请分管部门领导审批！")   # 满足条件 3
```

```
else:
    print(" 发票金额异常，请重新检查发票数据！")        # 上面所有条件都不满足
```

上述代码定义了一个 if—elif—elif—else 的四分支程序。若满足 if 后的条件 1，则执行 if 下的 print() 语句；若不满足 if 后的条件 1，则跳过 if 下的 print() 语句，转去判断第一个 elif 后的条件 2。若满足第一个 elif 后的条件 2，则执行其下包含的 print() 语句；若不满足第一个 elif 后的条件 2，则跳过第一个 elif 下的 print() 语句，转去判断第二个 elif 后的条件 3。若满足第二个 elif 后的条件 3，则执行其下包含的 print() 语句；若不满足第二个 elif 后的条件 3，则跳过第二个 elif 下的 print() 语句，转去执行 else 后的 print() 语句。

由于 invoiceAmount = 2300.88，满足 if 后的条件 1，故运行代码后，输出结果为“发票金额审核通过！”。

提示

多分支结构只能有一个分支被执行，上面代码中虽有四条 print() 语句，但最终只会有一条 print() 语句被执行。

知识拓展

当 if 条件表达式包含多个子条件时，多个子条件需用逻辑运算符进行连接。若使用 or（或）连接两个子条件，表示两个子条件中只要有一个成立则整个 if 条件表达式为真；若使用 and（与）连接两个子条件，表示只有两个子条件同时成立，整个 if 条件表达式才为真。另外，可连续使用 and 和 or 联立多个条件表达式。

此步骤设计了一种多分支结构来审核发票金额。针对此问题，还可以设计出其他分支结构来解决。下面给出另外两种思路。

微课 13：使用双分支和多分支嵌套结构审核发票金额

步骤 4： 使用双分支和多分支嵌套结构对发票金额进行审核。代码如下：

```
# 使用双分支嵌套多分支结构实现发票金额审核
if (invoiceAmount>=0):
    if (invoiceAmount<=5000):
        print(" 发票金额审核通过！")
```

```
    elif (invoiceAmount>5000 and invoiceAmount<=10000):
        print(" 发票金额超过公司报销标准，请主管领导审批！")
    else:
        print(" 发票金额超过公司报销标准，请分管部门领导审批！")
else:
    print(" 发票金额异常，请重新检查发票数据！")
```

此段代码的解析如图 3-10 所示。

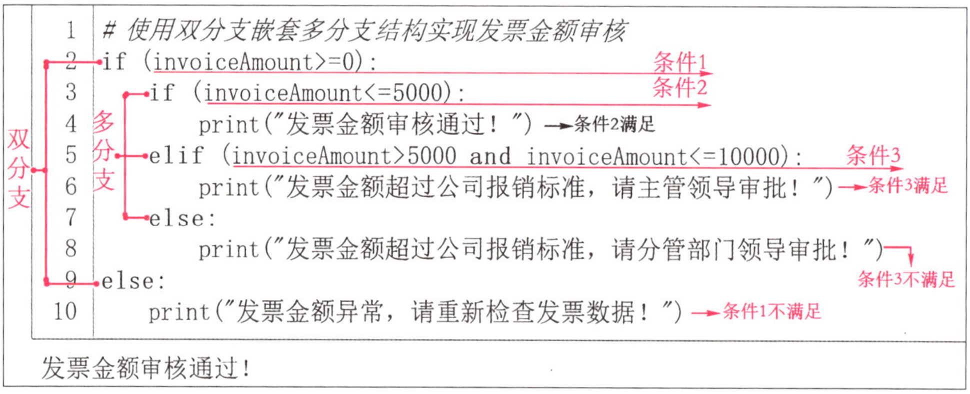

图 3-10　代码解析图

图 3-10 中，第 2 行和第 9 行构成一个双分支结构。若满足 if 条件，则进入 if 内嵌的多分支；否则，跳转到第 9 行处运行 else 分支。

第 3 行、第 5 行和第 7 行构成一个三分支结构，此三分支是外层双分支的内嵌分支，只有外层分支的 if 条件为真，才能进入此三分支。

本代码中共有 4 个 print() 语句：第 4 行、第 6 行、第 8 行和第 10 行。但只有其中一个 print() 语句能运行。

运行代码，结果输出“发票金额审核通过！”。

思考

参考图 3-10，若程序运行了第 8 行代码，则条件 1、条件 2 和条件 3 的判断结果分别是什么？

步骤 5： 使用三重双分支嵌套结构对发票金额进行审核。代码如下：

微课 14：使用三重双分支结构审核发票金额

```
# 使用三重双分支嵌套结构实现发票金额审核
if (invoiceAmount >= 0):
    if (invoiceAmount > 5000):
        if (invoiceAmount < 10000):
            print(" 发票金额超过公司报销标准，请主管领导审批！ ")
        else:
            print(" 发票金额超过公司报销标准，请分管部门领导审批！ ")
    else:
        print(" 发票金额审核通过！ ")
else:
    print(" 发票金额异常，请重新检查发票数据！ ")
```

此段代码的解析如图 3-11 所示。

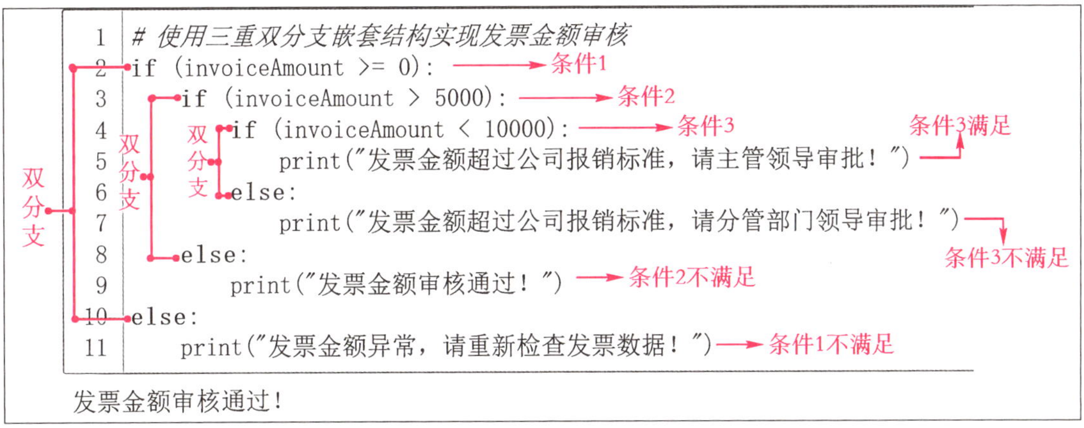

图 3-11 代码解析图

图 3-11 中，第 2 行和第 10 行构成一个双分支结构。若满足 if 条件，则进入 if 内嵌的分支；否则，跳转到第 10 行处运行 else 分支。

第 3 行和第 8 行构成一个双分支结构，此双分支是外层双分支的内嵌分支，只有外层分支的 if 条件为真，才能进入此双分支。

同理，第 4 行和第 6 行构成一个双分支结构，此双分支是最内层的双分支，只有所有外层分支的 if 条件均为真，才能进入此双分支。

本代码中共有 4 个 print() 语句：第 5 行、第 7 行、第 9 行和第 11 行。但只有其中一个 print() 语句能运行。

运行代码，结果输出“发票金额审核通过！”。

思考

参考图 3-11，若程序运行了第 7 行代码，则条件 1、条件 2 和条件 3 的判断结果分别是什么？

项目总结

本项目利用 Python 的分支结构程序实现了对费用报销业务中所涉及的发票数据进行审核的任务，项目基于三个任务讲解了 Python 语言的单分支结构、双分支结构和多分支结构。分支结构是构造复杂逻辑判断程序的基础，只有掌握了本项目的知识和技能，才能更好地学习后续内容。

实战演练

一、单选题

1. 下列关于 datetime 模块的描述中，不正确的是（　　）。
   A. 使用 datetime 模块前需要先导入此模块
   B. 可以通过 date 类获取系统当前日期
   C. type(datetime.date.today()) 的结果是 int
   D. 可以通过 datetime.date.today() 获取系统当前日期
2. 下列关于字符串的描述中，正确的是（　　）。
   A. 根据下标取字符时下标不能超出索引
   B. 令 s='hello'，执行 print(s[0:2]) 会输出 hel
   C. 令 s='python'，执行 print(s[-3:-1]) 从左到右截取，可以输出 hon
   D. 可以使用步长设置截取字符串时的步幅
3. 下列选项中，不属于 Python 程序的分支结构的是（　　）。
   A. Python 程序　　B. 双分支结构　　C. 多分支结构　　D. 单分支结构
4. 下列选项中，if 的条件表达式是假值的是（　　）。
   A. if (6>5and11<13)　　B. if (3>2or12<13)

C. if (notTrue)　　　　D. if (not8<2)

5. 下列代码输出的是（　　）。

```
x = 123
y = 378
if (x-y < 0):
    print('x 小于 y')
elif (x-y == 0):
    print('x 等于 y')
else:
    print('x 大于 y')
```

A. x 小于 y　　　　B. x 等于 y

C. x 大于 y　　　　D. 没有任何 print() 语句会执行

二、实操题

1. 某公司报销标准见表 3-1。

表 3-1　某公司报销标准

住宿费	市内交通费	餐费	出差补助
250 元 / 间 / 天	65 元 / 人 / 天	65 元 / 人 / 天	25 元 / 人 / 天

现有该公司员工小王在太原出差期间发生的各项费用数据：{'name': '小王','destination': '太原','days': 2,'traffic': 374.5,'taxi': 130,'hotel': 520,'date': '2022-12-12'}。其中，traffic 为城际交通费，此项费用实报实销；taxi 为市内交通费合计，此项费用须按报销标准和天数进行合规性查验；hotel 为住宿费用合计，此项费用也须按报销标准和天数进行合规性查验。根据该公司报销标准，查验小王的各项报销费用是否符合报销标准。

2. 根据表 3-2 给出的某公司 2022 年和 2021 年的资产负债率，判断这两年的资产负债率是增加了还是下降了？增加或下降了多少？

表 3-2　某公司的资产负债率

项目	2021 年	2022 年
资产负债率	58.05%	58.53%

3. 根据表 3-3 中的数据，计算 A 企业和 B 企业的销售毛利率，并判断哪家的销售毛利率更高，销售毛利率 =（销售净收入—产品成本）/ 销售净收入。

表 3-3　2022 年 A 企业和 B 企业的相关财报数据

单位：元

项目	A 企业	B 企业
销售净收入	602 116 408.1	7 703 495 046
产品成本	398 547 546.94	2 314 825 198

4. 根据表 3-4 给出的某公司报销标准，使用嵌套分支结构（先判断出差地区，再判断是否超出该地区报销标准）查验该公司员工的差旅费是否符合报销标准。

表 3-4　某公司报销标准

地区	京沪广深地区		其他地区	
类别	住宿费	市内交通费 / 餐费	住宿费	市内交通费 / 餐费
标准	360 元 / 间 / 天	150 元 / 人 / 天	250 元 / 间 / 天	130 元 / 人 / 天

现有两条报销数据，其一为：{'name': ' 李明 ','destination': ' 昆明 ','days': 2,'traffic': 374.5,'hotel': 520,'taxi': 300,'date': '2012-12-12'}，其二为：{'name': ' 李云 ','destination': ' 上海 ','days': 1,'traffic': 374.5,'hotel': 360,'taxi': 155,'date': '2012-12-23'}。其中，traffic 为城际交通费，此项费用实报实销；其他费用均为按出差天数计算的费用合计。根据该公司报销标准，查验这两条报销费用是否符合报销标准。

5. 根据表 3-5 给出的 A 公司和 B 公司 2022 年的净资产收益率和行业平均值，请补充下列划线处代码，完成对该年度 A 公司、B 公司的净资产收益率和行业平均值的比较。

表 3-5　2022 年企业净资产收益率数据表

行业平均值	A 公司	B 公司
12.21%	6.18%	18.60%

```
# 比较 2022 年 A 公司、B 公司的净资产收益率和行业平均值高低
roeAvg=0.1221      # 行业平均净资产收益率
AROE=0.0618        #A 公司的净资产收益率
BROE=0.1860        #B 公司的净资产收益率
if (________________):
    print("2022 年 A 公司的净资产收益率低于行业平均值和 B 公司。")
if(________________):
    print("2022 年 A 公司的净资产收益率高于行业平均值和 B 公司。")
```

项目四

Python 循环结构程序设计

项目导读

伴随每天大量数据的产生，企业业务和财务信息的来源和渠道越来越多，财会人员的日常工作量也不断增加。在日常工作中，许多工作具有重复性，例如，每个会计期间各种财务指标的计算和会计业务的处理等，实际中虽然有各种财务软件能辅助会计完成这些重复性的日常工作，但由于财务软件的版本往往是市场统一的，功能固定，不具备灵活的个性化特征。而当前财务会计转型管理会计，参与企业日常经营管理和决策等，都要求财会人员能依据企业管理所需，完成更个性化的业财数据分析和处理。本项目将讲解 Python 的循环结构，循环结构是专门处理重复性工作的编程逻辑，掌握好循环结构，能为后续数据获取、计算、分析可视化等 Python 进阶操作奠定良好基础。

项目分解

项目四　Python 循环结构程序设计

- ◎ 任务一　使用for循环计算固定资产年折旧额和年末应计提折旧额
- ◎ 任务二　使用while循环批量计算存货单位成本

学习目标

知识目标

1. 了解 Python 循环结构；
2. 掌握 for 循环的用法；
3. 掌握 while 循环的用法；
4. 掌握 continue 语句和 break 语句的用法。

技能目标

1. 能使用 for 循环和 while 循环解决财会问题；
2. 能使用流程控制语句 continue 和 break 实现较复杂程序的流程设计。

素质目标

1. 培养学生的循环逻辑思维，提升编程效率；
2. 提升学生的编程思维，具备使用程序进行财会计算的能力。

任务一 使用 for 循环计算固定资产年折旧额和年末应计提折旧额

任务描述

某公司 2021 年 9 月购入不需要安装的固定资产一项，并于当月投入使用。此项固定资产原值 30 000 元，预计使用 5 年，报废时预计净残值 1 000 元，期间不存在减值迹象。本任务将采用双倍余额递减法为该项固定资产计提折旧。

任务分析

双倍余额递减法计提折旧的相关公式：

1. 年折旧率 =2/ 预计的折旧年限 × 100%

2. 期初固定资产净值 = 固定资产原值－累计折旧

3. 年折旧额 = 年初固定资产净值 × 年折旧率

4. 在固定资产预计使用期限的最后两年，采用直线法计算每年折旧额：每年折旧额 =（固定资产原值－累计折旧－资产减值准备－预计净残值）/2

固定资产计提折旧的过程是一个重复的过程，实际中，固定资产数目较多时，采用手工计算既麻烦又易出错，而采用 Python 的循环结构却能方便、快速、准确地完成计提固定资产折旧的相关计算。

知识要点

一、循环结构认知

循环结构是为在程序中反复执行某段代码而使用的一种程序结构，重复执行的代码块内容固定不变或者依照某种规律发生变化。循环结构可以减少重复书写程序的工作量，这是程序设计中最能发挥计算机特点的程序结构之一。机器的判断能力和不知疲倦重复工作的能力，其实是编程语言的分支结构语句和循环结构语句自动控制机器运行的结果。Python 中常用的循环结构有两种：for 循环和 while 循环。

二、for 循环认知

Python 中的 for 循环语法格式如下：

```
for 循环变量 in 迭代器：
    循环体（重复执行的代码）
```

其中，for 和 in 是 Python 中的关键字，在循环结构中二者搭配使用；for 后的循环变量从 in 后的迭代器中重复顺序取值；迭代器可以看作一个值序列或值集合，字符串、列表、元组、字典等可以作为循环迭代器；在循环过程中，循环变量依次从迭代器中取出各个值，循环变量每取到一个值，循环体就执行一次，循环往复，直到迭代器中的值全部取完时循环结束。

使用循环结构时要遵循语法要求。关键字 for、in 与循环变量、迭代器之间要至少用一个空格分开，连在一起时会引起错误；迭代器后的冒号必须使用英文符号；循环体部分的语句块要在 for 下缩进，缩进量通常是 4 个字符。

for 循环简单示例如图 4-1 所示。

```
for i in [0,1,2]:
    print('i的值为{}'.format(i))
    print('-'*10)
```

```
i的值为0
----------
i的值为1
----------
i的值为2
----------
```

图 4-1 for 循环示例

图 4-1 中，i 是循环变量，列表 [0,1,2] 作为迭代器，for 下方两行缩进量相同的代码是循环体。第 1 次循环，i 从列表中取值 0，循环体输出当前 i 的值和一条当作分隔线的减号；第 2 次循环，i 从列表中取值 1，循环体输出当前 i 的值和一条当作分隔线的减号；以此类推，由于列表中共 3 个值，故 i 将分别取到 3 个值，并分别执行 3 次循环体。

三、range() 函数认知

Python 提供了一个 range() 函数，此函数可以生成一个整数序列，以此作为 for 循环的迭代器。range() 函数语法格式如下：

```
range(start,end,step)
```

其中，start 为序列起始值，省略时默认为 0。end 为序列终止值，不可省略；需要注意的是，生成的序列至 end 结束，但不包括 end 在内。step 为步长，表示序列各值之间的间隔数，省略时默认为 1。

依照 start 参数和 step 参数的缺省情况，range() 可以有如下三种情形：range(end)、range(start:end) 和 range(start:end:step)。

range() 函数是惰性函数（即将函数计算推迟到需要的时候进行），需要在程序中使用它才能看到其生成的整数序列。为方便查看 range() 示例，下面将其与 for 循环结合，以 range() 充当 for 循环的迭代器，如图 4-2 所示。

```
# 惰性函数
# 将计算推迟到需要的时候进行
print(range(3))
```
```
range(0, 3)
```

（a）range() 函数示例 1

```
# 省略start和step
for i in range(3):
    print(i)
```
```
0
1
2
```

（b）range() 函数示例 2

```
# 省略step
for i in range(1,3):
    print(i)
```
```
1
2
```

（c）range() 函数示例 3

```
for i in range(1,5,2):
    print(i)
```
```
1
3
```

（d）range() 函数示例 4

```
for i in range(5,1,-2):
    print(i)
```
```
5
3
```

（e）range() 函数示例 5

```
# range(5,1,2)为空序列
# 不执行循环体
for i in range(5,1,2):
    print(i)
```

（f）range() 函数示例 6

图 4-2　range() 函数示例

图 4-2 中，除（a）图外，其他各图均使用 for 循环将 range() 生成的序列输出，即从输出结果中，可以看出 range() 生成的序列值。

四、常用的迭代器

字符串、列表、字典等都能作为 for 循环的迭代器，图 4-3 给出了一些不同迭代器的示例。

```
# 以字符串作为for循环的迭代器
# 字符串中共有3个字符
for i in 'ABC':
    print(i)
```

```
A
B
C
```

（a）字符串迭代器

```
# 以列表作为for循环的迭代器
# 列表中共有4个元素
for i in ['A',12,[1,2],{'籍贯':'太原'}]:
    print(i)
```

```
A
12
[1, 2]
{'籍贯': '太原'}
```

（b）列表迭代器

```
# 以字典作为for循环的迭代器
# 字典中共有2个元素
mes = {'姓名':'李明','籍贯':'太原'}
for i in mes:
    print(i,mes[i]) # i是字典的key
```

```
姓名 李明
籍贯 太原
```

（c）字典迭代器

```
# 以元组作为for循环的迭代器
# 元组中共有4个元素
for i in ('A',12,[1,2],{'籍贯':'太原'}):
    print(i)
```

```
A
12
[1, 2]
{'籍贯': '太原'}
```

（d）元组迭代器

图 4-3　常见的 for 循环迭代器

知识拓展

Python 的 for 循环可以用于快速生成一个取值有规律的列表。

如前所述，列表是一个用 [] 定义的有序数据集，而下面的语法格式能利用 for 循环快速生成一个列表。

[表达式 for 循环变量 in 可迭代对象 if 条件]

其中，“if 条件”部分可以省略。

这种生成列表的形式在 Python 中被称为列表推导式，它依据 for 循环对表达式进行重复计算，并将计算的所有结果作为列表的元素，从而快速生成列表。如列表推导式 [x+1 for x in range(10)]，它根据每次循环的 x 值计算 x+1，并将所有 x+1 计算得到的结果作为列表元素，此表达式将生成列表 [1, 2, 3, 4, 5, 6, 7, 8, 9, 10]。

列表推导式还可以使用 if 条件来限制哪些表达式计算结果能作为列表的元素。例如，列表推导式 [x+1 for x in range(10) if x % 2 == 0]，它将利用循环对每个 x 执行条件判断，若满足 x % 2 == 0（即 x 为偶数），则计算 x+1；若不满足

x % 2 == 0，则不计算 x+1。即此列表推导式仅针对偶数 x 计算 x+1，并以计算的结果生成列表，最终得到列表 [1, 3, 5, 7, 9]。

列表推导式可以用于生成一些简单的、有规律的列表，它借助循环结构和分支结构对满足条件的循环变量执行表达式计算，从而快速创建列表。

任务实施

根据任务描述，可将任务分解为两步：第一步，通过编写循环程序批量计算年折旧额；第二步，在第一步的基础上完善代码，计算 2021 年至 2025 年各年年末应计提折旧额。

微课 15：批量计算年折旧额

一、批量计算年折旧额

步骤 1： 新建一个 Python 文件，将其命名为“项目四–任务一.ipynb”。

步骤 2： 使用 Markdown 模式为程序添加一个说明性标题，输入以下内容并运行：

```
### 一、批量计算年折旧额
```

步骤 3： 计提固定资产折旧时，需要固定资产原值、预计使用年限、资产减值准备、预计净残值等初始数据。根据本任务的任务描述，设置如下变量保存初始数据：

```
OVFA = 30000          # Original Value of Fixed Assets，固定资产原值
year = 5              # 预计使用年限
DR = 2/year           # Depreciation Rate，年折旧率
ENRV = 1000           # Estimated Net Residual Value，预计净残值
AD = 0                # Accumulated Depreciation，累计折旧
```

提示

从程序设计角度而言，变量名一般不会全部用大写字母表示。但是从业务角度看，上述以大写字母命名的变量具有其业务含义，为了方便同学们理解，此处采用专业词汇的首字母大写作为变量名。

步骤 4: 设计批量计算年折旧额的循环结构。根据前面的任务描述和任务分析可知，此项固定资产在预计 5 年的使用过程中，各年的年折旧额计算方法均相同，因而可以利用循环来批量计算这 5 年的年折旧额。下面先设计 for 循环结构，代码如下：

```
for i in range(1,6):
    pass    # pass 语句表示代码占位，执行 pass 不会产生任何结果，后期可用代码替换
```

其中，range(1,6) 生成值为 1，2，3，4，5 的整数序列，以此作为循环变量 i 的迭代器，表示需计算 5 次年折旧额。

由于此处还未设计循环体代码，因此使用 Python 中的 pass 命令进行代码占位。占位的目的是保持程序结构的完整性，因为仅写一条 for i in range(1,6): 代码是无法运行的，而在循环体中放入 pass，就构成一个完整的循环结构，即可以运行的循环结构程序。

步骤 5: 设计由 pass 占位的循环体功能。使用双倍余额递减法计算折旧时，需要根据计提折旧的年限采用两种不同的计算方法：其一是固定资产使用期限未到最后两年时的计算方法，其二是固定资产使用期限进入最后两年时的计算方法。在程序中实现此计算逻辑时，需要用到 if-else 双分支结构。下面在步骤 4 的基础上，以双分支结构替换 pass 占位的代码。代码如下：

```
for i in range(1,6):
    if   year-2 > 0:
        pass           # 未到最后两年
    else:              # 进入最后两年
        pass
```

步骤 3 中，year 变量值为 5，表示固定资产预计使用年限为 5 年。当 year 逐渐从 5 减至 4，再减至 3 时，计提折旧的方法均采用固定资产使用期限未到最后两年时的计算方法；当 year 减至 2，再减至 1 时，计提折旧的方法均采用固定资产使用期限进入最后两年时的计算方法。基于此分析，本步骤设计的 if 后的条件表达式为 year-2>0。当满足此条件时，执行 if 下的语句块，即按固定资产使用期限未到最后两年的计算方法计提折旧；否则，执行 else 下的语句块，即按固定资产使用期限进入最后两年的计算方法计提折旧。本步骤未涉及双分支下的具体计算代码，故先以 pass 占位。

步骤 6: 完善步骤 5 中由 pass 占位的 if 分支的语句块。在 if 分支部分，首先按照公式：年折旧额 =（固定资产原值 − 累计折旧）× 年折旧率，计算当年应提折旧；其次，将当年折旧额加到累计折旧中；最后，减少固定资产预计使用年限。代码如下：

```
if   year-2 > 0:
    Depr = (OVFA-AD)*DR      # 计算年折旧额
```

```
    print('第{}年应提折旧为：{}'.format(i,Depr))
    AD = AD+Depr                  # 把当年折旧额加到累计折旧变量 AD 中
    year = year-1                   # 减少固定资产预计使用年限
```

上述代码中，年折旧额依照 Depr=(OVFA-AD)*DR 进行计算；代码 AD=AD+Depr 用来更新累计折旧变量 AD 的值；year=year-1 用来减少固定资产预计使用年限。

步骤 7： 完善步骤 5 中由 pass 占位的 else 分支的语句块。在 else 分支部分，使用直线法计提最后两年的折旧额。计提公式为：年折旧额 =（固定资产原值－累计折旧－预计净残值）/2。代码如下：

```
else:
  Depr = (OVFA-AD-ENRV)/2       # 使用直线法计提最后两年的年折旧额
  print('第{}年应提折旧为：{}元'.format(i, Depr))
  year = year-1                     # 减少固定资产预计使用年限
```

步骤 8： 至此，批量计算年折旧额的循环结构程序全部编写完成。完整代码如下：

```
OVFA = 30000            # Original Value of Fixed Assets，固定资产原值
year = 5                # 预计使用年限
DR = 2/year             # Depreciation Rate，年折旧率
ENRV = 1000             # Estimated Net Residual Value，预计净残值
AD = 0                  # Accumulated Depreciation，累计折旧
for i in range(1,6):
    if year-2>0:
        Depr = (OVFA-AD)*DR
        print('第{}年应提折旧为：{}元'.format(i,Depr))
        AD = AD+Depr
        year = year-1
    else:
        Depr = (OVFA-AD-ENRV)/2
        print('第{}年应提折旧为：{}元'.format(i,Depr))
        year = year-1
    print('---'*16)     # 在不同循环输出间输出一条分隔线
```

代码 print('---'*16) 用来在不同循环输出间输出一条分隔线，'---'*16 的含义是重复 16 次字符串“---”。注意此 print() 的缩进与 if–else 的缩进相同，即无论执行 if 分支还是执行 else 分支，分支运行结束后都会执行此 print()。

运行代码，结果如图 4–4 所示。

```
第1年应提折旧为：12000.0元
------------------------------------------------
第2年应提折旧为：7200.0元
------------------------------------------------
第3年应提折旧为：4320.0元
------------------------------------------------
第4年应提折旧为：2740.0元
------------------------------------------------
第5年应提折旧为：2740.0元
------------------------------------------------
```

图 4-4　年折旧额计算结果

二、计算各个年度年末应计提折旧额

在文件“项目四–任务一.ipynb”中，按照下面各步骤修改代码，实现在完成年折旧额计算的同时，计算各年度的年末应计提折旧额。

微课 16：计算各个年度年末应计提折旧额

步骤 1： 使用 Markdown 模式添加一个说明性标题，输入以下内容并运行：

```
### 二、计算各个年度年末应计提折旧额
```

步骤 2： 在“一、批量计算年折旧额”的步骤 3 中，添加变量 UM 和变量 RDY。UM 用于存储该项固定资产投入使用的月份，RDY 用于存储该项固定资产年剩余折旧额。代码如下：

```
UM = 9      # Use Month，固定资产投入使用月份
RDY = 0   # Residue Depreciation of Year，年剩余折旧额
```

步骤 3： 在“一、批量计算年折旧额”步骤 6 的 if 分支中，添加各年年末应计提折旧额的计算公式，实现在计算各年年折旧额的同时，完成各年年末应计提折旧额的计算。代码如下：

```
if year-2 > 0:
    Depr = (OVFA-AD)*DR      # 计算年折旧额
    print(' 第 {} 年应计提折旧为：{} 元 '.format(i,Depr))
    # 以下 2 行为新增语句
    # 新增语句 1
    print(' 其中 202{} 年当年年末计提折旧 {} 元 '.format(i, (12-UM)/12*Depr+RDY))
    RDY = UM/12*Depr              # 新增语句 2
    AD = AD+Depr                  # 把当年折旧额累加到累计折旧变量 AD 中
    year = year-1                 # 减少固定资产预计使用年限
```

关于新增语句 1 中，年末应计提折旧计算公式 (12-UM)/12*Depr+RDY 的分析如下：

由于各项固定资产启用时间不同，其年折旧额需分摊在各个月份，在年末填制报表时，按照不同年折旧额的分摊计算当年年末应计提折旧额。

例如，本任务涉及的固定资产从 2021 年 9 月开始投入使用，从 2021 年 10 月开始计提折旧。从 2021 年 10 至 2022 年 9 月，该项固定资产应计提折旧 12 000 元（Depr），则各月应分摊折旧 1 000 元（Depr/12）。计算 2021 年年末应计提折旧额时，需计算该年度 10 月、11 月和 12 月的折旧之和，以作为当年年末应计提折旧额（(12-UM)/12*Depr）；而剩余 9 个月的折旧之和（RDY=UM/12*Depr）则计入 2022 年年末应计提折旧额。

对于 2022 年年末应计提折旧额，其应包括 2021 年的年剩余折旧额（RDY=UM/12*Depr）和 2022 年 10 月至 12 月所分摊的折旧额（(12-UM)/12*Depr）。其他年份同理。若将 2021 年启用该固定资产时的上年剩余折旧额设置为 0，则各年份的年末应计提折旧额便可形成统一的计算公式：年末应计提折旧额 = 当年分摊折旧额 + 上年剩余折旧额 = (12-UM)/12*Depr+RDY。新增语句 1 即是按照此方法进行各年年末应计提折旧额的计算。

新增语句 2 则是计算该固定资产年折旧额中的剩余未提折旧，即 RDY = UM/12*Depr。

步骤 4： 在“一、批量计算年折旧额”步骤 7 的 else 分支体中，添加最后两年年末应计提折旧额的计算公式，实现在计算最后两年年折旧额的同时，完成对应的年末应计提折旧额的计算。代码如下：

```
else:
    Depr = (OVFA-AD-ENRV)/2        # 使用直线法计提最后两年的年折旧额
    print(' 第 {} 年应提折旧为：{} 元 '.format(i,Depr))
    # 以下 2 行为新增语句
    # 新增语句 1
    print(' 其中 202{} 年年末计提折旧 {} 元 '.format(i,(12-UM)/12*Depr+RDY))
    RDY = UM/12*Depr                # 新增语句 2
    year = year-1                   # 减少固定资产预计使用年限
```

步骤 5： 至此，使用 for 循环计算固定资产年折旧额和年末应计提折旧额的代码编写任务全部完成。完整代码如下：

```
OVFA = 30000         # Original Value of Fixed Assets，固定资产原值
year = 5             # 预计使用年限
DR = 2/year          # Depreciation Rate，年折旧率
ENRV = 1000          # Estimated Net Residual Value，预计净残值
AD = 0               # Accumulated Depreciation，累计折旧
```

```
UM = 9                    # Use Month，固定资产投入使用月份
RDY = 0                   # Residue Depreciation of Year，年剩余折旧额
for i in range(1,6):
    if year-2 > 0:
        Depr = (OVFA-AD)*DR     # 计算年折旧额
        print(' 第 {} 年应计提折旧为：{} 元 '.format(i,Depr))
        # 以下 2 行为新增语句
        # 新增语句 1
        print(' 其中 202{} 年当年年末计提折旧 {} 元 '.format(i, (12-UM)/12*Depr+RDY))
        RDY = UM/12*Depr          # 新增语句 2
        AD = AD+Depr              # 把当年折旧额累加到累计折旧变量 AD 中
        year = year-1             # 减少固定资产预计使用年限
    else:
        Depr = (OVFA-AD-ENRV)/2   # 使用直线法计提最后两年的年折旧额
        print(' 第 {} 年应计提折旧为：{} 元 '.format(i,Depr))
        # 以下 2 行为新增语句
        # 新增语句 1
        print(' 其中 202{} 年年末计提折旧 {} 元 '.format(i,(12-UM)/12*Depr+RDY))
        RDY = UM/12*Depr          # 新增语句 2
        year = year-1             # 减少固定资产预计使用年限
    print('---'*16)               # 在不同循环输出间输出一条分隔线
```

运行代码，结果如图 4-5 所示。

```
第1年应计提折旧为：12000.0元
其中2021年当年年末计提折旧3000.0元
------------------------------------------------
第2年应计提折旧为：7200.0元
其中2022年当年年末计提折旧10800.0元
------------------------------------------------
第3年应计提折旧为：4320.0元
其中2023年当年年末计提折旧6480.0元
------------------------------------------------
第4年应计提折旧为：2740.0元
其中2024年年末计提折旧3925.0元
------------------------------------------------
第5年应计提折旧为：2740.0元
其中2025年年末计提折旧2740.0元
------------------------------------------------
```

图 4-5 计算固定资产年折旧额和年末应计提折旧额

任务二 使用 while 循环批量计算存货单位成本

任务描述

某企业采用月末一次加权平均法核算存货成本。2022 年 5 月 1 日结存甲材料 200 件，单位成本 50 元；乙材料 300 件，单位成本 1 000 元。5 月 10 日购入甲材料 300 件，单位成本 45 元；乙材料 500 件，单位成本 900 元。5 月 20 日购入甲材料 500 件，单位成本 60 元；乙材料 200 件，单位成本 1 100 元。5 月 29 日购入乙材料 200 件，单位成本 1 000 元。不考虑其他因素，本任务将使用上述资料计算甲材料与乙材料 5 月份存货单位成本。

任务分析

月末一次加权平均法是指以本月全部进货成本与月初存货成本之和，除以本月全部进货数量与月初存货数量之和，得到存货的加权平均单位成本，并以此为基础计算本月发出存货的成本和期末结存存货成本的一种方法。

存货单位成本计算公式：

存货单位成本 = [月初结存存货成本 + ∑（本月各批次进货实际单位成本 × 本月各批次进货数量）] /（月初结存存货数量 + 本月各批次进货数量之和）。

对于某原材料，当月每次进货，都可按照公式：本批次进货的实际单位成本 × 本批次进货数量，计算出此批次进货成本；当月多次进货，则计算每批次进货成本就是一个重复的计算过程。若有多种原材料，则所有原材料的上述计算过程都是可重复的过程，因而适合使用 Python 的循环程序自动批量完成相关计算。

知识要点

一、while 循环

while 循环语法格式如下：

```
while 条件表达式：
    循环体
```

其中，while 是 Python 的关键字，其后为条件表达式。当条件表达式为真时，进入 while 循环，执行循环体；当条件表达式为假时，循环停止。若 while 的条件表达式需要用到循环变量，则应在 while 之前的代码中对循环变量赋初值。示例如图 4-6 所示。

```
1  i = 0             # 循环变量赋初值
2  while i < 2:
3      print('i的值为{}'.format(i))
4      i = i + 1     # 循环变量递增
```

```
i的值为0
i的值为1
```

图 4-6 while 循环示例

图 4-6 中，循环变量 i 的初值为 0，执行 while i<2 时，判断 i<2 是否成立，若成立，执行循环体（第 3 行至第 4 行代码）；注意循环体的最后一条命令是 i=i+1，即令 i 增 1。执行完循环体，程序将转回第 2 行的循环入口处，再次进行 i<2 的判断，若此条件成立，继续执行循环，直到 i<2 不成立，循环结束。

while 常用方法有两种：一种为有限循环，一种为无限循环。

（一）有限循环

有限循环是通过条件表达式和循环体中的附加条件，使得 while 循环在条件表达式判定为假时停止。图 4-6 即为一种有限循环。

（二）无限循环

无限循环也称绝对循环、永真循环，此种循环的循环条件永远成立，依靠循环条件为假来结束循环是不可行的。因此，在无限循环的循环体中，一定要有合适的控制退出循环的命令，否则无限循环就成了“死”循环。图 4-7 是无限循环的两个示例，它们将无限制地输出 1 或 0。

```python
# 永真循环
while True:
    print(1)
```

（a）True 作为条件表达式永远成立

```python
i = 0                    # 循环变量赋初值
while i < 2:
    print('i的值为{}'.format(i))
```

（b）i<2 作为条件表达式永远成立

图 4-7　while 无限循环

提示

遇到不能停止的循环程序时，可单击 Jupyter Notebook 工具栏中的■按钮，强制终止程序运行。

二、continue 语句与 break 语句

在循环结构中，有两个常用的控制程序逻辑发生改变的语句：continue 语句和 break 语句。这两个语句常用于在循环体中等待一定条件的满足，当满足给定条件时，continue 语句可以控制程序结束本次循环，直接跳转到循环入口处，重新进行循环条件表达式的判断；而 break 语句可以控制程序结束循环，直接跳转到循环下的其他语句处开始运行。

continue 语句示例如图 4-8 所示。无论是（a）图还是（b）图，当循环变量 i 等于 0 时，if 条件不满足，因而不执行 continue 语句；当循环变量 i 等于 1 时，if 条件满足，执行 continue 语句，提前结束本次循环，程序跳转到循环入口处进行下一个循环条件表达式的判断，因此 i 值为 1 时没有输出结果。

```python
for i in [0,1,2]:
    if i==1:
        continue
    print('i的值为{}'.format(i))
```

```
i的值为0
i的值为2
```

（a）for 循环中的 continue 语句

```python
1 i = 0                    # 循环变量赋初值
2 while i < 3:
3     if i==1:
4         i = i+1  # 循环变量递增
5         continue
6     print('i的值为{}'.format(i))
7     i = i + 1    # 循环变量递增
```

```
i的值为0
i的值为2
```

（b）while 循环中的 continue 语句

图 4-8　continue 语句示例

思考

在图 4-8 的（b）图中，如果删去第 4 行代码，程序还会正常运行吗？

break 语句示例如图 4-9 所示。无论是（a）图还是（b）图，当循环变量 i 等于 0 时，if 条件不满足，因此执行循环体中的语句；当循环变量 i 等于 1 时，if 条件满足，执行 break 语句，提前结束循环，程序继续执行循环之后的 print() 语句，即输出：循环结束。

```
for i in [0,1,2]:
    if i==1:
        break
    print('i的值为{}'.format(i))
print('循环结束')
```

```
i的值为0
循环结束
```

（a）for 循环中的 break 语句

```
i = 0              # 循环变量赋初值
while i < 3:
    if i==1:
        break
    print('i的值为{}'.format(i))
    i = i + 1      # 循环变量递增
print('循环结束')
```

```
i的值为0
循环结束
```

（b）while 循环中的 break 语句

图 4-9　break 语句示例

任务实施

步骤 1： 新建一个 Python 文件，将其命名为“项目四-任务二.ipynb”。

微课 17：计算单项材料的月末加权平均单价

步骤 2： 计算甲材料的月初结存存货成本。为了使程序具有通用性，存货名称、月初存货数量和月初单位存货成本均使用 input() 函数，在程序运行时由用户从键盘输入数据。代码如下：

```
# 计算甲材料的月初结存存货成本
Inve = input('存货名称：')                    # Inventory，存货名称
IQ = float(input('月初存货数量为：'))           # Inventory Quantity，月初存货数量
UIC = float(input('月初单位存货成本为：'))       # Unit Inventory Cost，月初单位存货成本
AC = IQ*UIC   # 计算月初存货成本并赋值给变量 AC(Accumulated Cost，累计购进存货成本)
print('{} 月初结存存货成本为：{:.2f} 元'.format(Inve,AC))
```

运行代码，结果如图 4-10 所示。

```
存货名称：甲材料
月初存货数量为：200
月初单位存货成本为：50
甲材料月初结存存货成本为：10000.00元
```

图 4-10　甲材料月初结存存货成本

步骤 3： 使用 for 循环计算甲材料本月的月末单位成本。代码如下：

```
# 计算月末加权平均单价
# 定义变量 AQ（Accumulated Quantity，累计数量）
AQ = IQ                                          # AQ 的初值是月初存货数量
for i in range(1,3):
    PQ = float(input('第{}次进货数量为：'.format(i)))   # Purchase Quantity，进货数量
    # 定义变量 AUC（Actual Unit Cost，单位实际成本）
    AUC = float(input('第{}次进货单位实际成本为：'.format(i)))
    PIC = PQ*AUC                                 # Purchase Inventory Cost，购进存货成本
    AC = AC+PIC                                  # Accumulated Cost，累计购进存货成本
    AQ = AQ+PQ                                   # Accumulated Quantity，累计存货数量
print('{}月末加权平均单价为：{:.2f}元/件'.format(Inve, AC/AQ))
```

变量 AQ 用于存放当月累计存货数量，为其赋初值 IQ，是将月初存货数量 IQ 作为 AQ 累加的初值。

由于甲材料本月进货两次，所以使用 range (1,3) 作为循环迭代器，其值为 1 和 2 两个数，即循环两次。每次循环都需要从键盘输入本次进货的数量 PQ 和单位成本 AUC，然后将 PQ 和 AUC 相乘得到本次存货成本，并赋值给变量 PIC；之后将本次存货成本 PIC 的值累加到变量 AC，存货数量 PQ 累加到变量 AQ。

需要注意的是，input() 函数从键盘接收的数据均为字符串类型，这并不符合进货数量和进货单位成本的实际数值意义，因此，代码使用 float() 函数将 input() 返回的字符型数据转换成浮点型数据。

运行代码，结果如图 4-11 所示。

```
第1次进货数量为：300
第1次进货单位实际成本为：45
第2次进货数量为：500
第2次进货单位实际成本为：60
甲材料月末加权平均单价为：53.50元/件
```

图 4-11　甲材料月末加权平均单价

步骤 4： 用同样的方法计算乙材料的月末单位成本。从任务描述可知，当月乙材料共进货 3 次，所以，这里只需修改步骤 3 代码中 for 循环的迭代器，即将 range(1,3) 修改为 range(1,4)，其余代码不变。计算乙材料月末单位成本的完整代码如下：

```
# 计算乙材料的月末加权平均单价
Inve = input('存货名称：')                        # Inventory，存货名称
IQ = float(input('月初存货数量为：'))              # Inventory Quantity，月初存货数量
```

```
UIC = float(input('月初单位存货成本为：'))      # Unit Inventory Cost，月初单位存货成本
AC = IQ*UIC   # 计算月初存货成本并赋值给变量 AC(Accumulated Cost，累计购进存货成本）
print('{} 月初结存存货成本为：{:.4f} 元 '.format(Inve,AC))
AQ = IQ                                      # Accumulated Quantity，累计购进存货数量
for i in range(1,4):
    PQ = float(input(' 第 {} 次进货数量为：'.format(i)))   # Purchase Quantity，进货数量
    # 定义变量 AUC（Actual Unit Cost，单位实际成本）
    AUC = float(input(' 第 {} 次进货单位实际成本为：'.format(i)))
    PIC = PQ*AUC                             # Purchase Inventory Cost，购进存货成本
    AC = AC+PIC                              # Accumulated Cost，累计购进存货成本
    AQ = AQ+PQ                               # Accumulated Quantity，累计购进存货数量
print('{} 月末加权平均单价为：{:.2f} 元 / 件 '.format(Inve,AC/AQ))
```

运行代码，结果如图 4-12 所示。

```
存货名称：乙材料
月初存货数量为：300
月初单位存货成本为：1000
乙材料月初结存存货成本为：300000.0000元
第1次进货数量为：500
第1次进货单位实际成本为：900
第2次进货数量为：200
第2次进货单位实际成本为：1100
第3次进货数量为：200
第3次进货单位实际成本为：1000
乙材料月末加权平均单价为：975.00元/件
```

图 4-12　乙材料月末加权平均单价

思考

若还要计算丙材料、丁材料等其他材料的月末单位成本，那么上面步骤 3 的程序需要重复修改和运行若干次吗?

步骤 5： 从上面的步骤 3 和步骤 4 可以看出，虽然甲、乙两种材料的月末加权平均单价计算方法相同，但二者在同一个月内的进货次数却不一定相同，每次都手动修改 for 循环的迭代器并不是一个好办法。下面将定义一个 number 变量来存储进货次数，并以此变量来控制 range() 函数的参数变化。

微课 18：批量计算存货单位成本

相关代码修改如下：

```
# 增加变量 number 来存储进货次数
number = int(input(' 本月进货次数为：'))        # 变量 number 用于存储当月进货次数
for i in range(1, number+1):                  # 修改 for 循环的迭代器 range() 函数
    pass   // pass 部分代码和步骤 4 的循环体相同
```

以 number 来控制循环次数后，月末加权平均单价的计算程序就具备了一定的通用性，可用于任意一种原材料的月末加权平均单价的计算。

步骤 6： 继续优化代码，增强代码通用性。步骤 3 的代码和步骤 4 的代码分别计算了甲材料和乙材料的月末加权平均单价。考虑这样一个问题：若有更多种材料需要计算月末加权平均单价该如何？不同材料的月末加权平均单价计算方法相同，在计算机中可以采用循环方式来批量实现若干种材料的月末加权平均单价计算，而不应为每种材料都编写相同的月末加权平均单价计算程序。

本步骤将采用 while 循环来控制程序，while 循环条件设为 True，表示永远可以执行月末平均单价计算程序。当然永真循环是不可取的，实际中需要在循环体中使用 if 分支来控制什么时候结束循环，此处将采用询问用户的方式来决定是否重复 while 循环。修改后的完整代码如下：

```
while True:
    Inve = input(' 存货名称：')                    # Inventory，存货名称
    IQ = float(input(' 月初存货数量为：'))          # Inventory Quantity，月初存货数量
    UIC = float(input(' 月初单位存货成本为：'))     # Unit Inventory Cost，月初单位存货成本
    # 计算月初存货成本并赋值给变量 AC(Accumulated Cost，累计购进存货成本 )
    AC = IQ*UIC
    AQ = IQ                                        # Accumulated Quantity，累计购进存货数量
    number = int(input(' 本月进货次数为：'))        # 变量 number 用于控制当月进货次数
    for i in range(1, number+1):
        PQ = float(input(' 第 {} 次进货数量为：'.format(i)))    # Purchase Quantity，进货数量
        AUC = float(input(' 第 {} 次进货单位实际成本为：'.format(i)))
        PIC = PQ*AUC                               # Purchase Inventory Cost，购进存货成本
        AC = AC+PIC                                # Accumulated Cost，累计购进存货成本
        AQ = AQ+PQ                                 # Accumulated Quantity，购进存货数量
    print('{} 月末加权平均单价为：{:.2f} 元 / 件 '.format(Inve,AC/AQ))
    print('-'*58)
    choice = input(' 若要继续录入请输入 y，输入其他字符程序将停止运行：')
```

```
    print('-'*58)
    if choice.lower() == 'y':
        continue
    else:
        break
print(' 程序运行结束！ ')
```

整个程序形成双重循环结构，外层循环使用 while 循环，while 循环的循环体用于计算某种材料的月末加权平均单价，每运行一次 while 循环就完成一种材料的月末加权平均单价的计算。while 循环中使用 if 分支询问用户是否要继续录入，若用户从键盘输入 Y 或 y，while 循环都将继续运行；若用户从键盘输入其他字符，则 while 循环结束。

变量 choice 接收用户输入的信息。choice.lower() 将用户输入的字符转换为小写，以确保无论用户输入小写 y 或者大写 Y 都能继续运行程序。if choice.lower() == 'y' 判断 choice.lower() 的值是否等于小写字符 y；若是，则执行 continue 语句，结束本次 while 循环，继续执行下一次 while 循环；若否，则执行 break 语句，退出 while 循环，继续执行之后的代码 print(' 程序运行结束！ ')。

运行代码，结果如图 4-13 所示。

```
存货名称：甲材料
月初存货数量为：200
月初单位存货成本为：50
本月进货次数为：2
第1次进货数量为：300
第1次进货单位实际成本为：45
第2次进货数量为：500
第2次进货单位实际成本为：60
甲材料月末加权平均单价为：53.50元/件
----------------------------------------------------------
若要继续录入请输入y，输入其他字符程序将停止运行：y
----------------------------------------------------------
存货名称：乙材料
月初存货数量为：300
月初单位存货成本为：1000
本月进货次数为：3
第1次进货数量为：500
第1次进货单位实际成本为：900
第2次进货数量为：200
第2次进货单位实际成本为：1100
第3次进货数量为：200
第3次进货单位实际成本为：1000
乙材料月末加权平均单价为：975.00元/件
----------------------------------------------------------
若要继续录入请输入y，输入其他字符程序将停止运行：n
----------------------------------------------------------
程序运行结束！
```

图 4-13　使用 while 循环批量计算存货单位成本

思考

while 循环体中，for 循环和 if 分支是并列的关系，还是嵌套的关系？

项目总结

本项目基于使用 for 循环计算固定资产年折旧额和年末应计提折旧额、使用 while 循环批量计算存货单位成本两个任务，讲解了 Python 语言中的 for 循环、while 循环、continue 语句和 break 语句。任务一采用从总体到细节的方法，逐步剖析程序逻辑，帮助同学们建立程序框架思维；任务二采用从细节到总体的方法，逐步增强程序功能，帮助同学们梳理循环的使用场景和逻辑。

至此，我们已经讲述了 Python 的变量、列表和字典等数据类型，练习了 Python 的三大基本程序结构（顺序结构、分支结构和循环结构），通过这些基础知识的学习及融合训练，同学们应能更深入地认知 Python，更灵活地掌握 Python 简单程序的编写方法，为之后深入学习 Python 数据分析做好准备。

实战演练

一、单选题

1. 如果要生成 100,200,300,400,500 这个序列，下列选项能满足条件的是（　　）。

A. range(100)　　B. range(100,600)　　C. range(100,600,100)　　D. range(600,100)

2. 下列代码会按照（　　）顺序输出列表中的元素。

```
list = [" 无形资产 "," 固定资产 "," 银行存款 "," 库存现金 "]
for i in list:
    print(i)
```

A. 无形资产、固定资产、银行存款、库存现金

B. 库存现金、银行存款、固定资产、无形资产

C. 随机顺序

D. 不会输出任何元素

3. 下列代码会按照（　　）顺序输出列表中的元素。

```
list = [" 无形资产 "," 固定资产 "," 银行存款 "," 库存现金 "]
for i in list:
    if  i == " 银行存款 ":
        continue
    print(i)
```

A. 无形资产、固定资产、银行存款、库存现金

B. 无形资产、固定资产、库存现金

C. 银行存款、无形资产、固定资产、库存现金

D. 不会输出任何元素

4. A 公司近 7 年的净资产收益率数据存放在变量 roe_list 中，roe_list = [0.12,0.15,0.18,0.10,0.08,0.20,0.16]。下列选项能从 roe_list 中筛选出大于 0.15 的净资产收益率的是（　　）。

A. new_list=[x for x in roe_list if x>0.15]

B. new_list=[x>0.15 for x in roe_list]

C. new_list=[roe_list[x] for x in range(len(roe_list)) if x>0.15]

D. new_list=[x for x in roe_list where x>0.15]

5. 下列代码段不能实现对一个列表中的所有数字进行累加及输出的是（　　）。

A.
```
total = 0
for num in [1, 2, 3, 4]:
    total += num
print(total)
```

B.
```
total = 0
while num in [1, 2, 3, 4]:
    total += num
print(total)
```

C.
```
total = 0
for i in range(4):
    total += i
print(total)
```

D.
```
total = 0
i= 0
while i < 4:
    total += i
    i += 1
print(total)
```

二、实操题

1. 编写利用直线法计算固定资产年折旧额的程序，相关数据参照任务一的任务描述。

2. 修改任务一的实现代码，把循环中计算的各年年末应计提折旧额保存到列表 list 1 中。

3. 分别使用 for 循环和 while 循环，逐个输出列表 [1,2,3,4,5,6] 中的元素。再结合 break 语

句，使程序在输出数字 5 后停止循环。

4. 仿照任务二的程序编写代码，实现根据录入的固定资产相关信息，基于双倍余额递减法计算各项固定资产的年折旧额，并使用任务一中的固定资产数据验证程序是否正确。

项目五

业务、财务数据获取

项目导读

数据获取是数据分析非常重要的环节，从不同渠道获取各类数据，以此更加精准地支持企业预测和决策是财务人员必备的基础技能之一。Python 提供了非常强大的数据获取功能，掌握这些数据获取技能对财务工作的数据分析任务非常有利。本项目将主要讲解 Python 的 Pandas 包，Pandas 包是 Python 用于数据分析主要且重要的工具，它提供了诸多导入数据的功能，使用这些功能可以非常轻松地完成 CSV 数据、Excel 数据、HTML 数据的导入，从而为进一步的财务数据计算、分析和可视化提供数据支撑。

项目分解

项目五　业务、财务数据获取

- ◎ 任务一　获取和展示汇绿生态资产负债表CSV数据
- ◎ 任务二　获取和展示汇绿生态利润表Excel数据

学习目标

知识目标

1. 掌握 Pandas 的两种数据结构；
2. 掌握 Pandas 获取常见数据的方法；
3. 掌握 Pandas 查询数据的相关操作。

技能目标

1. 能获取 CSV 形式的数据；
2. 能获取 Excel 形式的数据；
3. 能查询 Series 和 DataFrame 数据。

素质目标

1. 培养学生的全局数据理念，增强数据思维，提升数据理解能力和水平；
2. 提高学生对 Pandas 数据基本操作的理解能力，形成支持数据分析和处理的基础知识框架；
3. 提升学生分析数据和处理数据的能力，增强学生的数据敏感度。

任务一 获取和展示汇绿生态资产负债表 CSV 数据

任务描述

汇绿生态科技集团股份有限公司（股票简称：汇绿生态，股票代码：001267）是一家综合性生态环境建设企业。素材文件“汇绿生态资产负债表百分比报表.csv”保存了该公司 2022 年 9 月资产负债表的部分项目数据，本任务将基于此文件，讲解基于 Pandas 完成数据分析的基本流程和步骤，帮助同学们认知 Pandas，掌握 Pandas 获取 CSV 数据的方法、Pandas 存放数据的数据结构、Pandas 查询数据的切片方法及 Pandas 可视化等内容。

任务分析

汇绿生态资产负债表的基本信息已经保存在“汇绿生态资产负债表百分比报表.csv”文件中，图 5-1 为使用 Excel 打开的文件内容。本任务以此 CSV 数据为例，通过不同的数据读入方法将所需数据读入 Python 程序，并使用 Pandas 提供的数据操作方法、数据查询方法、数据特征查询方法及数据展示方法完成汇绿生态资产负债表数据的查询和展示。

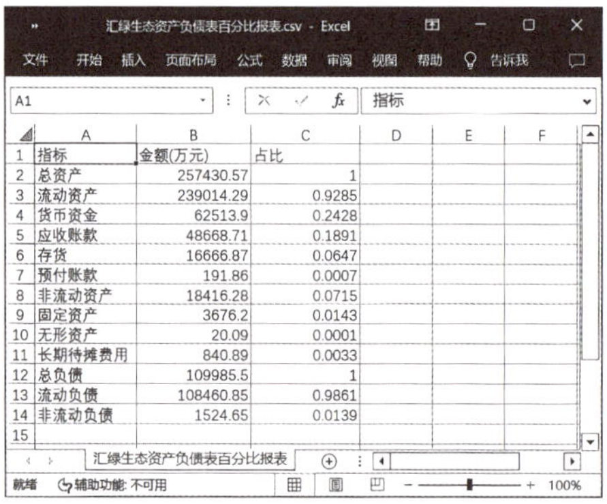

	A	B	C
1	指标	金额(万元)	占比
2	总资产	257430.57	1
3	流动资产	239014.29	0.9285
4	货币资金	62513.9	0.2428
5	应收账款	48668.71	0.1891
6	存货	16666.87	0.0647
7	预付账款	191.86	0.0007
8	非流动资产	18416.28	0.0715
9	固定资产	3676.2	0.0143
10	无形资产	20.09	0.0001
11	长期待摊费用	840.89	0.0033
12	总负债	109985.5	1
13	流动负债	108460.85	0.9861
14	非流动负债	1524.65	0.0139

图 5-1　汇绿生态资产负债表百分比报表数据

知识拓展

百分比式财务报表是一种以百分比形式呈现的财务报表，其特点是将特定财务报表中的所有金额均表示为某一报表项目的百分比。例如，图 5-1 所示的资产负债表百分比报表就是分别以总资产和总负债为基准（设定为 1），将不同资产项目在总资产中的占比和不同负债项目在总负债中的占比表示出来，以此便于公司与行业平均水平进行分析和比较，或者与同一行业内不同规模的公司进行分析和比较，或者对其自身在若干年间发展趋势进行分析和比较等。

知识要点

一、Pandas 数据分析认知

Pandas 是 Python 中专门用于完成数据分析任务的第三方工具包，包中提供了大量便捷且高效的操作大型数据所需的函数和方法。

（一）导入 Pandas 包

在 Python 中使用第三方工具包时，需先将其导入到程序中，才可以使用包中提供的功能。若要在程序中使用 Pandas 包，可使用 import 命令进行导入。代码如下：

```
import pandas                    # 导入 pandas 包
```

导入 Pandas 包的同时可为该包起一个简短的别名，后续程序若要使用 Pandas，可直接用此别名代替，以简化程序编写。通常以 pd 作为 Pandas 包的别名。代码如下：

```
import pandas as pd              # 导入 pandas 包，并将其命名为 pd
```

（二）Pandas 数据结构

Pandas 提供了 Series 和 DataFrame 两种容器类数据结构用于存储数据。

1. Series 数据结构

Series（系列、序列、数列）是带索引的一列数据，这列数据中的每个值可以是任何类型的数据，如整数、字符串、浮点数等。图 5-2 是使用 Pandas 的 Series() 方法创建名为 ser_obj 的 Series 对象的典型示例。从图中可以看出，pd.Series() 的第 1 个参数是列表 [' 总资产 ',257430.57,1.0]，此参数是 Series 对象的数据；pd.Series() 的第 2 个参数是 index=[' 指标 ',' 金额 (万元)',' 占比 ']，此参数给出了 Series 对象的标签索引。索引显示在数据的左边，常用于对数据含义作说明；数据位于索引的右边。

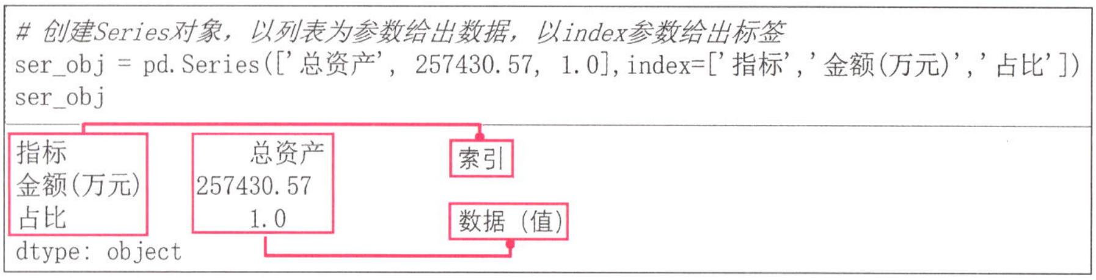

图 5-2　Series 数据示例 1

Series 数据左侧的标签索引也可以由 Pandas 自动产生，图 5-3 给出了使用 Pandas 的 Series() 方法创建名为 ser_obj 的 Series 对象的另一典型示例。从图中可以看出，pd.Series() 只有一个参数，此参数以列表 [' 总资产 ',257430.57,1.0] 给出了 Series 对象的数据；由于未给出 index 参数，故而 pd.Series() 自动为 Series 对象产生标签索引。

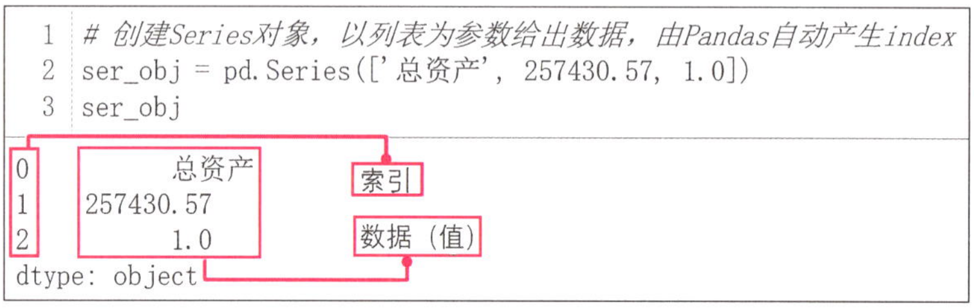

图 5-3　Series 数据示例 2

注意区分图 5-2 所示的 Series 数据和图 5-3 所示的 Series 数据的索引形式，前者通常由用户自行指定，此种索引能表示数据的实际业务含义；后者是一个从 0 开始、步长为 1 的整数序列，通常由 Pandas 自动产生，此种索引不具备实际业务含义，仅可代表数据在 Series 中的先后顺序。

2. DataFrame 数据结构

DataFrame 是数据分析最常用的数据结构，其数据可以由多行和多列组成，各列数据类型也可以不同。

图 5-4 是使用 Pandas 的 DataFrame() 方法创建 DataFrame 数据对象的一个典型示例。图中，pd.DataFrame() 只包含一个参数，此参数以双层嵌套列表 [[' 总资产 ',257430.57],[' 总负债 ',109985.5]] 给出 DataFrame 对象的数据；从 df 的输出可以看出，嵌套列表的每个元素均对应 df 对象的每行数据，如 [' 总资产 ',257430.57] 是 df 的首行数据，[' 总负债 ',109985.5] 是 df 的次行数据。由于未给出各行索引和各列索引，Pandas 自动为 df 生成从 0 开始、步长为 1 的整数序列作为 df 的行索引和列索引。最终，DataFrame 对象 df 包含两行两列数据，且行索引和列索引均由 Pandas 自动生成。

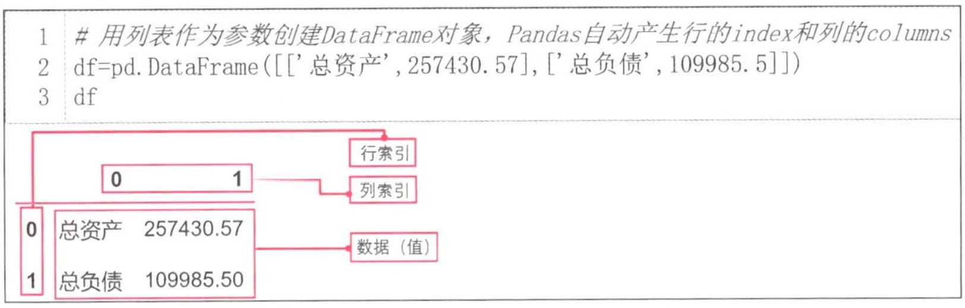

图 5-4　DataFrame 数据示例 1

图 5-5 是使用 Pandas 的 DataFrame() 方法创建 DataFrame 数据对象的另一典型示例。图中，pd.DataFrame() 包含两个参数，第 1 个参数以双层嵌套列表 [[' 总资产 ',257430.57],[' 总负债 ',109985.5]] 给出 DataFrame 对象的数据；第 2 个参数以 columns=[' 指标 ',' 金额 (万元)'] 给出 DataFrame 对象的各列索引。由于未给出各行索引，因而 Pandas 自动为 df 生成从 0 开始、步长为 1 的整数序列作为 df 的行索引。最终，DataFrame 对象 df 包含两行两列数据，行索引由 Pandas 自动生成，列索引由 columns 参数设置。

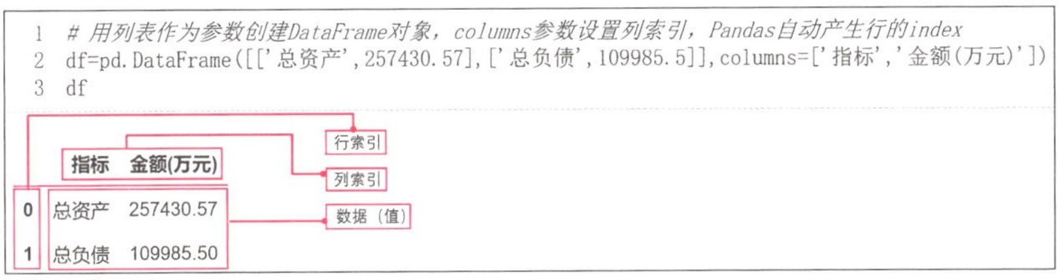

图 5-5　DataFrame 数据示例 2

图 5-6 是使用 Pandas 的 DataFrame() 方法创建 DataFrame 数据对象的另一典型示例。图中，pd.DataFrame() 包含三个参数，第 1 个参数以双层嵌套列表 [[257430.57],[109985.5]] 给出 DataFrame 对象的数据；第 2 个参数以 columns=[' 金额 (万元)'] 给出 DataFrame 对象的各列索引；第 3 个参数以 index=[' 总资产 ',' 总负债 '] 给出 DataFrame 对象的各行索引。最终，DataFrame 对象 df 包含两行一列数据，行索引由 index 参数设置，列索引由 columns 参数设置。

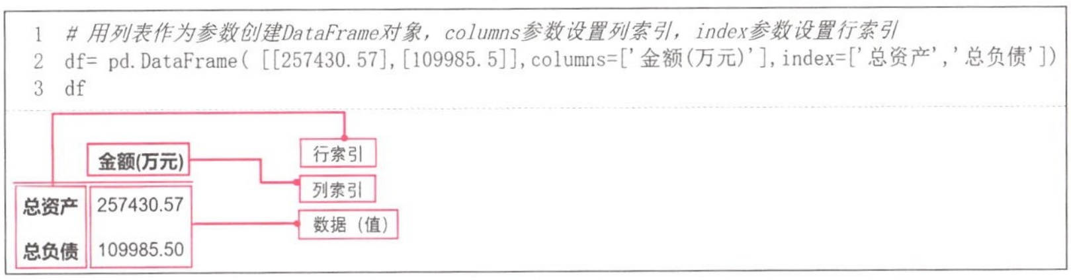

图 5-6　DataFrame 数据示例 3

二、使用 Pandas 读取 CSV 数据

CSV 文件以纯文本形式存储表格数据（数字和文本），各行的不同列间使用某种分隔符分隔。此种文件可以使用记事本、Excel 等软件打开。需注意的是，即使使用 Excel 打开 CSV 文件，这种文件也不具备 Excel 文件的诸多功能。图 5-7 为使用记事本打开的 CSV 文件，此文件共 7 行（包括列标题），每行的各个列值间使用逗号分隔符分隔。

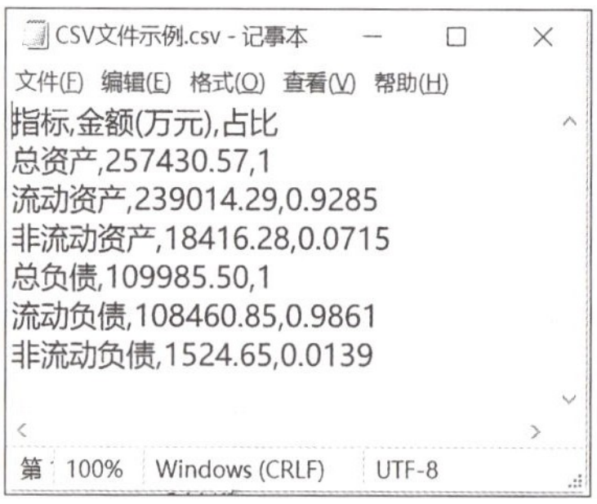

图 5-7　记事本打开的 CSV 文件

Pandas 提供了 read_csv() 方法用于读取 CSV 格式的数据文件，该方法参数众多，功能强大。图 5-8 为使用 read_csv() 方法读取名为“CSV 文件示例.csv”的文件，并将读入的数据保存到 DataFrame 对象 df 中的示例。

```
'''若读取的文件位于当前文件夹下，可直接使用文件名进行数据读取；
也可以直接使用文件的绝对路径读取数据（从盘符开始的文件路径）'''
df=pd.read_csv('CSV文件示例.csv')  # 相对路径读取数据
# df=pd.read_csv('E:\python\项目五\CSV文件示例.csv')  # 绝对路径读取数据
df     # 显示数据
```

	指标	金额(万元)	占比
0	总资产	257430.57	1.0000
1	流动资产	239014.29	0.9285
2	非流动资产	18416.28	0.0715
3	总负债	109985.50	1.0000
4	流动负债	108460.85	0.9861
5	非流动负债	1524.65	0.0139

图 5-8　read_csv() 读取的 CSV 数据

在图 5-8 所示的代码中，read_csv() 方法仅使用一个参数指明要读取的文件，省略了其他参数。当省略其他参数时，将按参数的默认值执行 read_csv()。其他常用参数的使用参见本任务的任务实施部分的代码。

三、选择 Pandas 数据

Pandas 提供了多种方法供用户选择（提取、查询）存储在 Series 或 DataFrame 中的数据。此处主要介绍采用切片方式选择数据的相关知识。

切片方式是指利用 [] 操作从 Series 或 DataFrame 数据中选择数据的一种方法，此方法类似于项目二中所学过的列表切片。下面的示例将使用图 5-8 中的 df 数据。

1. 列切片

列切片需使用列的标签索引。列切片的语法格式是：df[[列标签索引 1, 列标签索引 2,…]]。图 5-9 为列切片示例。其中，（a）图使用 df[[' 指标 ']] 在数据 df 中切出“指标”列，（b）图使用 df[[' 指标 ',' 占比 ']] 在数据 df 中切出“指标”和“占比”两个列。注意，此处无论是单列切片还是多列切片，均将列的标签索引名放置在列表中，即 df[] 是切片操作，而 [' 指标 '] 和 [' 指标 ',' 占比 '] 是以列表形式提供的列标签索引。

```
1  df[['指标']]    # 1. 单列切片
```

	指标
0	总资产
1	流动资产
2	非流动资产
3	总负债
4	流动负债
5	非流动负债

（a）单列切片

```
1  df[['指标','占比']]    # 2. 多列切片
```

	指标	占比
0	总资产	1.0000
1	流动资产	0.9285
2	非流动资产	0.0715
3	总负债	1.0000
4	流动负债	0.9861
5	非流动负债	0.0139

（b）多列切片

图 5-9 列切片示例

知识拓展

单列切片时，也可以不将列的标签索引放置在列表中，即形如 df[' 指标 ']，此时，切片操作返回的结果将不是 DataFrame 类型数据，而是 Series 类型数据。

2. 行切片

行切片需要使用行的位置索引。行切片的语法格式是：df[m:n]，其中，[m:n] 指的是从

第 m 行开始至第 n 行之前结束的所有行，即不包括第 n 行在内。行切片示例如图 5-10 所示，（a）图示例 df[0:1] 仅切出 df 的第 0 行数据，（b）图示例 df[1:3] 可切出第 1 行至第 2 行数据。

```
df[0:1]     # 1. 单行切片
```

	指标	金额(万元)	占比
0	总资产	257430.57	1.0

（a）单行切片

```
df[1:3]     # 2. 多行切片
```

	指标	金额(万元)	占比
1	流动资产	239014.29	0.9285
2	非流动资产	18416.28	0.0715

（b）多行切片

图 5-10　行切片示例

3. 行列交叉切片

行列交叉切片是指同时使用列的标签索引和行的位置索引从 df 中切出一块矩形区域中的数据。行列交叉切片的语法格式是：df[[列标签索引 1, 列标签索引 2,…]][m:n]。行列交叉切片示例如图 5-11 所示，其中，（a）图示例 df[[' 金额 (万元)']][0:1] 仅从 df 中切出“金额（万元）”列的第 0 行数据，（b）图示例 df[[' 指标 ',' 占比 ']][1:3] 从 df 中切出“指标”列和“占比”列的第 1 行至第 2 行数据。

```
# 1. 单行单列
df[['金额(万元)']][0:1]
```

	金额(万元)
0	257430.57

（a）单行单列切片

```
# 2. 多行多列
df[['指标','占比']][1:3]
```

	指标	占比
1	流动资产	0.9285
2	非流动资产	0.0715

（b）多行多列切片

图 5-11　行列交叉切片示例

四、Pandas 可视化认知

Pandas 提供了 plot() 方法用于快速便捷地可视化展示 Series 和 DataFrame 中的数据，Pandas 可视化最简洁的命令形式形如 df.plot()，此命令可将 df 绘制为折线图。下面的示例将基于图 5-8 中的 df 数据绘制折线图。

图 5-12 为从 df 中选择金额列的数据，注意，df[' 金额 (万元)'] 的数据类型是 Series，而 df[[' 金额 (万元)']] 的数据类型是 DataFrame。

步骤 4: 查看 BalanceSheet 的行列数、索引列、列名及轴。代码如下：

```
print('行列数:',BalanceSheet.shape)         # 查看 BalanceSheet 的行列数
print('行索引:',BalanceSheet.index)         # 查看 BalanceSheet 的行索引
print('列标签:',BalanceSheet.columns)       # 查看 BalanceSheet 的列标签
print('轴:',BalanceSheet.axes)              # 查看 BalanceSheet 的轴信息
```

运行代码，结果如图 5-15 所示。从图中可知，BalanceSheet 共有 13 行 3 列数据；其索引列是由 Pandas 在读入 CSV 数据时自动添加的从 0（start=0）至 13（stop=13，但不包括 13）、步长为 1（step=1）的整数序列；列名包括指标、金额（万元）和占比，这 3 列的数据类型均为 object；BalanceSheet.axes 同时列出了 BalanceSheet 的行索引和列标签。

```
行列数: (13, 3)
行索引: RangeIndex(start=0, stop=13, step=1)
列标签: Index(['指标', '金额(万元)', '占比'], dtype='object')
轴: [RangeIndex(start=0, stop=13, step=1), Index(['指标', '金额(万元)',
='object')]
```

图 5-15　查看 BalanceSheet 的相关信息

知识拓展

Pandas 的数据类型和 Python 的数据类型并不完全相同。Pandas 数据类型是指某列所有数据的取值类型，若该列全是数字，则为数字型（整数 int 或小数 float）；若该列有一个不是数字，则为非数字型（bool 型、object 型等）。

步骤 5: 将 BalanceSheet 行列转置，原来的行变为列，原来的列变为行。代码如下：

```
BalanceSheet.T        # BalanceSheet 行列转置
```

运行代码，结果如图 5-16 所示。

	0	1	2	3	4	5	6	7	8	9	10	11	12
指标	总资产	流动资产	货币资金	应收账款	存货	预付账款	非流动资产	固定资产	无形资产	长期待摊费用	总负债	流动负债	非流动负债
金额(万元)	257430.57	239014.29	62513.9	48668.71	16666.87	191.86	18416.28	3676.2	20.09	840.89	109985.5	108460.85	1524.65
占比	1.0	0.9285	0.2428	0.1891	0.0647	0.0007	0.0715	0.0143	0.0001	0.0033	1.0	0.9861	0.0139

图 5-16　BalanceSheet 行列转置后的结果

步骤 6: 查看 BalanceSheet 的基本信息。代码如下：

```
BalanceSheet.info()      # 查看 BalanceSheet 的基本信息
```

运行代码，结果如图 5-17 所示。

```
<class 'pandas.core.frame.DataFrame'>
RangeIndex: 13 entries, 0 to 12
Data columns (total 3 columns):
 #   Column     Non-Null Count  Dtype
---  ------     --------------  -----
 0   指标        13 non-null     object
 1   金额(万元)   13 non-null     float64
 2   占比        13 non-null     float64
dtypes: float64(2), object(1)
memory usage: 440.0+ bytes
```

DataFrame类型

数据行数及行索引编号

数据列数及各列数据特征说明

数据所占的内存空间大小

图 5-17　BalanceSheet 的基本信息

步骤 7： 查看 BalanceSheet 的前 5 行。代码如下：

```
BalanceSheet.head()      # 查看 BalanceSheet 的前 5 行
```

运行代码，结果如图 5-18 所示。

	指标	金额(万元)	占比
0	总资产	257430.57	1.0000
1	流动资产	239014.29	0.9285
2	货币资金	62513.90	0.2428
3	应收账款	48668.71	0.1891
4	存货	16666.87	0.0647

图 5-18　BalanceSheet 的前 5 行

步骤 8： 查看 BalanceSheet 的后 5 行。代码如下：

```
BalanceSheet.tail()      # 查看 BalanceSheet 的后 5 行
```

运行代码，结果如图 5-19 所示。

	指标	金额(万元)	占比
8	无形资产	20.09	0.0001
9	长期待摊费用	840.89	0.0033
10	总负债	109985.50	1.0000
11	流动负债	108460.85	0.9861
12	非流动负债	1524.65	0.0139

图 5-19　BalanceSheet 的后 5 行

步骤 9： 查看 BalanceSheet 的描述性信息。代码如下：

```
BalanceSheet.describe()      # 查看 BalanceSheet 的描述性信息
```

运行代码，结果如图 5-20 所示。

	金额(万元)	占比
count	13.000000	13.000000
mean	66723.896923	0.347308
std	89578.659189	0.444487
min	20.090000	0.000100
25%	1524.650000	0.013900
50%	18416.280000	0.071500
75%	108460.850000	0.928500
max	257430.570000	1.000000

图 5-20　BalanceSheet 的描述性信息

步骤 10： 使用 set_index() 方法把 BalanceSheet 的指标列设为行索引。代码如下：

```
# 使用 set_index() 更改数据的行索引
BalanceSheet.set_index(" 指标 ", inplace=True)
BalanceSheet.head()      # 限于篇幅，仅显示 5 行数据
```

运行代码，结果如图 5-21 所示，注意与步骤 3 读入的 BalanceSheet 进行对比。

	金额(万元)	占比
指标		
总资产	257430.57	1.0000
流动资产	239014.29	0.9285
货币资金	62513.90	0.2428
应收账款	48668.71	0.1891
存货	16666.87	0.0647

图 5-21　更改行索引后的 BalanceSheet

知识拓展

除了先读入数据再更换行索引这种方法外，也可以在使用 read_csv() 读入数据时，直接使用 index_col 参数指定原数据的某列作为 DataFrame 数据的行索引（也称行标签）。代码如下：

```
# 读入数据时，直接设置某列作为各行的索引列
# 方法 1：以列序号设置行索引，Pandas 将原数据中的列从 0 开始按顺序编号
BalanceSheet = pd.read_csv('E:\python\ 项目五 \ 汇绿生态百分比报表 .csv',index_col = 0)
# 方法 2：以列名设置行索引
BalanceSheet = pd.read_csv('E:\python\ 项目五 \ 汇绿生态百分比报表 .csv',index_col = ' 指标 ')
```

步骤 11： 若数据分析时不需要读入所有原始数据，而是仅需要读入部分数据时，则可在 read_csv() 中使用 usecols 参数指定需要读取的列。代码如下：

```
# 读入数据时，使用 usecols 参数指定需读入的列
BalanceSheet = pd.read_csv(' 汇绿生态资产负债表百分比报表 .csv',usecols=[0,1])
BalanceSheet.head()
```

运行代码，结果如图 5-22 所示。

	指标	金额(万元)
0	总资产	257430.57
1	流动资产	239014.29
2	货币资金	62513.90
3	应收账款	48668.71
4	存货	16666.87

图 5-22　读入汇绿生态资产负债表的指定列

思考

试着读入汇绿生态资产负债表的“指标”列和“占比”列数据。

步骤 12： 若仅需读入原始数据的前几行数据，则可在 read_csv() 中使用 nrows 参数指定需要读取的行数。代码如下：

```
# 读入数据时，使用 nrows 参数指定需读入的行
BalanceSheet = pd.read_csv(' 汇绿生态资产负债表百分比报表 .csv',nrows=3)
BalanceSheet
```

运行代码，结果如图 5-23 所示。

	指标	金额(万元)	占比
0	总资产	257430.57	1.0000
1	流动资产	239014.29	0.9285
2	货币资金	62513.90	0.2428

图 5-23 读入汇绿生态资产负债表前 3 行数据

思考

试着读入汇绿生态资产负债表前 6 行数据。

二、查询汇绿生态资产负债表数据

微课 20：查询汇绿生态资产负债表数据

步骤 1： 读取“汇绿生态资产负债表百分比报表.csv”文件中的数据，以供后续代码访问。代码如下：

```
BalanceSheet=pd.read_csv(' 汇绿生态资产负债表百分比报表 .csv')
```

下面各步骤将使用切片从 BalanceSheet 中查询数据。

步骤 2： 查询一列数据。代码如下：

```
BalanceSheet[' 占比 ']
```

运行代码，结果如图 5-24 所示。从图中可以看出，单列查询的结果以 Series 形式返回，列的数据类型是 float。

```
0     1.0000
1     0.9285
2     0.2428
3     0.1891
4     0.0647
5     0.0007
6     0.0715
7     0.0143
8     0.0001
9     0.0033
10    1.0000
11    0.9861
12    0.0139
Name: 占比, dtype: float64
```

图 5-24 查询一列数据

步骤 3： 查询多列数据，代码如下：

```
BalanceSheet[[' 指标 ',' 占比 ']].head()    # 多个列名须放置到列表中
```

命令 BalanceSheet[[' 指标 ',' 占比 ']].head() 先执行 BalanceSheet[[' 指标 ',' 占比 ']]，查询

出 BalanceSheet 中的“指标”列和“占比”列，在此基础上，继续执行 head()，返回前 5 行数据。

运行代码，结果如图 5-25 所示。从图中可以看出，多列查询的结果仍是 DataFrame 形式。

	指标	占比
0	总资产	1.0000
1	流动资产	0.9285
2	货币资金	0.2428
3	应收账款	0.1891
4	存货	0.0647

图 5-25　查询多列数据

步骤 4： 查询一行数据。代码如下：

```
BalanceSheet[0:1]   # 对行进行切片，从 0 行开始至 1 行结束（不包括 1 行）
```

运行代码，结果如图 5-26 所示。从图中可以看出，切片返回的行仍是 DataFrame 形式。

	指标	金额(万元)	占比
0	总资产	257430.57	1.0

图 5-26　查询一行数据

思考

试着用切片查询“流动资产”行的数据。

步骤 5： 查询多行数据。代码如下：

```
BalanceSheet[:2]          # 从 0 行至 2 行，不包括 2 行
BalanceSheet[10:]         # 从 10 行至最后一行
BalanceSheet[0:13:10]     # 从 0 行至 13 行（不包括 13 行），步长为 10
```

运行代码，结果如图 5-27 所示。

	指标	金额(万元)	占比
0	总资产	257430.57	1.0000
1	流动资产	239014.29	0.9285

（a）查询 0 行至 2 行数据

	指标	金额(万元)	占比
10	总负债	109985.50	1.0000
11	流动负债	108460.85	0.9861
12	非流动负债	1524.65	0.0139

（b）查询 10 行至最后一行数据

	指标	金额(万元)	占比
0	总资产	257430.57	1.0
10	总负债	109985.50	1.0

（c）查询 0 行至 13 行数据，步长为 10

图 5-27　查询多行数据

提示

实际操作时，上面三行代码各占一个代码块，若是三行代码在同一个代码块，则只能输出最后一行代码的运行结果，其原因是若不使用 print() 进行输出，则 Jupyter Notebook 只能输出代码单元中最后一条命令的结果。若无特殊说明，后续代码同理。

步骤 6： 查询多行多列数据。代码如下：

```
# 查询 11 行至 12 行（不包括 12 行）“指标”列和“占比”列的数据
BalanceSheet[[' 指标 ',' 占比 ']][11:12]
# 查询 11 行至最后一行“指标”列和“占比”列的数据
BalanceSheet[[' 指标 ',' 占比 ']][11:]
```

运行代码，结果如图 5-28 所示。

	指标	占比
11	流动负债	0.9861

（a）BalanceSheet[[' 指标 ',' 占比 ']][11:12]

	指标	占比
11	流动负债	0.9861
12	非流动负债	0.0139

（b）BalanceSheet[[' 指标 ',' 占比 ']][11:]

图 5-28　查询多行多列数据

微课 21：展示汇绿生态资产负债表数据

三、展示汇绿生态资产负债表数据

步骤 1： 提取汇绿生态流动资产指标数据。代码如下：

```
# 提取汇绿生态流动资产指标数据
df_detail = BalanceSheet[' 金额（万元）'][2:6]
df_detail
```

运行代码，结果如图 5-29 所示。注意，df_detail 是 Series 类型数据。

```
2    62513.90
3    48668.71
4    16666.87
5      191.86
Name: 金额(万元), dtype: float64
```

图 5-29　汇绿生态流动资产指标数据

步骤 2： 绘制汇绿生态流动资产指标折线图。代码如下：

```
df_detail.plot(figsize=(3,2))
```

运行代码，结果如图 5-30 所示。从图中可以看出，此折线图以 df_detail 的行索引为 x 轴刻度的标签，以 df_detail 的值为 y 轴数据；plot() 函数中的 figsize=(3,2) 参数用来设置图形大小。

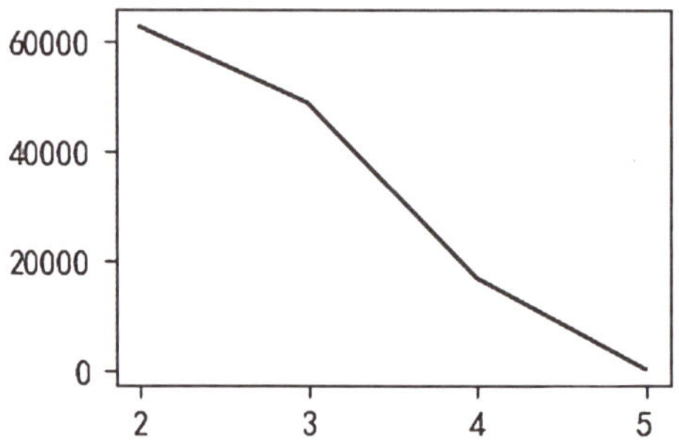

图 5-30　汇绿生态流动资产指标折线图

知识拓展

此处使用 Pandas 提供的 plot() 方法绘制折线图，此方法专门用于 Series 对象和 DataFrame 对象的可视化展示。

步骤 3： 提取汇绿生态非流动资产指标数据。代码如下：

```
# 提取汇绿生态非流动资产指标数据
df_detail_1 = BalanceSheet[['金额(万元)']][7:10]
df_detail_1
```

运行代码，结果如图 5-31 所示。注意，此处 df_detail_1 是 DataFrame 类型数据。

	金额(万元)
7	3676.20
8	20.09
9	840.89

图 5-31 汇绿生态非流动资产指标数据

步骤 4： 导入 Matplotlib 绘图包，并设置绘图参数。代码如下：

```
import matplotlib.pyplot as plt                    # 导入绘图包
plt.rcParams['font.sans-serif'] = ['SimHei']       # 设置正常显示中文
plt.rcParams['axes.unicode_minus'] = False         # 设置正常显示负号
```

知识拓展

Matplotlib 是 Python 中专门用于可视化展示的第三方库，使用该库能很容易地以图形方式展示数据。使用 Matplotlib 绘制图形时，若绘图数据中包含中文或负数，则需要进行专门的设置才能正常显示中文和负号。

步骤 5： 绘制汇绿生态非流动资产指标折线图。代码如下：

```
df_detail_1.plot(figsize = (3,2))
```

运行代码，结果如图 5-32 所示。从图中可以看出，此折线图以 df_detail_1 的行索引为 x 轴刻度的标签，以 df_detail_1 的“金额（万元）”列的值为 y 轴数据，以 df_detail_1 的“金额（万元）”列的列索引为图例。

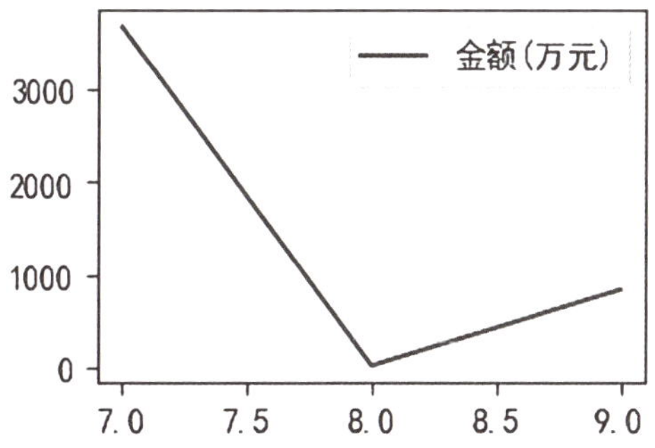

图 5-32 汇绿生态非流动资产指标折线图

步骤 6： 提取汇绿生态负债指标数据。代码如下：

```
# 提取汇绿生态负债指标数据
df_detail_2 = BalanceSheet[[' 占比 ']][11:]
df_detail_2
```

运行代码，结果如图 5-33 所示。

	占比
11	0.9861
12	0.0139

图 5-33　汇绿生态负债指标数据

思考

df_detail_2 是什么结构的数据？

步骤 7： 绘制汇绿生态负债指标折线图。代码如下：

```
df_detail_2.plot(figsize = (3,2))
```

运行代码，结果如图 5-34 所示。从图中可以看出，此折线图以 df_detail_2 的行索引为 x 轴刻度的标签，以 df_detail_2 的“占比”列的值为 y 轴数据，以 df_detail_2 的“占比”列的列索引为图例。

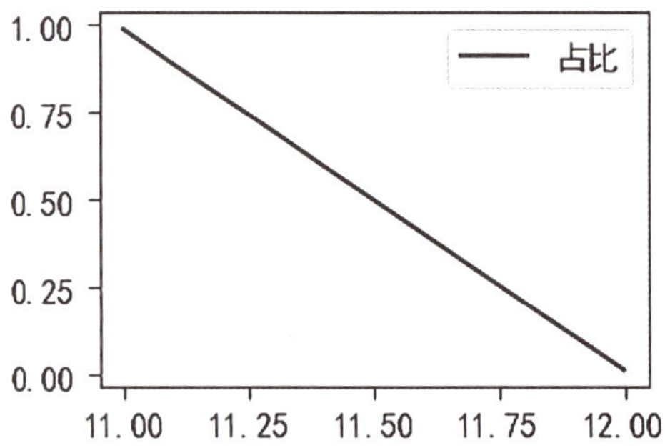

图 5-34　汇绿生态负债指标折线图

任务二 获取和展示汇绿生态利润表 Excel 数据

任务描述

素材文件“汇绿生态利润表百分比报表.xlsx”保存了汇绿生态公司自 2021 年第二季度至 2022 年第三季度期间的利润表季报数据，本任务将以此文件为例，讲解基于 Pandas 读取 Excel 数据的方法、查询数据的 loc 方法和 iloc 方法、简单清洗数据的方法及数据展示方法，帮助同学们进一步认知 Pandas 在利润表数据处理方面的应用。

任务分析

汇绿生态利润表已经保存在“汇绿生态利润表百分比报表.xlsx”文件中，“利润表”是该文件的其中一张工作表，此工作表中包括汇绿生态自 2021 年第二季度至 2022 年第三季度间各季度的利润表数据，如图 5-35 所示。本任务以此数据为例，将“利润表”数据读入 Python 程序，并使用 Pandas 提供的数据查询方法、简单数据清洗方法及数据展示方法完成汇绿生态利润表数据的对比展示。

知识拓展

图 5-35 所示的利润表百分比报表是以营业总收入为基准（设定为 100%），将不同利润表项目在营业总收入中的占比表示出来，以便于比较同一年度不同利润表项目的大小，或比较不同报表期间同一利润表项目的变动情况。

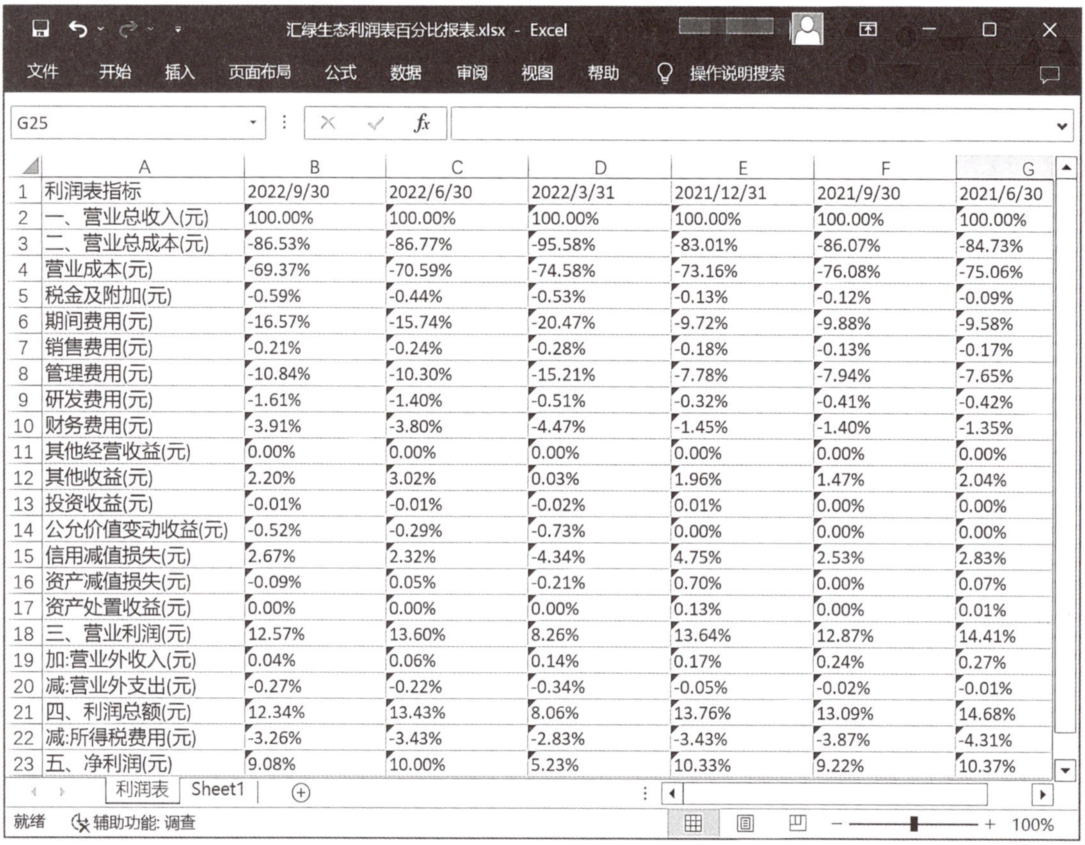

	A	B	C	D	E	F	G
1	利润表指标	2022/9/30	2022/6/30	2022/3/31	2021/12/31	2021/9/30	2021/6/30
2	一、营业总收入(元)	100.00%	100.00%	100.00%	100.00%	100.00%	100.00%
3	二、营业总成本(元)	-86.53%	-86.77%	-95.58%	-83.01%	-86.07%	-84.73%
4	营业成本(元)	-69.37%	-70.59%	-74.58%	-73.16%	-76.08%	-75.06%
5	税金及附加(元)	-0.59%	-0.44%	-0.53%	-0.13%	-0.12%	-0.09%
6	期间费用(元)	-16.57%	-15.74%	-20.47%	-9.72%	-9.88%	-9.58%
7	销售费用(元)	-0.21%	-0.24%	-0.28%	-0.18%	-0.13%	-0.17%
8	管理费用(元)	-10.84%	-10.30%	-15.21%	-7.78%	-7.94%	-7.65%
9	研发费用(元)	-1.61%	-1.40%	-0.51%	-0.32%	-0.41%	-0.42%
10	财务费用(元)	-3.91%	-3.80%	-4.47%	-1.45%	-1.40%	-1.35%
11	其他经营收益(元)	0.00%	0.00%	0.00%	0.00%	0.00%	0.00%
12	其他收益(元)	2.20%	3.02%	0.03%	1.96%	1.47%	2.04%
13	投资收益(元)	-0.01%	-0.01%	-0.02%	0.01%	0.00%	0.00%
14	公允价值变动收益(元)	-0.52%	-0.29%	-0.73%	0.00%	0.00%	0.00%
15	信用减值损失(元)	2.67%	2.32%	-4.34%	4.75%	2.53%	2.83%
16	资产减值损失(元)	-0.09%	0.05%	-0.21%	0.70%	0.00%	0.07%
17	资产处置收益(元)	0.00%	0.00%	0.00%	0.13%	0.00%	0.01%
18	三、营业利润(元)	12.57%	13.60%	8.26%	13.64%	12.87%	14.41%
19	加:营业外收入(元)	0.04%	0.06%	0.14%	0.17%	0.24%	0.27%
20	减:营业外支出(元)	-0.27%	-0.22%	-0.34%	-0.05%	-0.02%	-0.01%
21	四、利润总额(元)	12.34%	13.43%	8.06%	13.76%	13.09%	14.68%
22	减:所得税费用(元)	-3.26%	-3.43%	-2.83%	-3.43%	-3.87%	-4.31%
23	五、净利润(元)	9.08%	10.00%	5.23%	10.33%	9.22%	10.37%

图 5-35 汇绿生态利润表百分比报表数据

知识要点

Excel 文件是日常财务工作中频繁使用的文件类型之一，在财务分析时，经常需要将此种类型文件的数据读取到 DataFrame 对象中，进而使用 Pandas 强大的数据分析功能完成财务数据的分析和展示。

一、使用 Pandas 读取 Excel 文件

Pandas 提供了 read_excel() 方法来读取 Excel 文件，读取到的数据自动转换成 DataFrame 类型的数据。

现有“Excel 文件示例 .xlsx”文件，其中包含一张名为 Sheet1 的工作表，表里存放的是汇绿生态 2022 年第二季度和第三季度部分利润表指标数据，如图 5-36 所示。

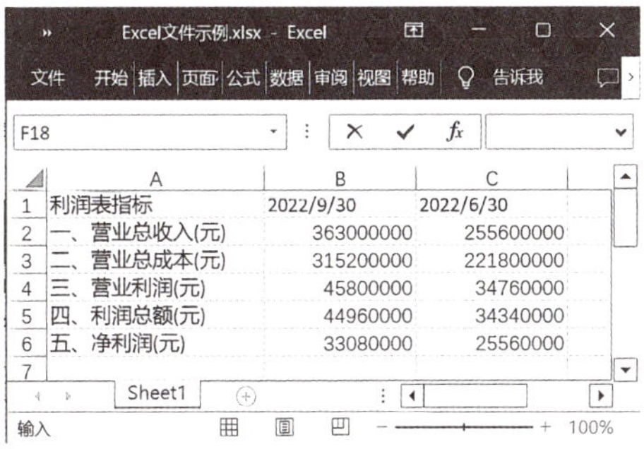

	A	B	C
1	利润表指标	2022/9/30	2022/6/30
2	一、营业总收入(元)	363000000	255600000
3	二、营业总成本(元)	315200000	221800000
4	三、营业利润(元)	45800000	34760000
5	四、利润总额(元)	44960000	34340000
6	五、净利润(元)	33080000	25560000

图 5-36 Excel 文件中的数据

（一）以默认方式读取 Excel 数据

图 5-37 所示的代码使用 read_excel() 读取此 Excel 文件中的数据，和 read_csv() 一样，read_excel() 也必须给出要读取的文件名，未给出的其他参数则可按默认方式取值。从图 5-37 中可以看出，read_excel() 自动读取了 Excel 文件中的第 0 张工作表（Pandas 从 0 开始按顺序对工作表编号）。

```
import pandas as pd
# 若文件位于当前文件夹下，则直接用文件名读取
# 默认读取Excel文件第1张工作表
df=pd.read_excel('Excel文件示例.xlsx')
df      # 显示数据
```

	利润表指标	2022/9/30	2022/6/30
0	一、营业总收入(元)	363000000	255600000
1	二、营业总成本(元)	315200000	221800000
2	三、营业利润(元)	45800000	34760000
3	四、利润总额(元)	44960000	34340000
4	五、净利润(元)	33080000	25560000

图 5-37 以默认方式读取 Excel 数据

知识拓展

读取文件时，还可以使用文件绝对路径来读取文件。绝对路径是从盘符开始表示的文件路径，例如，代码 df = pd.read_excel('E:\\python\\ 项目五 \\Excel 文件示例.xlsx') 表示读取 E 盘“python\ 项目五 \”文件夹下的名为“Excel 文件示例.xlsx”的文件，此代码返回的数据与图 5-37 所示的数据相同。

需要说明的是，“\”是操作系统中不同文件夹之间的分隔符，“E:\python\ 项目五 \Excel 文件示例.xlsx”是操作系统中文件路径的写法；但在 Python 中，由于“\”符号常用来引导转义字符（例如，项目二中曾学过代表水平制表符

的“\t”转义字符），故而 Python 中的单个“\”符号并不具备操作系统文件路径中的分隔符作用，“\\”符号才是具有文件分隔符作用的反斜线字符。因此，文件绝对路径“E:\python\ 项目五 \Excel 文件示例.xlsx”在 Python 中应表示为“E:\\python\\ 项目五 \\Excel 文件示例 .xlsx”。

（二）读取指定工作表数据

读取数据时，可以使用 sheet_name 参数指定要读取的工作表，图 5-38 为使用 sheet_name 参数指定读取第 0 张工作表或名为 Sheet1 的工作表。

```
# 按工作表编号读取工作表数据，编号从0开始
df=pd.read_excel('Excel文件示例.xlsx',sheet_name=0)
df
```

	利润表指标	2022/9/30	2022/6/30
0	一、营业总收入(元)	363000000	255600000
1	二、营业总成本(元)	315200000	221800000
2	三、营业利润(元)	45800000	34760000
3	四、利润总额(元)	44960000	34340000
4	五、净利润(元)	33080000	25560000

（a）读取第 0 张工作表

```
# 按工作表名称读取工作表数据,注意工作名的大小写
df=pd.read_excel('Excel文件示例.xlsx',sheet_name='Sheet1')
df
```

	利润表指标	2022/9/30	2022/6/30
0	一、营业总收入(元)	363000000	255600000
1	二、营业总成本(元)	315200000	221800000
2	三、营业利润(元)	45800000	34760000
3	四、利润总额(元)	44960000	34340000
4	五、净利润(元)	33080000	25560000

（b）读取 Sheet1 工作表

图 5-38　读取指定工作表数据

（三）读取数据时设置行索引

读取数据时，可以使用 index_col 参数设置行索引，图 5-39 中的（a）为使用 index_col 参数设置第 0 列的数据作为行索引，（b）为使用 index_col 参数设置“利润表指标”列的数据作为行索引。

```
df=pd.read_excel('Excel文件示例.xlsx',index_col=0)
df
```

利润表指标	2022/9/30	2022/6/30
一、营业总收入(元)	363000000	255600000
二、营业总成本(元)	315200000	221800000
三、营业利润(元)	45800000	34760000
四、利润总额(元)	44960000	34340000
五、净利润(元)	33080000	25560000

（a）设置第 0 列的数据作为行索引

```
df=pd.read_excel('Excel文件示例.xlsx',index_col='利润表指标')
df
```

利润表指标	2022/9/30	2022/6/30
一、营业总收入(元)	363000000	255600000
二、营业总成本(元)	315200000	221800000
三、营业利润(元)	45800000	34760000
四、利润总额(元)	44960000	34340000
五、净利润(元)	33080000	25560000

（b）设置“利润表指标”列的数据作为行索引

图 5-39　读取数据时设置行索引

（四）读取指定列数据或前几行数据

读取数据时，可以使用 usecols 参数指定读取哪几列数据，使用 nrows 参数指定读取前几行数据。图 5-40 中的（a）为使用 usecols 参数指定读取 A 列和 B 列的数据，（b）为使

```
# 读取指定列
df=pd.read_excel('Excel文件示例.xlsx',usecols='A,B')
df
```

	利润表指标	2022/9/30
0	一、营业总收入(元)	363000000
1	二、营业总成本(元)	315200000
2	三、营业利润(元)	45800000
3	四、利润总额(元)	44960000
4	五、净利润(元)	33080000

（a）读取 A 列和 B 列数据

```
# 读取前几行
df=pd.read_excel('Excel文件示例.xlsx',nrows=2)
df
```

	利润表指标	2022/9/30	2022/6/30
0	一、营业总收入(元)	363000000	255600000
1	二、营业总成本(元)	315200000	221800000

（b）读取前 2 行数据

图 5-40 读取指定列数据或前几行数据

用 nrows 参数读取前 2 行数据。

二、使用 loc 方法选择数据

loc 是一种基于 DataFrame 对象的标签索引访问数据的方法，其语法格式为：df.loc[index_name,col_name]。下面在图 5-37 所示 df 数据的基础上，列举 loc 方法的一些常用操作，如图 5-41 所示。更多示例请参考本书配套的示例源代码文件。

```
# 1.单个值，DataFrame形式
df.loc[[0],['利润表指标']]
```

	利润表指标
0	一、营业总收入(元)

（a）读取单个值，DataFrame 形式

```
# 1.单个值，Series形式
df.loc[0,'利润表指标']
```

'一、营业总收入(元)'

（b）读取多个值，Series 形式

```
# 2.多个连续值
df.loc[1:2,'利润表指标':'2022/6/30']
```

	利润表指标	2022/9/30	2022/6/30
1	二、营业总成本(元)	315200000	221800000
2	三、营业利润(元)	45800000	34760000

（c）读取多个连续值

```
# 3.多个不连续值
df.loc[[0,2],['利润表指标','2022/6/30']]
```

	利润表指标	2022/6/30
0	一、营业总收入(元)	255600000
2	三、营业利润(元)	34760000

（d）读取多个不连续值

```
# 4.多行
df.loc[[0,3]]
```

	利润表指标	2022/9/30	2022/6/30
0	一、营业总收入(元)	363000000	255600000
3	四、利润总额(元)	44960000	34340000

（e）读取多行

```
# 5.单列
df.loc[:,['利润表指标']]
```

	利润表指标
0	一、营业总收入(元)
1	二、营业总成本(元)
2	三、营业利润(元)
3	四、利润总额(元)
4	五、净利润(元)

（f）读取单列

图 5-41 loc 方法常用操作示例

三、使用 iloc 方法选择数据

iloc 方法是基于数据在 DataFrame 中的先后顺序编号（也被称为数字索引或位置索引，行列编号均从 0 开始按顺序编号）进行数据选择的一种方法，其语法格式为：df.iloc[index_num,col_num]。下面在图 5-37 所示 df 数据的基础上，列举 iloc 方法的一些常用操作，如图 5-42 所示。更多示例请参考本书配套的示例源代码文件。

```
# 1.单行，DataFrame形式
df.iloc[[0]]
```

	利润表指标	2022/9/30	2022/6/30
0	一、营业总收入(元)	363000000	255600000

（a）读取单行

```
# 2.连续行
df.iloc[0:1]
```

	利润表指标	2022/9/30	2022/6/30
0	一、营业总收入(元)	363000000	255600000

（b）读取连续行

```
# 3.数字索引为1的列
df.iloc[:,1:2].head(2)
```

	2022/9/30
0	363000000
1	315200000

（c）读取数据索引为 1 的列

```
# 4.不连续行：0和2
df.iloc[[0,2]]
```

	利润表指标	2022/9/30	2022/6/30
0	一、营业总收入(元)	363000000	255600000
2	三、营业利润(元)	45800000	34760000

（d）读取不连续行

```
# 5.行列交叉
df.iloc[[2,3],[0,2]]
```

	利润表指标	2022/6/30
2	三、营业利润(元)	34760000
3	四、利润总额(元)	34340000

（e）读取交叉行列

```
# 6.3行至尾行，0列至尾列
df.iloc[3:,0:]
```

	利润表指标	2022/9/30	2022/6/30
3	四、利润总额(元)	44960000	34340000
4	五、净利润(元)	33080000	25560000

（f）读取多行多列

图 5-42　iloc 方法常用操作示例

任务实施

本任务主要完成三大操作：一是从 Excel 文件中读取汇绿生态利润表数据，并将数据存储到 DataFrame 对象中；二是简单清洗利润表数据；三是用折线图简单展示数据。

微课 22：读取并查看汇绿生态利润表基本信息

一、读取并查看汇绿生态利润表基本信息

步骤 1： 新建一个 Python 文件，将其命名为“项目五-任务二 .ipynb”。

步骤 2： 读取“汇绿生态利润表百分比报表.xlsx”文件中“利润表”工作表的数据，以供后续代码访问。代码如下：

```
import pandas as pd
# 默认读取第 0 张工作表
IncomeStatement=pd.read_excel('汇绿生态利润表百分比报表.xlsx')
IncomeStatement      # 显示数据
```

运行代码，结果如图 5-43 所示（限于篇幅，仅截取部分数据，完整数据共 22 行 7 列）。其中各数据表示利润表各项目金额在营业总收入中的百分比占比，例如，“2022/9/30”列中的“-86.53%”表示该季度营业总成本相对于当季营业总收入的百分比占比为 86.53%。

	利润表指标	2022/9/30	2022/6/30	2022/3/31	2021/12/31	2021/9/30	2021/6/30
0	一、营业总收入(元)	100.00%	100.00%	100.00%	100.00%	100.00%	100.00%
1	二、营业总成本(元)	-86.53%	-86.77%	-95.58%	-83.01%	-86.07%	-84.73%
2	营业成本(元)	-69.37%	-70.59%	-74.58%	-73.16%	-76.08%	-75.06%
3	税金及附加(元)	-0.59%	-0.44%	-0.53%	-0.13%	-0.12%	-0.09%
4	期间费用(元)	-16.57%	-15.74%	-20.47%	-9.72%	-9.88%	-9.58%

图 5-43 读入 Excel 数据

提示

可使用 IncomeStatement.shape 查看数据形状。

步骤 3： 为方便分析，将“利润表指标”列设置为行索引。代码如下：

```
# inplace = True 参数表示直接在 IncomeStatement 上修改
IncomeStatement.set_index('利润表指标', inplace = True)
IncomeStatement
```

运行代码，结果如图 5-44 所示（限于篇幅，仅截取部分数据）。

```
# inplace=True参数表示直接在IncomeStatement上修改
IncomeStatement.set_index('利润表指标', inplace = True)
IncomeStatement
```

	2022/9/30	2022/6/30	2022/3/31	2021/12/31	2021/9/30	2021/6/30
利润表指标						
一、营业总收入(元)	100.00%	100.00%	100.00%	100.00%	100.00%	100.00%
二、营业总成本(元)	-86.53%	-86.77%	-95.58%	-83.01%	-86.07%	-84.73%
营业成本(元)	-69.37%	-70.59%	-74.58%	-73.16%	-76.08%	-75.06%
税金及附加(元)	-0.59%	-0.44%	-0.53%	-0.13%	-0.12%	-0.09%

图 5-44 设置行索引

步骤 4： 查看 IncomeStatement 各列数据类型。代码如下：

```
IncomeStatement.dtypes     # 查看各列数据类型
```

运行代码，结果如图 5-45 所示。从图中可以看出，各列数据类型均为 object。

```
1  IncomeStatement.dtypes  # 查看各列数据类型

2022/9/30     object
2022/6/30     object
2022/3/31     object
2021/12/31    object
2021/9/30     object
2021/6/30     object
dtype: object
```

图 5-45　查看各列数据类型

步骤 5： 继续查看某个值的数据类型。代码如下：

```
type(IncomeStatement.iloc[0,0])  # 查看 0 行 0 列值的数据类型
```

运行代码，结果如图 5-46 所示。可以判断出，IncomeStatement 中的各个值均为包含百分号在内的字符型数据。

```
1  type(IncomeStatement.iloc[0,0])  # 查看0行0列值的数据类型

str
```

图 5-46　查看某个值的数据类型

二、简单清洗汇绿生态利润表数据

微课 23：简单清洗汇绿生态利润表数据

步骤 1： 提取 2022 年第三季度数据，保存到 DataFrame 对象 df_202203 中。代码如下：

```
df_202203=IncomeStatement[['2022/9/30']]
df_202203
```

运行代码，结果如图 5-47 所示（限于篇幅，仅截取部分数据）。

	2022/9/30
利润表指标	
一、营业总收入(元)	100.00%
二、营业总成本(元)	-86.53%
营业成本(元)	-69.37%
税金及附加(元)	-0.59%

图 5-47　2022 年第三季度数据

步骤 2： 查看第 0 列数据。代码如下：

```
df_202203.iloc[:,0]   # 查看第 0 列数据，Series 类型
```

运行代码，结果如图 5-48 所示（限于篇幅，仅截取部分数据）。注意，此处查询结果是 Series 类型数据。

```
利润表指标
一、营业总收入(元)       100.00%
二、营业总成本(元)       -86.53%
营业成本(元)           -69.37%
税金及附加(元)          -0.59%
```

图 5-48 查看第 0 列数据

步骤 3： 使用 Series.str.split() 方法将第 0 列数据中的 % 字符拆分为新列，并将拆分后的数据保存到 DataFrame 对象 df1 中。代码如下：

```
df1 = df_202203.iloc[:,0].str.split('%',expand = True)
df1
```

其中，str.split() 对 Series 对象 df_202203.iloc[:,0] 执行拆分操作，拆分字符为 %，即将 % 左边的字符和 % 右边的字符拆分为两部分；参数 expand = True 表示将拆分出的字符串作为 DataFrame 的新列返回。

运行代码，结果如图 5-49 所示（限于篇幅，仅截取部分数据）。从图中可以看出，df1 包含两列，列索引分别为 0 和 1。

	0	1
利润表指标		
一、营业总收入(元)	100.00	
二、营业总成本(元)	-86.53	
营业成本(元)	-69.37	
税金及附加(元)	-0.59	

图 5-49 拆分列

步骤 4： 使用 Pandas 的 drop() 命令删除列 1。代码如下：

```
df1.drop(columns = [1], inplace = True)
df1
```

drop() 中的 inplace = True 参数表示在原始 df1 对象中删除数据。若没有 inplace 参数或 inplace = False，则只是在 df1 的副本上删除列 1。

运行代码，结果如图 5-50 所示（限于篇幅，仅截取部分数据）。从图中可以看出，df1 只有一个列索引为 0 的列。

	0
利润表指标	
一、营业总收入(元)	100.00
二、营业总成本(元)	-86.53
营业成本(元)	-69.37
税金及附加(元)	-0.59

图 5-50　删除列

步骤 5： 将列 0 的索引名修改为百分比。代码如下：

```
df1.columns=[' 百分比 ']
df1
```

运行代码，结果如图 5-51 所示（限于篇幅，仅截取部分数据）。

	百分比
利润表指标	
一、营业总收入(元)	100.00
二、营业总成本(元)	-86.53
营业成本(元)	-69.37
税金及附加(元)	-0.59

图 5-51　修改列的索引名

步骤 6： 使用 astype() 方法将 df1 对象的“百分比”列的数据类型修改为 float。代码如下：

```
df1=df1.astype({' 百分比 ':'float'})
df1
```

步骤 7： 查看 df1 对象的数据类型及其各列的数据类型。代码如下：

```
# 查看 df1 的数据类型
print(type(df1))
# 查看 df1 各列的数据类型
print(df1.dtypes)
```

运行代码，结果如图 5-52 所示。

```
<class 'pandas.core.frame.DataFrame'>
百分比     float64
dtype: object
```

图 5-52 查看数据类型

步骤 8： 将“百分比”列的数据转换为 0 到 1 之间的数字。代码如下：

```
df1 = df1.loc[:, [' 百分比 ']]/100
df1
```

运行代码，结果如图 5-53 所示（限于篇幅，仅截取部分数据）。

	百分比
利润表指标	
一、营业总收入(元)	1.0000
二、营业总成本(元)	-0.8653
营业成本(元)	-0.6937
税金及附加(元)	-0.0059
期间费用(元)	-0.1657
销售费用(元)	-0.0021
管理费用(元)	-0.1084

图 5-53 将“百分比”列的数据转换为 0 到 1 之间的数字

三、展示汇绿生态利润表数据

微课 24：
展示汇绿生态
利润表数据

步骤 1： 导入 Matplotlib 绘图包，并设置绘图参数。代码如下：

```
import matplotlib.pyplot as plt                    # 导入绘图包
plt.rcParams['font.sans-serif'] = ['SimHei']       # 设置正常显示中文
plt.rcParams['axes.unicode_minus'] = False         # 设置正常显示负号
```

步骤 2： 使用折线图展示 2022 年第三季度的各项费用数据。代码如下：

```
df1.iloc[4:9].abs().plot(figsize = (6,3), title = ' 费用对比 ')   # 各项费用数据展示
```

由于数据表中的各项费用以负数形式表示，因此，代码中使用 abs() 函数（绝对值函数）将 df1.iloc[4:9] 中的数据全部转换为正值，再合理地绘制图形。plot() 函数中的 title = ' 费用对比 ' 用以设置图形标题。

运行代码，结果如图 5-54 所示。

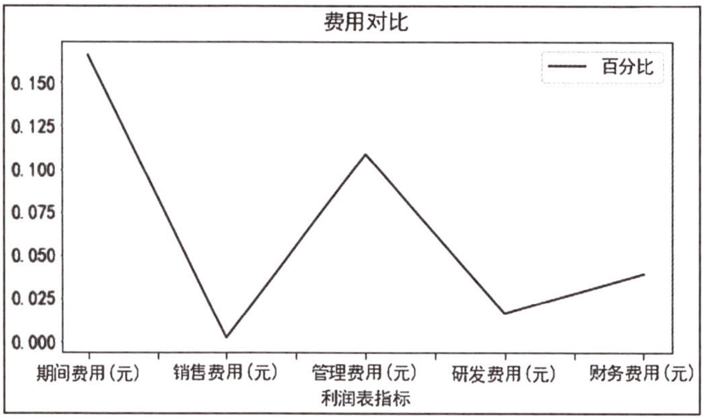

图 5-54　各项费用数据折线图

步骤 3： 使用折线图展示 2022 年第三季度的各项利润数据。代码如下：

```
df1.loc[['一、营业总收入（元）','三、营业利润（元）','四、利润总额（元）',\
       '五、净利润（元）']].plot(figsize=(6,3), title='各项利润对比')
```

运行代码，结果如图 5-55 所示。

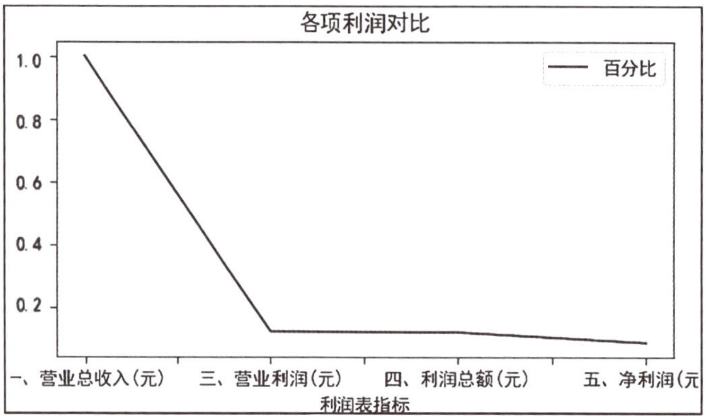

图 5-55　各项利润对比

项目总结

当进行数据分析时，经常会遇到大量数据，此时若使用 Python 的列表或字典等数据结构存储和处理数据，既不方便，又因复杂而容易出错。针对数据分析时大量数据存储和处理的问题，Python 提供了 Pandas 包作为解决方案。Pandas 中有两种数据类型：其一是 Series 数据，这是一种仅包含 1 列的数据类型；其二是 DataFrame 数据，这是一种包含若干行若干列的数据类型。

本项目通过对汇绿生态资产负债表数据和利润表数据的读取、查询、简单清洗及简单图形展示等操作，帮助同学们认知和掌握 Pandas 的两种数据结构、常用外部数据读取方法和数据查询等操作，了解 Pandas 的数据清洗和图形展示等操作，打开数据分析的大门。

实战演练

一、单选题

1. 阅读下面的代码，关于 df 的说法不正确的是（　　）。

```
import pandas as pd
df = pd.DataFrame({'x': [1.0, 2.0, 3.0, 4.0],
                   'y':[1, 2, 3, 4],
                   'z': ['a', 'b', 'c', 'd']})
```

A. pd.DataFrame() 的参数是包含三个键值对的字典

B. pd.DataFrame() 将字典转换为 df 后，字典中的键名将作为 df 的列名

C. df 是 3 行 4 列的数据

D. 系统将自动为数据行标上从 0 开始的顺序索引

2. 下列代码输出的是（　　）。

```
ser1 = pd.Series([200,300,500,700,100], index = ['1 月 ', '2 月 ', '3 月 ', '4 月 ', '5 月 '])
print(ser1.values)
```

A. 200 300 500 700 100

B. Index(['1 月 ', '2 月 ', '3 月 ', '4 月 ', '5 月 '], dtype='object')

C. '1 月 ', '2 月 ', '3 月 ', '4 月 ', '5 月 '

D. [200 300 500 700 100]

3. 下列代码输出的是（　　）。

```
import pandas as pd
b=pd.Series([9,8,7,6],['a','b','c','d'])
b[['b','c']]
```

A. a　9
　 b　8

B. b　8
　 c　7

C. b
   c

D. 8
   7

4. 下列代码输出的是（　　）。

```
import pandas as pd
b=pd.Series([9,8,7,6], ['a','b','c','d'])
b[::2]
```

A. a　9
   b　8
   c　7

B. a　9
   b　8

C. c　7
   d　6

D. a　9
   c　7

5. 现有如下 Pandas DataFrame 对象 df，若选择读取 B 列、c 行至 d 行数据，则正确的命令是（　　）。

```
import pandas as pd
df = pd.DataFrame(numpy.random.rand(8,4),index=list('abcdefgh'),columns=['A','B','C','D'])
```

A. df.loc[['B'],'c':'d']

B. df.loc[3:4,['B']]

C. df.iloc[2:4,'B']

D. df.iloc[2:4,1]

二、实操题

1. 根据如图 5-56 所示的 Excel 文件，按要求编写代码。

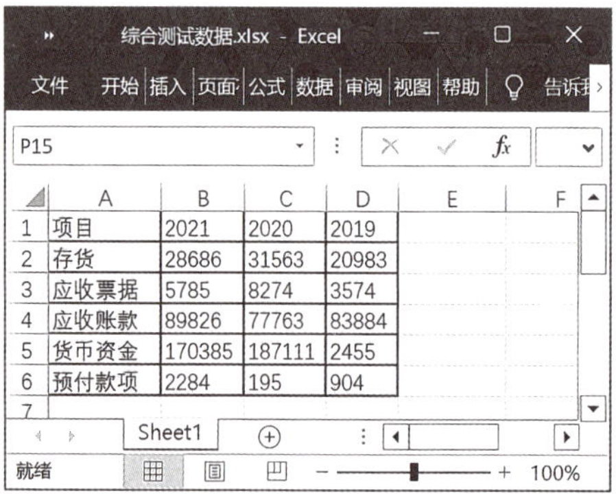

	A	B	C	D
1	项目	2021	2020	2019
2	存货	28686	31563	20983
3	应收票据	5785	8274	3574
4	应收账款	89826	77763	83884
5	货币资金	170385	187111	2455
6	预付款项	2284	195	904

图 5-56　各项利润对比

（1）将图 5-56 所示的 Excel 文件中的数据读入 Pandas 中。

（2）输出 2021 年的存货数据。

（3）输出 2021 年的全部数据。

（4）输出应收账款各年数据。

（5）输出 2019 年的货币资金数据。

（6）输出应收票据和应收账款的所有数据。

（7）输出预付款项的所有数据。

（8）输出 2020 年和 2021 年的应收票据和应收账款数据。

2. 根据如图 5-57 所示的 df 数据，按要求编写代码。

项目	存货	应收票据	应收账款	货币资金	预付款项
2021	28686	5785	89826	170385	2284
2020	31563	8274	77763	187111	195
2019	20983	3574	83884	2455	904

图 5-57　df 数据

（1）输出应收账款各年数据。

（2）输出货币资金各年数据。

（3）输出前两行数据。

（4）输出最后两列数据。

（5）输出 2021 年的存货与货币资金大小对比结果。

（6）输出 2019 年的应收票据与应收账款大小对比结果。

项目六

业务、财务数据清洗

项目导读

从不同渠道获取的数据一般都具有其各自的特征，而在进行财务分析时，我们常需要统一、规范、标准化的数据，这就需要对获取到的数据进行清洗、整理，使数据变得规范。本项目将以清洗汇绿生态利润表数据、清洗天域生态资产负债表数据两个任务为例，讲解如何在 Pandas 中完成重复数据和缺失数据的清洗、非法字符和无效字符的清洗、数据类型转换等操作，为后续数据的统计计算和分组计算奠定基础。

项目分解

项目六　业务、财务数据清洗

- ◎　任务一　清洗汇绿生态利润表数据
- ◎　任务二　清洗天域生态资产负债表数据

学习目标

知识目标

1. 掌握清洗重复数据的操作方法；
2. 掌握清洗缺失数据的操作方法；
3. 了解 pdfplumber 包；
4. 了解 lambda() 函数和 apply() 函数。

技能目标

1. 能清洗重复数据；
2. 能清洗缺失数据；
3. 能操作 PDF 文件；
4. 能使用 lambda() 函数和 apply() 函数。

素质目标

1. 培养学生理解数据含义、感知数据价值的基本能力；
2. 提高学生发现问题数据的基本能力，树立维护数据正确性、一致性和安全性的价值观念。

任务一 清洗汇绿生态利润表数据

任务描述

利润表是反映企业在一定会计期间内经营成果的财务报表。现有采集自网络的汇绿生态利润表数据保存在“汇绿生态 _001267_ 利润表.xlsx”素材文件中，由于此数据来源于网站，因而其在数据格式、数据类型和数据规范等方面都可能存在诸多不符合用户需求的问题。本任务将以此文件为例，讲解基于 Pandas 完成数据清洗的常用方法，帮助同学们掌握使用 Pandas 检测并处理缺失值和重复值、检测并转换数据类型、替换非法字符的方法，达到去除异常、纠正错误、补足缺失的目的。

任务分析

素材文件“汇绿生态 _001267_ 利润表.xlsx”包含汇绿生态 2020 年年度和 2021 年年度的利润表数据，其数据形式如图 6-1 所示。从图中可以大致看出，原始数据包括 3 列，第 1 列为报表项目，其余两列分别是 2021 年年度和 2020 年年度的利润表数据，对于利润表的计算和分析，则主要基于这两列中的数据。但显而易见，这两列数据并不符合计算要求，必须经过相应的数据清洗，才能使采集到的数据满足完整性、合法性和一致性等要求，服务于用户数据分析之需。

知识要点

由于数据来源多样，可能会造成所获取的数据包含无效的重复行或重复列，进而可能引起数据统计与分析错误。针对这种情况，常见的处理方法是检测数据中的无效、重复数据，并根据数据特征采取合理的方法进行处理。

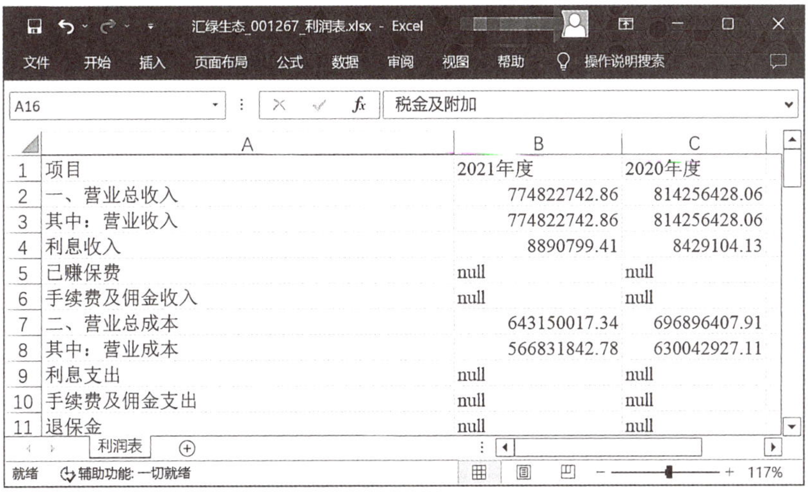

	A	B	C
1	项目	2021年度	2020年度
2	一、营业总收入	774822742.86	814256428.06
3	其中：营业收入	774822742.86	814256428.06
4	利息收入	8890799.41	8429104.13
5	已赚保费	null	null
6	手续费及佣金收入	null	null
7	二、营业总成本	643150017.34	696896407.91
8	其中：营业成本	566831842.78	630042927.11
9	利息支出	null	null
10	手续费及佣金支出	null	null
11	退保金	null	null

图 6-1　汇绿生态利润表数据原始形式

一、重复值处理

下面以某上市公司（股票代码：600615）的部分财务指标为例，介绍重复值的处理方法，如图 6-2 所示。从图中可以看出，DataFrame 对象 df 共包含 10 行 5 列数据。由于实际数据来源的多样化和复杂化，数据中可能包含重复行，故需对这些数据进行重复值标记、检测和处理。

```
import pandas as pd
df=pd.read_excel('重复数据示例.xlsx')
df
```

	代码	截止日期	流动比率	速动比率	现金比率
0	600615	2014-12-31	4.329069	3.154446	0.182931
1	600615	2015-12-31	4.213970	2.887738	0.262360
2	600615	2016-12-31	4.042908	2.777290	2.312102
3	600615	2017-12-31	13.970855	13.668995	2.860343
4	600615	2018-12-31	19.296433	18.949395	0.226112
5	600615	2016-12-31	4.042908	2.777290	2.312102
6	600615	2017-12-31	13.970855	13.668995	2.860343
7	600615	2018-12-31	19.296433	18.949395	0.226112
8	600615	2019-12-31	21.965846	21.563016	0.674846
9	600615	2020-12-31	23.270846	22.953694	0.617294

图 6-2　含有重复数据的 DataFrame 对象 df

（一）标记、检测和统计重复数据

1. 标记重复数据

Pandas 提供了 duplicated() 函数用于标记数据中的重复值。duplicated() 函数将返回一个标记数据是否重复的 Series 对象，重复数据被标记为 True，非重复数据被标记为 False。图 6-3 给出了一些重复数据标记示例。

```
# 将除第一次出现的重复行标记为True
# 省略了keep = 'first'
df.duplicated()   # 标记重复行
```

```
0    False
1    False
2    False
3    False
4    False
5     True
6     True
7     True
8    False
9    False
dtype: bool
```

（a）将除第一次出现的重复行标记为 True

```
# 将除第一次出现的重复行标记为True
# keep = 'first'为默认，可以省略
df.duplicated(keep = 'first')
```

```
0    False
1    False
2    False
3    False
4    False
5     True
6     True
7     True
8    False
9    False
dtype: bool
```

（b）将除第一次出现的重复行标记为 True

```
# 将除最后一次出现的重复行标记为True
df.duplicated(keep = 'last')
```

```
0    False
1    False
2     True
3     True
4     True
5    False
6    False
7    False
8    False
9    False
dtype: bool
```

（c）将除最后一次出现的重复行标记为 True

```
# 将所有重复行标记为True
df.duplicated(keep = False)
```

```
0    False
1    False
2     True
3     True
4     True
5     True
6     True
7     True
8    False
9    False
dtype: bool
```

（d）将所有重复行标记为 True

```
# 标记代码列的重复值
df.duplicated(subset = '代码')
```

```
0    False
1     True
2     True
3     True
4     True
5     True
6     True
7     True
8     True
9     True
dtype: bool
```

（e）标记代码列的重复值

```
# 标记代码列和截止日期列同时重复的值
df.duplicated(subset = ['代码','截止日期'])
```

```
0    False
1    False
2    False
3    False
4    False
5     True
6     True
7     True
8    False
9    False
dtype: bool
```

（f）标记代码列和截止日期列同时重复的值

图 6-3　标记重复数据

从图中可以看出，duplicated() 函数可以使用 subset 参数和 keep 参数。subset 参数用于指定操作对象，省略此参数时，表示操作对象为整行；keep 参数用于指定重复数据标记方式，不同的取值表示以不同的方式标记重复值。

2. 检测重复数据

虽然 duplicated() 函数可以将数据中的重复值标记为 True，但由于 duplicated() 是对每个值进行标记，因而，df 中有多少行数据，就会返回包含多少个 True 或 False 的布尔类型 Series 对象。当数据行很多时，这种标记重复行的方法可能会不太方便。

df.duplicated().any() 命令可以检测 df 数据中是否有重复值。duplicated() 函数先返回标记 df 中重复行的布尔值序列；在此基础上，any() 函数继续检测布尔值序列中是否出现 True 值。若是，则返回 True，反之则返回 False。图 6-4 给出了相关示例。

```
# 检测是否有重复数据
df.duplicated().any()
```

```
True
```

```
# 检测某列是否有重复数据
df.duplicated(subset = '代码').any()
```

```
True
```

图 6-4 检测重复数据

3. 统计重复数据

df.duplicated().value_counts() 命令可以统计重复值的数量。同样地，duplicated() 函数先返回标记 df 中重复行的布尔值序列；在此基础上，value_counts() 函数继续统计布尔值序列中 True 值和 False 值的数量。图 6-5 给出了相关示例。

```
# 统计重复数据的数量
df.duplicated().value_counts()
```

```
False    7
True     3
dtype: int64
```

图 6-5 统计重复数据

还可以使用代码 df[df.duplicated(keep=False)].index 显示重复行的行索引，如图 6-6 所示。此命令中，df.duplicated(keep=False) 先对 df 中的所有重复数据进行标记；接着，df[df.duplicated(keep=False)] 以标记结果为切片条件，筛选出重复数据；最后，.index 显示出这些重复数据行的行索引。

```
# 显示重复行的行索引
df[df.duplicated(keep = False)].index
```

```
Int64Index([2, 3, 4, 5, 6, 7], dtype='int64')
```

图 6-6　显示重复行的行索引

（二）删除重复数据

Pandas 提供了 drop_duplicates() 函数用于删除数据中的重复值。图 6-7 给出了相关示例。

```
# 删除除第一次出现的重复数据外的其他重复数据
df.drop_duplicates()
```

	代码	截止日期	流动比率	速动比率	现金比率
0	600615	2014-12-31	4.329069	3.154446	0.182931
1	600615	2015-12-31	4.213970	2.887738	0.262360
2	600615	2016-12-31	4.042908	2.777290	2.312102
3	600615	2017-12-31	13.970855	13.668995	2.860343
4	600615	2018-12-31	19.296433	18.949395	0.226112
8	600615	2019-12-31	21.965846	21.563016	0.674846
9	600615	2020-12-31	23.270846	22.953694	0.617294

（a）删除除第一次出现的重复数据外的其他重复数据

```
# 删除除最后一次出现的重复数据外的其他重复数据
df.drop_duplicates(keep = 'last')
```

	代码	截止日期	流动比率	速动比率	现金比率
0	600615	2014-12-31	4.329069	3.154446	0.182931
1	600615	2015-12-31	4.213970	2.887738	0.262360
5	600615	2016-12-31	4.042908	2.777290	2.312102
6	600615	2017-12-31	13.970855	13.668995	2.860343
7	600615	2018-12-31	19.296433	18.949395	0.226112
8	600615	2019-12-31	21.965846	21.563016	0.674846
9	600615	2020-12-31	23.270846	22.953694	0.617294

（b）删除除最后一次出现的重复数据外的其他重复数据

```
# 删除所有重复数据
df.drop_duplicates(keep = False)
```

	代码	截止日期	流动比率	速动比率	现金比率
0	600615	2014-12-31	4.329069	3.154446	0.182931
1	600615	2015-12-31	4.213970	2.887738	0.262360
8	600615	2019-12-31	21.965846	21.563016	0.674846
9	600615	2020-12-31	23.270846	22.953694	0.617294

（c）删除所有重复数据

```
# 直接在df中删除重复行
df.drop_duplicates(keep = False, inplace = True)
df
```

	代码	截止日期	流动比率	速动比率	现金比率
0	600615	2014-12-31	4.329069	3.154446	0.182931
1	600615	2015-12-31	4.213970	2.887738	0.262360
8	600615	2019-12-31	21.965846	21.563016	0.674846
9	600615	2020-12-31	23.270846	22.953694	0.617294

（d）使用 inplace 参数删除重复行

图 6-7　删除重复数据

提示

需要注意的是，不使用 inplace=True 参数时，df.drop_duplicates() 并不能真正删除 df 中的重复数据，只是生成删除重复数据后的副本供用户临时使用。

二、缺失值处理

下面以某上市公司（股票代码：000838）的部分财务指标为例，介绍缺失值的处理方法，如图 6-8 所示。从图中可以看出，DataFrame 对象 df 共包含 5 行 5 列数据。由于数据来源的复杂性和不确定性，数据中难免存在缺失值，故需对这些数据进行检测和处理。

```
import pandas as pd
df = pd.read_excel('缺失值数据示例.xlsx',dtype={'代码':'object'})
df
```

	代码	截止日期	财务杠杆	经营杠杆	综合杠杆
0	000838	2007-12-31	0.988613	1.044283	1.032391
1	000838	2008-12-31	1.033722	1.048025	1.083367
2	000838	2009-12-31	0.982018	1.174407	1.153288
3	000838	2010-12-31	NaN	NaN	NaN
4	000838	2011-12-31	NaN	NaN	NaN

图 6-8 含有缺失数据的 DataFrame 对象 df

提示

pd.read_excel() 中的 dtype={'代码': 'object'} 参数以字典形式表示，将“代码”列的数据类型设置为 object，这样才能将“000838”前面的“000”读入 df 中。若无此参数，Pandas 将以整数类型读入代码列，造成“000838”前面的“000”丢失（因为这些 0 在数学中是无效数字）。

（一）检测和统计缺失数据

1. 检测缺失数据

Pandas 中的缺失值有三种：np.nan (Not a Number)、None 和 pd.NaT（时间格式的空值，注意大小写不能错）。检测数据中的这三种缺失值可以使用 Pandas 提供的 isnull()、notnull() 或 isna()、notna() 等函数。isnull() 和 isna() 函数将数据中的缺失值标记为 True，非缺失值标记为 False；notnull() 和 notna() 函数将数据中的非缺失值标记为 True，缺失值标记为 False。图 6-9 给出了一些缺失数据标记示例。

```python
# 将缺失值标记为True
df.isnull()
```

	代码	截止日期	财务杠杆	经营杠杆	综合杠杆
0	False	False	False	False	False
1	False	False	False	False	False
2	False	False	False	False	False
3	False	False	True	True	True
4	False	False	True	True	True

（a）使用 isnull() 函数标记缺失值

```python
# 将缺失值标记为True
df.isna()
```

	代码	截止日期	财务杠杆	经营杠杆	综合杠杆
0	False	False	False	False	False
1	False	False	False	False	False
2	False	False	False	False	False
3	False	False	True	True	True
4	False	False	True	True	True

（b）使用 isna() 函数标记缺失值

```python
# 将非缺失值标记为True
df['财务杠杆'].notnull()
```

```
0       True
1       True
2       True
3      False
4      False
Name: 财务杠杆, dtype: bool
```

（c）使用 notnull() 函数标记缺失值

```python
# 判断各列有无缺失值
df.isnull().any()
```

```
代码        False
截止日期    False
财务杠杆     True
经营杠杆     True
综合杠杆     True
dtype: bool
```

（d）使用 isnull().any() 判断所有列

```python
# 判断“财务杠杆”列是否有缺失值
df["财务杠杆"].isnull().any()
```

```
True
```

（e）使用 isnull().any() 判断某列

图 6-9　检测缺失数据

2. 统计缺失数据

可以使用 value_counts() 对缺失数据检测结果进行统计，以得到缺失数据的数量，为进一步确定缺失数据处理方案提供依据。图 6-10 给出了相关示例。

```python
# 统计各列缺失值数量
df.isnull().value_counts()
```

```
代码    截止日期  财务杠杆  经营杠杆  综合杠杆
False  False   False   False   False    3
               True    True    True     2
dtype: int64
```

图 6-10　使用 value_counts（）统计缺失值数量

还可以使用 sum() 函数统计数据中的缺失值数量，统计时，将 False 当作 0，将 True 当作 1。图 6-11 给出了相关示例。

```python
# 统计各列缺失值数量
df.isnull().sum()
```

```
代码        0
截止日期    0
财务杠杆    2
经营杠杆    2
综合杠杆    2
dtype: int64
```

（a）统计各列缺失值数量

```python
# 统计各行缺失值数量
df.isnull().sum(axis=1)
```

```
0    0
1    0
2    0
3    3
4    3
dtype: int64
```

（b）统计各行缺失值数量

```python
# 统计总缺失值数量
df.isnull().sum().sum()
```

```
6
```

（c）统计总缺失值数量

图 6-11　使用 sum() 统计缺失值数量

（二）填充缺失数据

Pandas 提供了 fillna() 函数用于填充缺失数据，fillna() 函数的用法非常丰富，图 6-12 给出了此函数的一些使用示例（注意，下面的示例均使用图 6-8 所示的数据运行）。

```
# 填充为指定值
df.fillna(0.0)
```

	代码	截止日期	财务杠杆	经营杠杆	综合杠杆
0	000838	2007-12-31	0.988613	1.044283	1.032391
1	000838	2008-12-31	1.033722	1.048025	1.083367
2	000838	2009-12-31	0.982018	1.174407	1.153288
3	000838	2010-12-31	0.000000	0.000000	0.000000
4	000838	2011-12-31	0.000000	0.000000	0.000000

（a）以指定值填充缺失值

```
# 为某列填充平均值
df.fillna({'财务杠杆':df['财务杠杆'].mean()})
```

	代码	截止日期	财务杠杆	经营杠杆	综合杠杆
0	000838	2007-12-31	0.988613	1.044283	1.032391
1	000838	2008-12-31	1.033722	1.048025	1.083367
2	000838	2009-12-31	0.982018	1.174407	1.153288
3	000838	2010-12-31	1.001451	NaN	NaN
4	000838	2011-12-31	1.001451	NaN	NaN

（b）以均值填充某列缺失值

```
# 为各列填充平均值
df.fillna({'财务杠杆':df['财务杠杆'].mean(),
           '经营杠杆':df['经营杠杆'].mean(),
           '综合杠杆':df['综合杠杆'].mean()})
```

	代码	截止日期	财务杠杆	经营杠杆	综合杠杆
0	000838	2007-12-31	0.988613	1.044283	1.032391
1	000838	2008-12-31	1.033722	1.048025	1.083367
2	000838	2009-12-31	0.982018	1.174407	1.153288
3	000838	2010-12-31	1.001451	1.088905	1.089682
4	000838	2011-12-31	1.001451	1.088905	1.089682

（c）以各列均值填充该列缺失值

```
# 向前填充：使用前一个有效值填充
df.fillna(method = 'ffill')
```

	代码	截止日期	财务杠杆	经营杠杆	综合杠杆
0	000838	2007-12-31	0.988613	1.044283	1.032391
1	000838	2008-12-31	1.033722	1.048025	1.083367
2	000838	2009-12-31	0.982018	1.174407	1.153288
3	000838	2010-12-31	0.982018	1.174407	1.153288
4	000838	2011-12-31	0.982018	1.174407	1.153288

（d）以前一个有效值填充缺失值

```
# 向后填充：使用后一个有效值填充
df.fillna(method = 'bfill')
```

	代码	截止日期	财务杠杆	经营杠杆	综合杠杆
0	000838	2007-12-31	0.988613	1.044283	1.032391
1	000838	2008-12-31	1.033722	1.048025	1.083367
2	000838	2009-12-31	0.982018	1.174407	1.153288
3	000838	2010-12-31	NaN	NaN	NaN
4	000838	2011-12-31	NaN	NaN	NaN

（e）以后一个有效值填充缺失值

```
# 直接在df中填充
df.fillna(0.0, inplace = True)
df
```

	代码	截止日期	财务杠杆	经营杠杆	综合杠杆
0	000838	2007-12-31	0.988613	1.044283	1.032391
1	000838	2008-12-31	1.033722	1.048025	1.083367
2	000838	2009-12-31	0.982018	1.174407	1.153288
3	000838	2010-12-31	0.000000	0.000000	0.000000
4	000838	2011-12-31	0.000000	0.000000	0.000000

（f）使用 inplace 参数填充缺失值

图 6-12 填充缺失数据

注意（e）图中的数据填充效果，此图使用向后填充方式，由于最后一行的缺失数据后面并没有可填充的有效数据，因此，第 3 行和第 4 行的缺失数据都没有被填充。

（三）删除缺失数据

Pandas 提供了 dropna() 函数用于删除缺失数据，图 6-13 给出了此函数的一些使用示例

（注意，下面的示例均使用图 6-8 所示的数据运行）。

```
# 删除有缺失数据的行
df.dropna()        # 省略axis=0，对行删除
```

	代码	截止日期	财务杠杆	经营杠杆	综合杠杆
0	000838	2007-12-31	0.988613	1.044283	1.032391
1	000838	2008-12-31	1.033722	1.048025	1.083367
2	000838	2009-12-31	0.982018	1.174407	1.153288

（a）删除有缺失数据的行

```
# 删除有缺失数据的列
df.dropna(axis = 1)
```

	代码	截止日期
0	000838	2007-12-31
1	000838	2008-12-31
2	000838	2009-12-31
3	000838	2010-12-31
4	000838	2011-12-31

（b）删除有缺失数据的列

```
# 删除整行为空的行
df.dropna(how = 'all')
```

	代码	截止日期	财务杠杆	经营杠杆	综合杠杆
0	000838	2007-12-31	0.988613	1.044283	1.032391
1	000838	2008-12-31	1.033722	1.048025	1.083367
2	000838	2009-12-31	0.982018	1.174407	1.153288
3	000838	2010-12-31	NaN	NaN	NaN
4	000838	2011-12-31	NaN	NaN	NaN

（c）删除整行为空的行

```
# 直接在df中删除有缺失数据的行
df.dropna(inplace = True)
df
```

	代码	截止日期	财务杠杆	经营杠杆	综合杠杆
0	000838	2007-12-31	0.988613	1.044283	1.032391
1	000838	2008-12-31	1.033722	1.048025	1.083367
2	000838	2009-12-31	0.982018	1.174407	1.153288

（d）使用 inplace 参数删除有缺失数据的行

图 6-13　删除缺失数据

提示

实际工作中，对于缺失数据是选择填充还是选择删除，都必须根据实际情况决定，切忌盲目删除或者选择不合理的填充方法。

任务实施

本任务主要完成四大操作：一是从 Excel 文件中导入汇绿生态利润表数据，并将数据存储到 DataFrame 对象中；二是检测和统计利润表的重复行；三是检测和处理利润表的缺失值；四是使用柱形图展示汇绿生态利润表数据。

一、导入汇绿生态利润表数据

步骤 1： 新建一个 Python 文件，将其命名为“项目六-任务一.ipynb”。

步骤 2： 汇绿生态的利润表数据存储在“汇绿生态_001267_利润表.xlsx”文件的“利润表”工作表中，使用 pd.read_excel() 从该文件中读入此工作表数据，保存到 DataFrame 对象 df 中，为后续数据分析做好准备。代码如下：

```
import pandas as pd
# 读取 Excel 文件的利润表数据
df=pd.read_excel(' 汇绿生态 _001267_ 利润表 .xlsx',sheet_name=' 利润表 ')
df
```

运行代码，结果如图 6-14 所示。从图中可以看出，df 共有 68 行 3 列数据（68 rows × 3 columns），由于数据行较多，Pandas 并未显示全部数据行，仅显示前 5 行和后 5 行，中部的其他数据行以一行省略号表示。

	项目	2021年度	2020年度
0	一、营业总收入	774822742.86	814256428.06
1	其中：营业收入	774822742.86	814256428.06
2	利息收入	8890799.41	8429104.13
3	已赚保费	NaN	NaN
4	手续费及佣金收入	NaN	NaN
...	...	...	...
63	八、每股收益：	NaN	NaN
64	(一) 基本每股收益	0.114	0.128
65	(二) 稀释每股收益	0.114	0.128
66	法定代表人：李××	主管会计工作负责人：蔡××	会计机构负责人：彭×
67	法定代表人：李××	主管会计工作负责人：蔡××	会计机构负责人：彭×

68 rows × 3 columns

图 6-14 读入 Excel 数据

思考

如果使用工作表编号读取利润表，则应该如何修改上面的代码？

步骤 3： 使用 Pandas 的 set_option() 方法设置显示所有数据行，以方便观察数据特点。代码如下：

```
# 显示所有行
pd.set_option('display.max_rows', None)
df  # 显示数据
```

运行代码，可查看到全部数据行。

二、检测和统计利润表的重复数据行

微课 25：检测和统计利润表的重复数据行

步骤 1： 检测数据中是否存在重复行。代码如下：

```
df.duplicated()
```

运行代码，结果如图 6-15 所示（限于篇幅，仅截取部分行，全部数据特征请参见配套代码的运行结果）。从运行结果可知，除第 20 行和第 67 行的返回结果为 True 外，其余均为 False。这说明第 20 行和第 67 行是重复出现的数据行。

```
0      False
1      False
2      False
3      False
4      False
```

（a）0—4 行数据

```
17     False
18     False
19     False
20      True
21     False
```

（b）17—20 行数据

```
63     False
64     False
65     False
66     False
67      True
```

（c）63—67 行数据

图 6-15　检测重复数据行（仅截取 0—4、17—21、63—67 的行）

步骤 2： 若数据行数较多，使用步骤 1 的代码查看是否返回 True 值并不科学。可以使用 any() 函数对 duplicated() 的返回结果进行进一步检测。代码如下：

```
df.duplicated().any()
```

any() 方法检测数据中是否至少有一个为 True 的值。若是，则返回 True；否则返回 False。此处，any() 针对 df.duplicated() 返回的结果进行检测。若 df.duplicated() 返回的结果中包含 True（即有重复值），则 df.duplicated().any() 返回 True；否则返回 False。根据 df.duplicated().any() 的返回结果便可判断数据中是否存在重复行。

运行代码，返回结果 True，表示 df 中有重复值。

步骤 3： 使用 value_counts() 统计重复行的行数。代码如下：

```
df.duplicated().value_counts()
```

运行代码，结果如图 6-16 所示。从图中可以看出，df 中有 2 个重复行，66 个非重复行。

```
False    66
True      2
dtype: int64
```

图 6-16　df 中重复行和非重复行的行数

步骤 4： 检测“项目”列的重复值情况。代码如下：

```
# 检测“项目”列是否有重复值
print(' “项目”列是否有重复值：\n',df.duplicated(subset=[' 项目 ']).any())
# 统计“项目”列重复值的数量
print(' “项目”列重复值数量：\n',df.duplicated(subset=[' 项目 ']).value_counts())
```

运行代码，结果如图 6-17 所示。从图中可以看出，“项目”列中有 2 个重复值，66 个非重复值。

```
 “项目”列是否有重复值：
 True
 “项目”列重复值数量：
 False    66
True      2
dtype: int64
```

图 6-17 “项目”列中重复行和非重复行的行数

步骤 5： 使用 keep 参数控制 duplicated() 从最后一行开始，向前逐行标记重复行。代码如下：

```
# 恢复显示默认的 10 行数据
pd.set_option('display.max_rows', 10)
# 从后往前标记重复数据
print(' 重复行：\n',df.duplicated(keep='last'))
```

运行代码，结果如图 6-18 所示。对比步骤 1，原来第 20 行和第 67 行标记为重复行，现在第 2 行和第 66 行标记为重复行。

```
重复行：
 0     False
1      False
2       True
3      False
4      False
       ...
63     False
64     False
65     False
66      True
67     False
Length: 68, dtype: bool
```

图 6-18 从后往前标记重复行

步骤 6： 使用 keep = False 参数控制 duplicated()，将所有互相重复的行均标记为 True，并将重复行的标记结果显示出来。代码如下：

```
print(' 重复行：\n',df.duplicated(keep=False)[[2,20,66,67]])
```

运行代码，结果如图 6-19 所示。

```
重复行：
 2      True
20      True
66      True
67      True
dtype: bool
```

图 6-19 标记所有互相重复的行

步骤 7： 输出所有重复数据行。代码如下：

```
df[df.duplicated(keep=False)]
```

此代码使用 df[] 对数据进行切片。首先执行 df.duplicated(keep=False)，将数据中的重复行标记为 True，非重复行标记为 False；接着执行 df[]，将标记为 True 的数据行从数据中提取出来。

运行代码，结果如图 6-20 所示。

	项目	2021年度	2020年度
2	利息收入	8890799.41	8429104.13
20	利息收入	8890799.41	8429104.13
66	法定代表人：李××	主管会计工作负责人：蔡××	会计机构负责人：彭×
67	法定代表人：李××	主管会计工作负责人：蔡××	会计机构负责人：彭×

图 6-20 输出所有重复行数据

步骤 8： 删除对利润表计算和分析无意义的第 66 行和第 67 行。代码如下：

```
df.drop(df.index[66:], inplace=True, axis=0)
```

代码中，df.drop() 用于删除 df 中的数据；axis=0 对指定 df 的行进行删除；df.index[66:] 根据数据行的行索引选择第 66 行至末行的所有行；inplace=True 表明直接在 df 上进行删除。

运行代码后，df 由原来的 68 行 3 列变为 66 行 3 列。

提示

对于数据中的重复数据，不应直接使用 df.drop_duplicates() 删除，而应根据重复数据数量、重复原因、是否为无意义的重复等因素选择合适的处理办法。

步骤 9： 重新检测重复数据。代码如下：

```
df[df.duplicated(keep=False)]
```

运行代码，结果如图 6-21 所示。从图中可以看出，df 中只剩余 2 个重复行。

	项目	2021年度	2020年度
2	利息收入	8890799.41	8429104.13
20	利息收入	8890799.41	8429104.13

图 6-21 重新检测重复数据

分析第 2 行和第 20 行的重复数据，前者是“一、营业总收入”项目下的利息收入项目，后者是“二、营业总成本”项目“财务费用”项目下的利息收入项目，即这两行数据虽然重复，但都是利润表中有意义的数据行，因而不能删除。

微课 26：检测和处理利润表的缺失值

三、检测和处理利润表的缺失值

步骤 1： 检测数据中是否存在缺失值。代码如下：

```
df.isnull()        # 检测数据是否存在缺失值
```

运行代码，结果如图 6-22 所示。isnull() 函数把 df 中的缺失值标记为 True，非缺失值标记为 False。

	项目	2021年度	2020年度
0	False	False	False
1	False	False	False
2	False	False	False
3	False	True	True
4	False	True	True
...	...	...	...
61	False	False	False
62	False	False	True
63	False	True	True
64	False	False	False
65	False	False	False

66 rows × 3 columns

图 6-22 标记缺失值和非缺失值

步骤 2： 直接删除 df 中的空行。代码如下：

```
df.dropna(how='all',inplace=True)
```

由于 df 中没有空行，故运行上述代码后，df 的行数不变。

步骤 3： 统计各列缺失值和非缺失值个数。代码如下：

```
print(' 项目列缺失值统计：\n',df[' 项目 '].isnull().value_counts())
print('-'*30)
print('2021 年度列缺失值统计：\n',df['2021 年度 '].isnull().value_counts())
print('-'*30)
print('2020 年度列缺失值统计：\n',df['2020 年度 '].isnull().value_counts())
```

运行代码，结果如图 6-23 所示。从图中可以看出，“项目”列不存在缺失值，“2021 年度”列有 35 个缺失值，“2020 年度”列有 34 个缺失值。

```
项目列空值统计：
 False    66
Name: 项目, dtype: int64
------------------------------
2021年度列空值统计：
 True     35
False    31
Name: 2021年度, dtype: int64
------------------------------
2020年度列空值统计：
 True     34
False    32
Name: 2020年度, dtype: int64
```

图 6-23　统计各列缺失值和非缺失值个数

知识拓展

若数据的列数较多，也可使用下面的循环代码自动判断各列是否存在缺失值，并输出缺失值和非缺失值数量。

```
print(' 各列空值情况为：')
for i in range(3):
    if (df.iloc[:,i].isnull().any()):
        print(i,df.iloc[:,i].isnull().value_counts())
```

步骤 4： 将“2021 年度”列和“2020 年度”列的缺失值用 0 填充。代码如下：

```
df.fillna({"2021 年度 ":0,"2020 年度 ":0}, inplace = True)
```

此代码使用字典 {"2021 年度 ":0,"2020 年度 ":0} 给出要填充的列名及对应的填充值；inplace = True 参数表明直接在 df 中进行缺失值填充。

步骤 5： 使用循环再次检测“2021 年度”列和“2020 年度”列的缺失值情况。代码如下：

```
for i in [1,2]:
    print(df.iloc[:,i].isnull().any())
```

运行代码，结果如图 6-24 所示。

```
False
False
```

图 6-24 检测列是否有缺失值

步骤 6： 检测 df 的基本信息。代码如下：

```
df.info()
```

运行代码，结果如图 6-25 所示。从图中可以看出，3 个列的“Non-Null Count”（非空计数）统计结果都是 non-null；除“项目”列外，其余 2 个列的“Dtype”（数据类型）都是 float。

```
<class 'pandas.core.frame.DataFrame'>
RangeIndex: 66 entries, 0 to 65
Data columns (total 3 columns):
 #   Column   Non-Null Count   Dtype
---  ------   --------------   -----
 0   项目      66 non-null      object
 1   2021年度  66 non-null      float64
 2   2020年度  66 non-null      float64
dtypes: float64(2), object(1)
memory usage: 1.7+ KB
```

图 6-25 df 基本信息

知识拓展

也可使用下面的循环代码输出各列数据类型。

```
print(' 各列数据类型 \n')
for i in [0,1,2]:
    print(i,df.iloc[:,i].dtypes)
```

四、展示汇绿生态利润表数据

微课 27：展示汇绿生态利润表数据

步骤 1： 导入 Matplotlib 绘图包，并设置绘图参数。代码如下：

```
import matplotlib.pyplot as plt                # 导入绘图包
plt.rcParams['font.sans-serif'] = ['SimHei']    # 设置正常显示中文
plt.rcParams['axes.unicode_minus'] = False     # 设置正常显示负号
```

步骤 2： 将“项目”列设为行索引。代码如下：

```
df.set_index(' 项目 ', inplace = True)
```

注意对比运行此代码之前和之后的数据形式，图 6-26（a）为运行此代码之前的数据形式，（b）为运行此代码之后的数据形式（仅截取前 3 行数据作为示例）。

	项目	2021年度	2020年度
0	一、营业总收入	7.748227e+08	8.142564e+08
1	其中：营业收入	7.748227e+08	8.142564e+08
2	利息收入	8.890799e+06	8.429104e+06

（a）运行代码前的数据形式

	2021年度	2020年度
项目		
一、营业总收入	7.748227e+08	8.142564e+08
其中：营业收入	7.748227e+08	8.142564e+08
利息收入	8.890799e+06	8.429104e+06

（b）运行代码后的数据形式

图 6-26　设置行索引

步骤 3： 使用柱形图展示汇绿生态利润表数据。代码如下：

```
df.iloc[[0,5,31,34,36,43,60]].plot(kind = 'bar', figsize = (10,3), rot = 45)
```

df.iloc[[0,5,31,34,36,43,60]] 从 df 中选择营业总收入、营业总成本、营业利润、利润总额、净利润、其他综合收益的税后净额及综合收益总额等 7 行数据；plot(kind ='bar', figsize =(10,3), rot =45) 以此 7 行数据绘制柱形图，其中，rot =45 参数用于设定坐标轴标签呈 45 度角显示。

运行代码，结果如图 6-27 所示。

提示

也可以使用下面的代码绘制此柱形图。

```
df.iloc[[0,5,31,34,36,43,60]].plot.bar(figsize = (10,3), rot = 45)
```

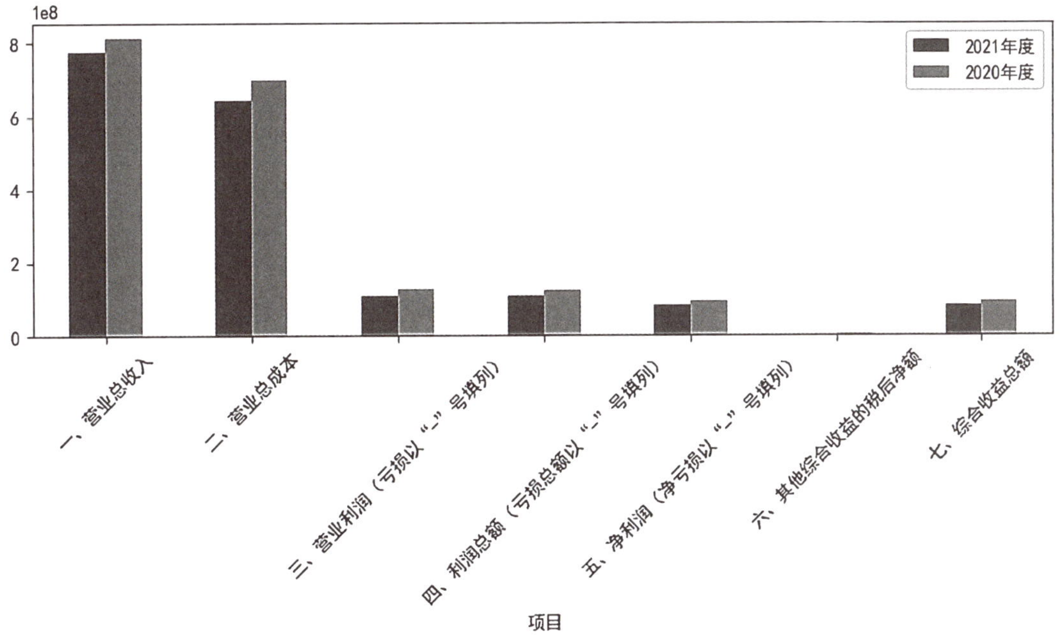

图 6-27 柱形图

步骤 4： 使用堆叠柱形图展示汇绿生态利润表数据。代码如下：

```
df.iloc[15:19,:].plot(kind = 'bar',figsize = (5,3), stacked = True)
```

其中，df.iloc[15:19,:] 从 df 中选择销售费用、管理费用、研发费用和财务费用 4 行数据；plot(kind ='bar',figsize =(5,3),stacked =True) 以此 4 行数据绘制堆积柱形图，其中 stacked = True 参数表示堆叠或堆积。

运行代码，结果如图 6-28 所示。

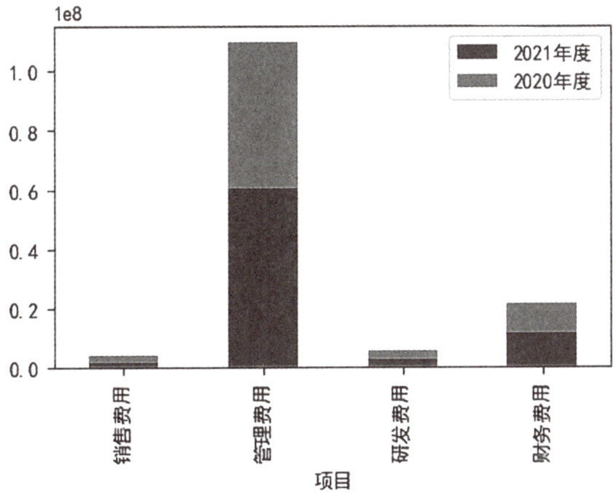

图 6-28 堆积柱形图

任务二
清洗天域生态资产负债表数据

任务描述

素材文件“603717_20221030.pdf”保存了天域生态环境股份有限公司 2022 年第三季度报告，现需从此文件中提取出天域生态第三季度的资产负债表。本任务将讲解基于 pdfplumber 包和 Pandas 包完成 PDF 表格提取和清洗的相关方法，帮助同学们了解和掌握 pdfplumber 包的常用操作以及复杂数据清洗方法，提升利用 Python 获取 PDF 数据的能力。

任务分析

“603717_20221030.pdf”素材文件共 13 页，其内容既有文本也有表格，文件内容部分截图如图 6-29 所示。整个文件中资产负债表的内容从第 6 页跨页至第 9 页，表格中有合并单元格、空白单元格，某些单元格因为文本过长自动换行显示，所有金额以千分位分隔符格式、保留两位小数形式显示。基于此，提取出资产负债表，以及对提取出的资产负债表进行清洗，从而满足企业财务分析的需要，就成了本任务需要解决的主要问题。

知识要点

一、pdfplumber 包认知

Python 的 pdfplumber 包可用于解析 PDF 文件，获取其文本内容、标题和表格等。

1. 安装 pdfplumber 包

在 Python 中使用 pdfplumber 包时，需要预先安装好此包。单击“开始”—“Anaconda3”—“Anaconda Prompt”后，打开 Anaconda Prompt 界面，在操作提示符后输入如下代码：

2022 年第三季度报告

√适用 □ 不适用

2022 年 8 月 17 日、9 月 02 日，公司召开第三届董事会第四十六次会议和 2022 年第二次临时股东大会，审议通过了《关于公司非公开发行股票预案》等相关议案。截至目前，公司已收到中国证券监督管理部门出具的《中国证监会行政许可项目审查一次反馈意见通知书》（222444）。具体内容详见公司在上海证券交易所网站（www.ssc.com.cn）发布的相关公告（公告编号：2022-070、2022-083、2022-101、2022-107 号）。

四、季度财务报表

（一）审计意见类型

□适用 √ 不适用

（二）财务报表

合并资产负债表

2022 年 9 月 30 日

编制单位：天域生态环境股份有限公司

单位：元　币种：人民币　审计类型：未经审计

项目	2022 年 9 月 30 日	2021 年 12 月 31 日
流动资产：		
货币资金	363,395,813.38	305,658,474.91
结算备付金		
拆出资金		
交易性金融资产		
衍生金融资产		
应收票据	792,180.00	1,600,157.35
应收账款	517,307,606.62	568,754,873.44
应收款项融资	100,000.00	2,500,000.00
预付款项	81,612,375.68	96,254,629.08
应收保费		
应收分保账款		
应收分保合同准备金		
其他应收款	152,590,774.56	136,148,759.74
其中：应收利息		
应收股利		
买入返售金融资产		

6 / 13

图 6-29　天域生态 2022 年第三季度年报内容部分截图

```
pip install pdfplumber
```

输入完成后，按下回车键，系统开始下载并安装 pdfplumber 包。安装过程及安装完成后的界面如图 6-30 所示。

```
Anaconda Prompt (anaconda3)

(base) C:\Users\sqw>pip install pdfplumber
Collecting pdfplumber
  Using cached pdfplumber-0.7.6-py3-none-any.whl (40 kB)
Requirement already satisfied: pdfminer.six==20221105 in d:\anaconda3\lib\site-packages (from pdfplumber) (20221105)
Requirement already satisfied: Wand>=0.6.10 in d:\anaconda3\lib\site-packages (from pdfplumber) (0.6.11)
Requirement already satisfied: Pillow>=9.1 in d:\anaconda3\lib\site-packages (from pdfplumber) (9.2.0)
Requirement already satisfied: charset-normalizer>=2.0.0 in d:\anaconda3\lib\site-packages (from pdfminer.six==202211
05->pdfplumber) (2.0.4)
Requirement already satisfied: cryptography>=36.0.0 in d:\anaconda3\lib\site-packages (from pdfminer.six==20221105->p
dfplumber) (37.0.1)
Requirement already satisfied: cffi>=1.12 in d:\anaconda3\lib\site-packages (from cryptography>=36.0.0->pdfminer.six=
=20221105->pdfplumber) (1.15.1)
Requirement already satisfied: pycparser in d:\anaconda3\lib\site-packages (from cffi>=1.12->cryptography>=36.0.0->pd
fminer.six==20221105->pdfplumber) (2.21)
Installing collected packages: pdfplumber
Successfully installed pdfplumber-0.7.6

(base) C:\Users\sqw>
```

图 6-30　安装 pdfplumber 包

2. 导入 pdfplumber 包

导入 pdfplumber 包。代码如下：

```
import pdfplumber
```

3. 读取 PDF 文件

pdfplumber 提供了 pdfplumber.open() 方法来读取 PDF 文件。结合 Python 的 with 语句，构造读取“603717_20221030.pdf”文件的命令，如图 6-31 所示。

```
with pdfplumber.open('603717_20221030.pdf') as pdf:
    print(pdf.metadata)   # 输出文件的基本信息
    print('-'*30)
    print(pdf.pages)      # 输出文件的页信息
```

```
{'Author': '.XBRL.', 'Creator': 'Microsoft® Word 2016', 'CreationDate': "D:20221028184416+08'00'", 'ModDate': "D:20221028184416+08'00'", 'Producer': 'Microsoft® Word 2016'}
------------------------------
[<Page:1>, <Page:2>, <Page:3>, <Page:4>, <Page:5>, <Page:6>, <Page:7>, <Page:8>, <Page:9>, <Page:10>, <Page:11>, <Page:12>, <Page:13>]
```

图 6-31　读取 PDF 文件

其中，代码 with pdfplumber.open('603717_20221030.pdf') as pdf 打开“603717_20221030.pdf”文件，并以 pdf 对象表示该文件；pdf.metadata 表示当前文件的 metadata 属性，它以字典形式保存当前 PDF 文件的基本信息，包括作者（'Author'）、创建软件（'Creator'）、创建日期（'CreationDate'）等，print() 函数输出该属性的值；pdf.pages 表示当前文件的 pages 属性，它以列表形式保存当前 PDF 文件的内容页信息，当前文件共 13 页，print() 函数输出该属性的值。

4. 提取页面中的表格数据

使用 pdf.pages 的 extract_tables() 方法从指定的页面中提取表格数据，如图 6-32 所示。

```
with pdfplumber.open('603717_20221030.pdf') as pdf:
    # 从第5页中提取表格数据，保存到p5变量中
    p5 = pdf.pages[5].extract_tables()
p5   # 显示p5内容
```

```
[[['项目', '2022年9月30日', '2021年12月31日'],
  ['流动资产：', None, None],
  ['货币资金', '363,395,813.38', '305,658,474.91'],
  ['结算备付金', '', ''],
  ['拆出资金', '', ''],
  ['交易性金融资产', '', ''],
  ['衍生金融资产', '', ''],
  ['应收票据', '792,180.00', '1,600,157.35'],
  ['应收账款', '517,307,606.62', '568,754,873.44'],
  ['应收款项融资', '100,000.00', '2,500,000.00'],
  ['预付款项', '81,612,375.68', '96,254,629.08'],
  ['应收保费', '', ''],
  ['应收分保账款', '', ''],
  ['应收分保合同准备金', '', ''],
  ['其他应收款', '152,590,774.56', '136,148,759.74'],
  ['其中：应收利息', '', ''],
  ['应收股利', '', ''],
  ['买入返售金融资产', '', '']]]
```

图 6-32　提取页面中的表格数据

代码 pdf.pages[5].extract_tables() 从当前打开的 PDF 文件中提取第 5 页（Python 从 0 开始标记页码）的表格数据，并将提取到的数据保存到变量 p5 中。仔细观察 p5 中的数据，这是从图 6-29 所示的 PDF 文件页面中提取到的表格数据，整个页面的所有表格数据放置在一个三重嵌套的列表中。对比图 6-29 所示的 PDF 文件页面，可以看出该页面中只有一个表格，此表格包括 18 行 3 列数据，这张表格与三重嵌套列表的对应关系如图 6-33 所示。

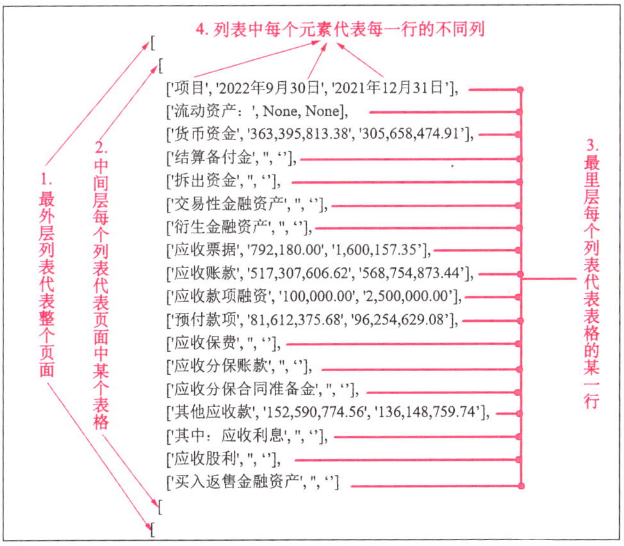

图 6-33　PDF 页面表格与提取的表格数据之间的对应关系

5. 提取表格中的每一行数据

使用循环从三重嵌套列表中提取出表格的每一行数据，如图 6-34 所示。

```
with pdfplumber.open('603717_20221030.pdf') as pdf:
    item = pdf.pages[5].extract_tables()  # item是整个页面中的所有表格
    for i in item:       # i是每个表格
        for j in i:      # j是每一行
            print(j)     # 输出每一行
```

```
['项目', '2022年9月30日', '2021年12月31日']
['流动资产：', None, None]
['货币资金', '363,395,813.38', '305,658,474.91']
['结算备付金', '', '']
['拆出资金', '', '']
['交易性金融资产', '', '']
['衍生金融资产', '', '']
['应收票据', '792,180.00', '1,600,157.35']
['应收账款', '517,307,606.62', '568,754,873.44']
['应收款项融资', '100,000.00', '2,500,000.00']
['预付款项', '81,612,375.68', '96,254,629.08']
['应收保费', '', '']
['应收分保账款', '', '']
['应收分保合同准备金', '', '']
['其他应收款', '152,590,774.56', '136,148,759.74']
['其中：应收利息', '', '']
['应收股利', '', '']
['买入返售金融资产', '', '']
```

图 6-34　提取表格中的每一行数据

思考

试着提取“603717_20221030.pdf”文件中资产负债表其余部分的表格数据。

二、lambda() 函数与 apply() 函数认知

通俗地讲，函数是具有一定功能的一段程序。通过调用函数，可以方便地实现用户需要的诸多功能。Python 提供了大量内置函数供用户直接使用，例如，print() 函数可以输出信息、fillna() 函数可以填充缺失值、len() 函数可以返回对象长度等。除了前面学过的函数，Python 还有两个非常重要且常用的函数：lambda() 函数和 apply() 函数，下面将重点讲述这两个函数的用法。

（一）lambda() 函数

Python 有一个特殊的函数——匿名函数，即 lambda() 函数，也被称为 lambda 表达式。正如其名，匿名函数是一种没有名称的函数，不像 print()、fillna()、len() 等函数那样有函数名，它允许用户自行定义所需实现的简单功能。

匿名函数的基本语法格式如下：

```
lambda [parameter_list]: <expression>
```

其中，lambda 是定义匿名函数的关键字，其后紧跟参数列表（parameter_list，可省略）；expression（表达式）定义了匿名函数的功能，即匿名函数的功能通过此表达式来实现。图 6-35 为匿名函数的定义和应用示例。

```
# 定义匿名函数，并将其赋值给变量mySum
mySum = lambda a:a+1
# 通过mySum调用匿名函数，传入参数10
mySum(10)
```

```
11
```

（a）将匿名函数赋值给变量 mySum

```
# 定义匿名函数，并将其赋值给变量g
g = lambda x: x**2
# 通过g调用匿名函数，传入参数3
g(3)
```

```
9
```

（b）将匿名函数赋值给变量 g

图 6-35　匿名函数示例

（二）apply() 函数

apply() 函数可以自动遍历所给数据，并对数据执行特定的函数计算。在批量处理 DataFrame 数据时，apply() 函数格外方便。其基本语法格式如下：

```
DataFrame.apply(func, axis)
```

其中，func 是应用到每行或每列的函数，func 函数需由用户自行定义，例如，可以在此处定义 lambda 函数来实现相应的功能。axis 用于设置参与运算的数据是基于行还是基于列，若 axis =0 或 axis = 'index'，表示对每列的所有行进行计算；若 axis =1 或 axis = 'columns'，表示对每行的所有列进行计算；省略 axis 参数时，表示 axis=0。

图 6-36 为 apply() 函数应用示例。（a）图定义了一个简单的 DataFrame 对象 df，用于说明 apply() 函数的使用；（b）图至（g）图给出了一些 apply() 函数应用示例。其中，（g）图定义的 lambda 函数功能是：调用 numpy 包（Python 的数值计算包）的 where() 函数，判断 df 中的每个数据是否不能被 2 整除（x%2!=0，% 是取余计算，即计算 x 除以 2 的余数）。若是，则返回“奇数”；否则返回“偶数”。

```
import pandas as pd
# 为方便理解，构造一个简单DataFrame对象
df = pd.DataFrame([[1,2],[3,4]])
df
```

	0	1
0	1	2
1	3	4

（a）构造 DataFrame 对象 df

```
# 将df中的每个数值加1
df.apply(lambda x: x+1)
```

	0	1
0	2	3
1	4	5

（b）将 df 中每个数值加 1

```
# 将df第0列的每个数值加1
df.iloc[:,0].apply(lambda x: x+1)
```

```
0    2
1    4
Name: 0, dtype: int64
```

（c）将 df 第 0 列的每个数值加 1

```
# 将df第1行的每个数值加1
df.iloc[1,:].apply(lambda x: x+1)
```

```
0    4
1    5
Name: 1, dtype: int64
```

（d）将 df 第 1 行的每个数值加 1

```
# 返回df每列的最大值
df.apply(lambda x:x.max())
```

```
0    3
1    4
dtype: int64
```

（e）返回 df 每列的最大值

```
# 返回df每行的最大值
df.apply(lambda x:x.max(),axis=1)
```

```
0    2
1    4
dtype: int64
```

（f）返回 df 每行的最大值

```
# 导入numpy包
import numpy as np
# 判断df中各数据值的奇偶性
df.apply(lambda x: np.where(x%2!=0, '奇数','偶数'))
```

	0	1
0	奇数	偶数
1	奇数	偶数

（g）判断 df 中各值的奇偶性

图 6-36　apply() 函数示例

思考

若执行 df.apply(lambda x: np.where(x%2==0, x*x, x))，则返回结果是什么？

任务实施

本任务主要完成两大操作：一是从 PDF 文件中导入天域生态 2022 年第三季度资产负债表数据，并将数据存储到 DataFrame 对象中；二是清洗天域生态 2022 年第三季度资产负债表数据，并将清洗好的数据存储到外部文件“zcfzb.xlsx”中。

微课 28：导入天域生态 2022 年第三季度资产负债表数据

一、导入天域生态 2022 年第三季度资产负债表数据

步骤 1： 新建一个 Python 文件，将其命名为“项目六－任务二.ipynb”。

步骤 2： 导入相关的第三方包，为后续数据分析做好准备。代码如下：

```
import pdfplumber        # 导入 pdf 文件处理包
import pandas as pd      # 导入数据分析包
```

步骤 3： 打开天域生态 2022 年第三季度报告“603717_20221030.pdf”文件，将所有页内容提取到 page 中。资产负债表数据在第 5 页至第 8 页的表格中，利用循环逐页提取这些页中的表格数据，再将这些数据统一保存到 tables 列表中。为了方便讲解，在循环中一并将第 5 页至第 8 页的表格数据打印出来。代码如下：

```
# 打开“603717_20221030.pdf”文件
with pdfplumber.open('603717_20221030.pdf') as pdf:
    page=pdf.pages    # pdf 文件中的所有页
```

```
tables=[]          # 定义空列表，保存 5-8 页的表格
# 遍历 5-8 页的数据
for i in range(5,9):
    # 提取每页表格数据，保存到 table
    table=page[i].extract_tables()
    # 下面 3 条 print 命令输出每页表格数据，方便讲解
    print('====== 下面是第 {} 页中的表格数据 ======'.format(i))
    print(table)       # 打印每页表格数据
    print('\n')        # 打印换行符，将打印内容分开
    tables.extend(table)    # 向 tables 中添加每页表格数据
```

运行代码后，屏幕将显示第 5 页至第 8 页的表格数据，下面将分开截图展示。如图 6-37 所示。

```
======下面是第5页中的表格数据======
[[['项目', '2022年9月30日', '2021年12月31日'], ['流动资产:', None, None], ['货币资金',
'363,395,813.38', '305,658,474.91'], ['结算备付金', '', ''], ['拆出资金', '', ''], ['交
易性金融资产', '', ''], ['衍生金融资产', '', ''], ['应收票据', '792,180.00', '1,600,15
7.35'], ['应收账款', '517,307,606.62', '568,754,873.44'], ['应收款项融资', '100,000.0
0', '2,500,000.00'], ['预付款项', '81,612,375.68', '96,254,629.08'], ['应收保费', '',
''], ['应收分保账款', '', ''], ['应收分保合同准备金', '', ''], ['其他应收款', '152,590,
774.56', '136,148,759.74'], ['其中：应收利息', '', ''], ['应收股利', '', ''], ['买入返
售金融资产', '', '']]]
```

（a）第 5 页中的表格数据

```
======下面是第6页中的表格数据======
[[['存货', '288,396,970.89', '105,950,652.50'], ['合同资产', '797,096,275.98', '808,95
1,160.24'], ['持有待售资产', '', ''], ['一年内到期的非流动资产', '116,245,580.40', '14
0,258,250.04'], ['其他流动资产', '43,235,934.23', '56,743,095.51'], ['流动资产合计',
'2,360,773,511.74', '2,222,820,052.81'], ['非流动资产：', None, None], ['发放贷款和垫
款', '', ''], ['债权投资', '', ''], ['其他债权投资', '', ''], ['长期应收款', '455,018,6
32.53', '481,862,847.45'], ['长期股权投资', '265,186,074.74', '83,130,168.02'], ['其他
权益工具投资', '-', ''], ['其他非流动金融资产', '13,534,822.69', '13,503,685.69'], ['投
资性房地产', '3,405,961.99', '4,824,959.86'], ['固定资产', '62,601,533.87', '168,223,56
9.66'], ['在建工程', '7,343,742.96', '3,926,644.65'], ['生产性生物资产', '34,772,168.7
8', '6,355,288.73'], ['油气资产', '', ''], ['使用权资产', '212,884,136.57', '54,755,20
8.54'], ['无形资产', '103,139,342.16', '104,934,055.16'], ['开发支出', '-', ''], ['商
誉', '5,564,464.84', '5,002,664.84'], ['长期待摊费用', '3,474,369.67', '3,585,147.30'],
['递延所得税资产', '49,326,016.77', '46,830,221.60'], ['其他非流动资产', '263,007,787.4
4', '129,078,373.28'], ['非流动资产合计', '1,479,259,055.01', '1,106,012,834.78'], ['资
产总计', '3,840,032,566.75', '3,328,832,887.59'], ['流动负债：', None, None], ['短期借
款', '141,813,140.15', '166,342,325.39'], ['向中央银行借款', '', ''], ['拆入资金', '',
''], ['交易性金融负债', '', ''], ['衍生金融负债', '', ''], ['应付票据', '12,000,000.0
0', '53,747,284.30'], ['应付账款', '643,533,627.91', '630,433,097.63'], ['预收款项',
'', ''], ['合同负债', '103,108,069.10', '80,068,505.94'], ['卖出回购金融资产款', '',
''], ['吸收存款及同业存放', '', ''], ['代理买卖证券款', '', ''], ['代理承销证券款', '',
'']]]
```

（b）第 6 页中的表格数据

```
======下面是第7页中的表格数据======
[[['应付职工薪酬', '9,421,161.65', '6,336,255.44'], ['应交税费', '452,360.67', '2,885,0
62.58'], ['其他应付款', '95,103,071.03', '49,449,412.10'], ['其中：应付利息', '', ''],
['应付股利', '', ''], ['应付手续费及佣金', '', ''], ['应付分保账款', '', ''], ['持有待
售负债', '', ''], ['一年内到期的非流动负债', '75,373,564.95', '326,307,511.13'], ['其他
流动负债', '138,858,465.82', '108,392,995.20'], ['流动负债合计', '1,219,663,461.28',
'1,423,962,449.71'], ['非流动负债：', None, None], ['保险合同准备金', '', ''], ['长期借
款', '675,027,726.70', '212,111,083.56'], ['应付债券', '', ''], ['其中：优先股', '',
''], ['永续债', '', ''], ['租赁负债', '157,550,815.53', '41,003,138.00'], ['长期应付
款', '31,680,311.26', '2,485,112.39'], ['长期应付职工薪酬', '', ''], ['预计负债', '',
''], ['递延收益', '', ''], ['递延所得税负债', '333,656.28', '575,465.43'], ['其他非流动
负债', '38,279,195.26', '37,105,964.55'], ['非流动负债合计', '902,871,705.03', '293,28
0,763.93'], ['负债合计', '2,122,535,166.31', '1,717,243,213.64'], ['所有者权益（或股东
权益）：', None, None], ['实收资本（或股本）', '290,146,240.00', '290,146,240.00'],
['其他权益工具', '', ''], ['其中：优先股', '', ''], ['永续债', '', ''], ['资本公积', '9
31,756,854.46', '930,156,584.99'], ['减：库存股', '', ''], ['其他综合收益', '', ''],
['专项储备', '', ''], ['盈余公积', '45,177,411.16', '45,177,411.16'], ['一般风险准备',
'', ''], ['未分配利润', '185,660,240.32', '152,377,190.66'], ['归属于母公司所有者权益
（或股东权\n益）合计', '1,452,740,745.94', '1,417,857,426.81'], ['少数股东权益', '264,7
56,654.50', '193,732,247.14'], ['所有者权益（或股东权益）合计', '1,717,497,400.44', '1,
611,589,673.95']]]
```

（c）第 7 页中的表格数据

```
======下面是第8页中的表格数据======
[[['负债和所有者权益（或股东权\n益）总计', '3,840,032,566.75', '3,328,832,887.59']],
[['项目', '2022年前三季度（1-9月）', '2021年前三季度（1-9月）'], ['一、营业总收入', '64
5,053,408.55', '443,922,578.18'], ['其中：营业收入', '645,053,408.55', '443,922,578.1
8'], ['利息收入', '', ''], ['已赚保费', '', ''], ['手续费及佣金收入', '', ''], ['二、营
业总成本', '618,998,324.53', '478,563,530.98'], ['其中：营业成本', '522,033,870.89', '3
73,421,309.36'], ['利息支出', '', ''], ['手续费及佣金支出', '', ''], ['退保金', '',
''], ['赔付支出净额', '', ''], ['提取保险责任准备金净\n额', '', ''], ['保单红利支出',
'', ''], ['分保费用', '', ''], ['税金及附加', '6,848,262.88', '3,033,321.36'], ['销售费
用', '3,436,381.05', '10,931,082.33'], ['管理费用', '59,242,775.33', '60,963,687.46'],
['研发费用', '15,792,396.22', '8,079,873.82'], ['财务费用', '11,644,638.16', '22,134,25
6.65'], ['其中：利息费用', '22,618,051.48', '37,758,187.37'], ['利息收入', '12,869,177.
24', '20,026,215.51'], ['加：其他收益', '435,913.80', '1,233,948.77'], ['投资收益（损失
以“－”号\n填列）', '-8,444,093.28', '1,883,928.60'], ['其中：对联营企业和合\n营企业的
投资收益', '', ''], ['以摊余成本计量\n的金融资产终止确认收益', '', ''], ['汇兑收益（损
失以“－”号\n填列）', '', '']]]
```

（d）第 8 页中的表格数据

图 6-37　第 5 页至第 8 页的表格数据

（a）（b）（c）（d）图分别是第 5 页至第 8 页的表格数据。从图中可以看出，每页数据都是一个三重嵌套列表，最外层列表代表页，中间层列表是最外层列表的列表元素。每一个中间层列表都是页中的一个表格，每页有多少个表格，就有多少个不同的中间层列表作为外层列表的元素。最内层列表代表表中的每一行，对于一个中间层列表而言（即页中的某个表格），其包含多少个最内层列表元素，就意味着该表有多少行数据。

对于（a）图，该页包含 1 个表格，表格中包含 18 行数据；对于（b）图，该页包含 1 个表格，表格中包含 42 行数据；对于（c）图，该页包含 1 个表格，表格中包含 41 行数据；对于（d）图，该页包含 2 个表格，第 1 个表格包含 1 行数据，第 2 个表格包含 27 行数据。仔细观察（d）图的第 2 个表格数据，可知其为利润表数据（对应天域生态 2022 年第三季度报告文件的第 9 页，该页除了资产负债表数据，还包含利润表数据）。

tables.extend(table) 是循环体中非常重要的代码，其中，table 变量是每页中的表格，tables.extend(table) 将第 5 页至第 8 页中的 5 张表格依次添加到 tables 列表中，即 tables 列表的元素是从各页提取的表格。

思考

提取第 5 页至第 8 页的表格数据时，为什么循环的迭代器是 range(5,9)，而不是 range(5,8)？

步骤 4： 输出 tables 列表的元素。代码如下：

```
tables   # 查看提取出的表格数据
```

运行代码，可以看到 tables 中的全部数据，即来自第 5 页至第 8 页的 5 张表格数据（限于篇幅，这里不作展示，请运行教材配套的源代码自行查看）。

步骤 5： 输出 tables 列表中的元素数量。代码如下：

```
len(tables)   # 查看 tables 的元素数量
```

运行代码，结果输出“5”，这验证了步骤 4 中 tables 包含 5 张表格的说法。

步骤 6： 提取 tables 的前 4 张表格作为资产负债表的基础数据。代码如下：

```
table_zcfzb=tables[0:4]   # 提取 tables 中的前 4 张表格
table_zcfzb
```

运行代码，结果如图 6-38 所示（限于篇幅，仅截取部分数据）。从图中可以看出，table_zcfzb 也是三重嵌套列表，中间层列表是每个表格，最里面列表是每一行数据。

```
[[['项目', '2022年9月30日', '2021年12月31日'],
  ['流动资产：', None, None],
  ['货币资金', '363,395,813.38', '305,658,474.91'],
  ['结算备付金', '', ''],
  ['拆出资金', '', ''],
  ['交易性金融资产', '', ''],
  ['衍生金融资产', '', ''],
  ['应收票据', '792,180.00', '1,600,157.35'],
  ['应收账款', '517,307,606.62', '568,754,873.44'],
  ['应收款项融资', '100,000.00', '2,500,000.00'],
  ['预付款项', '81,612,375.68', '96,254,629.08'],
  ['应收保费', '', ''],
  ['应收分保账款', '', ''],
  ['应收分保合同准备金', '', ''],
  ['其他应收款', '152,590,774.56', '136,148,759.74'],
  ['其中：应收利息', '', ''],
  ['应收股利', '', ''],
  ['买入返售金融资产', '', '']],
 [['存货', '288,396,970.89', '105,950,652.50'],
  ['合同资产', '797,096,275.98', '808,951,160.24'],
  ['持有待售资产', '', ''],
  ['一年内到期的非流动资产', '116,245,580.40', '140,258,250.04'],
  ['其他流动资产', '43,235,934.23', '56,743,095.51'],
  ['流动资产合计', '2,360,773,511.74', '2,222,820,052.81'],
  ['非流动资产：', None, None],
```

图 6-38 资产负债表部分数据

步骤 7： 利用双重嵌套循环将 4 张表格中的所有行提取出来，形成一张完整的资产负债表。代码如下：

```
# 提取 4 张表格中的所有行，存入 zcfzb 列表
zcfzb=[]
for item_i in table_zcfzb:
    for item_j in item_i:
        zcfzb.append(item_j)
zcfzb
```

上述代码中，外层循环的循环变量 item_i 的循环范围是 4 张表格对象，内层循环的循环变量 item_j 的循环范围是表格中的每一行，zcfzb.append(item_j) 将每一行追加到列表 zcfzb 中。

运行代码，会显示 zcfzb 中的数据。zcfzb 是一个双重嵌套列表，列表中的每个元素是资产负债表的某一行数据，如图 6-39 所示。

```
[['项目', '2022年9月30日', '2021年12月31日'],
 ['流动资产：', None, None],
 ['货币资金', '363,395,813.38', '305,658,474.91'],
 ['结算备付金', '', ''],
 ['拆出资金', '', ''],
 ['交易性金融资产', '', ''],
 ['衍生金融资产', '', ''],
 ['应收票据', '792,180.00', '1,600,157.35'],
 ['应收账款', '517,307,606.62', '568,754,873.44'],
 ['应收款项融资', '100,000.00', '2,500,000.00'],
 ['预付款项', '81,612,375.68', '96,254,629.08'],
 ['应收保费', '', ''],
 ['应收分保账款', '', ''],
 ['应收分保合同准备金', '', ''],
 ['其他应收款', '152,590,774.56', '136,148,759.74'],
 ['其中：应收利息', '', ''],
 ['应收股利', '', ''],
 ['买入返售金融资产', '', ''],
 ['存货', '288,396,970.89', '105,950,652.50'],
 ['合同资产', '797,096,275.98', '808,951,160.24'],
 ['持有待售资产', '', ''],
 ['一年内到期的非流动资产', '116,245,580.40', '140,258,250.04'],
 ['其他流动资产', '43,235,934.23', '56,743,095.51'],
 ['流动资产合计', '2,360,773,511.74', '2,222,820,052.81'],
 ['非流动资产：', None, None],
```

图 6-39　完整的资产负债表

思考

对比图 6-38 和图 6-39，比较二者的区别。

步骤 8: 查看资产负债表的行数。代码如下：

```
len(zcfzb)
```

运行代码，结果输出“102”，表明资产负债表中共有 102 行数据。

步骤 9: 将双重嵌套列表形式的资产负债表转换为 DataFrame 形式的资产负债表。代码如下：

```
# 将双重嵌套列表数据转换为 DataFrame
# zcfzb 的第一行至最后一行为 DataFrame 的数据，第 0 行为 DataFrame 的列索引
df_zcfzb=pd.DataFrame(zcfzb[1:], columns=zcfzb[0])
df_zcfzb
```

运行代码，结果如图 6-40 所示。从图中可知，df_zcfzb 共 101 行 3 列数据。

	项目	2022年9月30日	2021年12月31日
0	流动资产:	None	None
1	货币资金	363,395,813.38	305,658,474.91
2	结算备付金		
3	拆出资金		
4	交易性金融资产		
...	...	...	...
96	未分配利润	185,660,240.32	152,377,190.66
97	归属于母公司所有者权益（或股东权\n益）合计	1,452,740,745.94	1,417,857,426.81
98	少数股东权益	264,756,654.50	193,732,247.14
99	所有者权益（或股东权益）合计	1,717,497,400.44	1,611,589,673.95
100	负债和所有者权益（或股东权\n益）总计	3,840,032,566.75	3,328,832,887.59

101 rows × 3 columns

图 6-40 DataFrame 形式的资产负债表

二、清洗天域生态 2022 年第三季度资产负债表数据

数据清洗前，先检查 df_zcfzb 中的数据有哪些不符合 Python 统计分析要求的特征。

从图 6-40 可知，“项目”列的部分取值包含非法字符“\n”，例如，行索引为 97 和 100 的两行数据的“项目”列值均出现字符“\n”。“项目”列出现这种值的原因是原始 PDF 文件中该单元格的值存在换行排版现象，当 Python 将数据读入后，PDF 文件中的换行符便转换为 Python 的“\n”，如图 6-41 所示。

微课 29：清洗天域生态 2022 年第三季度资产负债表数据

一般风险准备		
未分配利润	185,660,240.32	152,377,190.66
归属于母公司所有者权益（或股东权益）合计	1,452,740,745.94	1,417,857,426.81
少数股东权益	264,756,654.50	193,732,247.14
所有者权益（或股东权益）合计	1,717,497,400.44	1,611,589,673.95
8 / 13		
2022 年第三季度报告		
负债和所有者权益（或股东权益）总计	3,840,032,566.75	3,328,832,887.59

图 6-41　原始 PDF 文件中某些单元格值的回车符

另外，“2022 年 9 月 30 日”列和“2021 年 12 月 31 日”列的值均是金额，其数据类型应为 float，如此才能参与 Python 统计计算和分析。但从图 6-40 可知，这两列的值既有 None 单元格，也有空白单元格，还有显示一个“-”字符的单元格（实际报表中表示无此数据），更有大量的数据中包含逗号的单元格（实际报表数据中的千分位分隔符）。出现这些符号的原因是原 PDF 文件中的资产负债表是经过排版的、供人阅读的表格，但这些表格的数据形式并不符合 Python 程序处理的要求。

步骤 1： 清洗“项目”列，删除该列中的非法字符“\n”。代码如下：

```
df_zcfzb.loc[:,' 项目 '] = df_zcfzb[' 项目 '].apply(lambda x: x.replace('\n',''))
df_zcfzb
```

df_zcfzb[' 项目 '].apply(lambdax:x.replace('\n','')) 将 df_zcfzb[' 项目 '] 列中的每个数据依次执行 replace('\n','') 操作，即将“项目”列中的换行符号替换为空字符串，将某个字符串替换为空字符串的效果就是删除此字符串，因而，执行此代码后将删除“项目”列各个项目名称中的换行符。

注意，这里需将对“项目”列的删除结果重新赋值给 df_zcfzb.loc[:,' 项目 ']，以把删除结果更新到 df_zcfzb 的“项目”列中。

运行代码，结果如图 6-42 所示。从图中可以看出，“项目”列中的换行符已被清除。

步骤 2： 清洗资产负债表中包含 None 值的行。资产负债表某些行的“2022 年 9 月 30 日”列和“2021 年 12 月 31 日”列值为 None（缺失值），在数据分析之前，需处理这些缺失值。

步骤 2.1：查看包含 None 值的行的行索引。代码如下：

	项目	2022年9月30日	2021年12月31日
0	流动资产:	None	None
1	货币资金	363,395,813.38	305,658,474.91
2	结算备付金		
3	拆出资金		
4	交易性金融资产		
...	...	...	...
96	未分配利润	185,660,240.32	152,377,190.66
97	归属于母公司所有者权益（或股东权益）合计	1,452,740,745.94	1,417,857,426.81
98	少数股东权益	264,756,654.50	193,732,247.14
99	所有者权益（或股东权益）合计	1,717,497,400.44	1,611,589,673.95
100	负债和所有者权益（或股东权益）总计	3,840,032,566.75	3,328,832,887.59

101 rows × 3 columns

图 6-42　删除“项目”列的换行符

```
df_zcfzb[df_zcfzb.iloc[:,1].isnull()].index
```

运行代码，结果如图 6-43 所示。

```
Int64Index([0, 23, 45, 70, 85], dtype='int64')
```

图 6-43　包含 None 值的行的行索引

步骤 2.2：查看包含 None 值的行。代码如下：

```
df_zcfzb.iloc[[0, 23, 45, 70, 85], :]
```

运行代码，结果如图 6-44 所示。从图中可以看出，包含 None 值的行共有 5 行，这些行都是资产负债表中的说明性项目，其中并不包含数据，因而可以直接删除。

	项目	2022年9月30日	2021年12月31日
0	流动资产:	None	None
23	非流动资产:	None	None
45	流动负债:	None	None
70	非流动负债:	None	None
85	所有者权益（或股东权益）:	None	None

图 6-44　包含 None 值的行

步骤 2.3：删除包含 None 值的行。代码如下：

```
df_zcfzb = df_zcfzb.dropna()
df_zcfzb
```

运行代码，结果如图 6-45 所示。从图中可知，数据变为 96 行 3 列。

	项目	2022年9月30日	2021年12月31日
1	货币资金	363,395,813.38	305,658,474.91
2	结算备付金		
3	拆出资金		
4	交易性金融资产		
5	衍生金融资产		
...	...	...	...
96	未分配利润	185,660,240.32	152,377,190.66
97	归属于母公司所有者权益（或股东权益）合计	1,452,740,745.94	1,417,857,426.81
98	少数股东权益	264,756,654.50	193,732,247.14
99	所有者权益（或股东权益）合计	1,717,497,400.44	1,611,589,673.95
100	负债和所有者权益（或股东权益）总计	3,840,032,566.75	3,328,832,887.59

96 rows × 3 columns

图 6-45　删除包含 None 值的行

步骤 3： 删除资产负债表各项数据中的逗号。实际中，资产负债表各个项目的数值常以千分位分隔符表示，以方便人们阅读。但在 Python 中，包含逗号符号的数据只能作为字符型数据，不能作为数值型数据，因而也就无法参与统计计算。本步骤将把各项目数据中的逗号清除掉，为后续将各项目数据转换为数值型数据做好准备。代码如下：

```
df_zcfzb = df_zcfzb.apply(lambda x: x.str.replace(',',''))
df_zcfzb
```

运行代码，结果如图 6-46 所示。

	项目	2022年9月30日	2021年12月31日
1	货币资金	363395813.38	305658474.91
2	结算备付金		
3	拆出资金		
4	交易性金融资产		
5	衍生金融资产		
...	...	...	...
96	未分配利润	185660240.32	152377190.66
97	归属于母公司所有者权益（或股东权益）合计	1452740745.94	1417857426.81
98	少数股东权益	264756654.50	193732247.14
99	所有者权益（或股东权益）合计	1717497400.44	1611589673.95
100	负债和所有者权益（或股东权益）总计	3840032566.75	3328832887.59

96 rows × 3 columns

图 6-46　删除资产负债表各项数据中的逗号

步骤 4： 替换资产负债表中的字符“-”。实际中，对于未涉及的报表项目，经常以符号“-”来表示无此数据。本步骤将清除各项目数据中的“-”，为将各项目数据转换为数值型数据做好准备。

步骤 4.1：检测数据中是否包含字符“-”。代码如下：

```
print('2022 年 9 月 30 日 :', df_zcfzb.loc[:,'2022 年 9 月 30 日 '].str.contains('-').any())
print('2021 年 12 月 31 日 :', df_zcfzb.loc[:,'2021 年 12 月 31 日 '].str.contains('-').any())
```

上面的代码分别检测“2022 年 9 月 30 日”和“2021 年 12 月 31 日”两列数据中是否包含字符“-”。以“2022 年 9 月 30 日”列的代码为例，由于 df_zcfzb.loc[:,'2022 年 9 月 30 日 '] 是 Series 数据，须先转换为字符型数据，才能调用字符串的 contains() 方法来检测各列值中是否包含字符“-”，故在代码 df_zcfzb.loc[:,'2022 年 9 月 30 日 '].str.contains('-').any() 中，先对 df_zcfzb.loc[:,'2022 年 9 月 30 日 '] 调用 .str，将其转换为字符型，再调用 .contains('-')，检测字符串中是否包含字符“-”，最后调用 .any() 检测 contains() 的返回结果中是否有 True 值。若有，则返回 True；否则返回 False。

运行代码，结果如图 6-47 所示。从图中可以看出，“2022 年 9 月 30 日”列包含字符“-”，“2021 年 12 月 31 日”列不包含字符“-”。

```
2022年9月30日: True
2021年12月31日: False
```

图 6-47　检测数据中是否包含字符“-”

步骤 4.2：查看包含字符“-”的行。代码如下：

```
df_zcfzb[df_zcfzb['2022 年 9 月 30 日 '].str.contains('-')]
```

运行代码，结果如图 6-48 所示。由图可知，行索引为 29 和 38 的两行数据中包含字符“-”。

	项目	2022年9月30日	2021年12月31日
29	其他权益工具投资	-	
38	开发支出	-	

图 6-48　查看包含字符“-”的行

步骤 4.3：将字符“-”替换为字符串“0.0”。代码如下：

```
df_zcfzb = df_zcfzb.replace('-','0.0')
```

运行代码，完成替换。

步骤 4.4：检查替换结果。代码如下：

```
df_zcfzb.loc[[29,38]]
```

运行代码，结果如图 6-49 所示。由图可知，行索引为 29 和 38 的两行数据中，原来的字符“-”被替换为字符串“0.0”。

	项目	2022年9月30日	2021年12月31日
29	其他权益工具投资	0.0	
38	开发支出	0.0	

图 6-49　检查替换结果

提示

由于前面步骤删除过行，因此，这里显示的行索引 29 和 38 已经不是行的数字索引，行的数字索引是从 0 开始的顺序编号，即使删除行，行数字索引也自动变为连续编号，但行标签索引会断开。图 6-50 所示的代码说明了此问题，从图中可以看出，行数字索引为 29 的行，其行标签索引为 31；行数字索引为 38 的行，其行标签索引为 40。

```
# 29和38是行标签索引，不是行数字索引
# iloc以行数字索引查看行
df_zcfzb.iloc[[29,38]]
```

	项目	2022年9月30日	2021年12月31日
31	投资性房地产	3405961.99	4824959.86
40	长期待摊费用	3474369.67	3585147.30

图 6-50　删除行后的行数字索引与行标签索引的对应关系

步骤 5： 替换资产负债表中的空字符串。

步骤 5.1：本任务的资产负债表中，有相当一部分报表项目的相关数据显示为空白。例如，查看资产负债表的前 5 行数据。代码如下：

```
df_zcfzb.head()
```

运行代码，结果如图 6-51 所示。

	项目	2022年9月30日	2021年12月31日
1	货币资金	363395813.38	305658474.91
2	结算备付金		
3	拆出资金		
4	交易性金融资产		
5	衍生金融资产		

图 6-51 查看资产负债表的前 5 行数据

步骤 5.2：空字符串并不是空值，下面使用 isnull() 对数据进行检测，若返回 False，则验证空字符串并不是空值这一说法。代码如下：

```
df_zcfzb.head().isnull()
```

运行代码，结果如图 6-52 所示。与图 6-51 对比可知，“结算备付金”“拆出资金”“交易性金融资产”“衍生金融资产” 项目的各个数据虽然显示为空白，但其实并不是缺失数据，因为这些值的 isnull() 检测结果均为 False。

	项目	2022年9月30日	2021年12月31日
1	False	False	False
2	False	False	False
3	False	False	False
4	False	False	False
5	False	False	False

图 6-52 空值检测

步骤 5.3：将空字符串替换为字符串 “0.0”。代码如下：

```
df_zcfzb = df_zcfzb.replace('','0.0')
df_zcfzb.head()
```

运行代码，结果如图 6-53 所示。

	项目	2022年9月30日	2021年12月31日
1	货币资金	363395813.38	305658474.91
2	结算备付金	0.0	0.0
3	拆出资金	0.0	0.0
4	交易性金融资产	0.0	0.0
5	衍生金融资产	0.0	0.0

图 6-53 将空字符串替换为字符串 “0.0”

步骤 6： 将“2022 年 9 月 30 日”列和“2021 年 12 月 31 日”列的数据类型转换为 float，为后续数据的统计计算与分析做好准备。

步骤 6.1：查看各列数据类型。代码如下：

```
df_zcfzb.dtypes
```

运行代码，结果如图 6-54 所示。由图可知，3 个列的数据类型均为 object。

```
项目              object
2022年9月30日      object
2021年12月31日     object
dtype: object
```

图 6-54　查看各列数据类型

步骤 6.2：查看某单元格值的数据类型。代码如下：

```
type(df_zcfzb.iloc[0,1])
```

运行代码，结果显示“str”，说明此单元格的值是字符类型。

步骤 6.3：将“2022 年 9 月 30 日”列和“2021 年 12 月 31 日”列的数据类型转换为浮点型转换数据。代码如下：

```
df_zcfzb.loc[:,'2022 年 9 月 30 日 '] = df_zcfzb.iloc[:,1].astype(float)
df_zcfzb.loc[:,'2021 年 12 月 31 日 '] = df_zcfzb.iloc[:,2].astype(float)
```

运行代码，完成数据类型转换。

步骤 6.4：重新查看各列数据类型。代码如下：

```
df_zcfzb.dtypes
```

运行代码，结果如图 6-55 所示。由图可知，“2022 年 9 月 30 日”列和“2021 年 12 月 31 日”列的数据类型均为 float。

```
项目              object
2022年9月30日      float64
2021年12月31日     float64
dtype: object
```

图 6-55　重新查看各列数据类型

步骤 6.5：重新查看某单元格值的数据类型。代码如下：

```
type(df_zcfzb.iloc[0,1])
```

运行代码，结果显示“numpy.float64”，说明此单元格的值是浮点类型。

步骤 7： 使用 reset_index() 重置 df_zcfzb 的索引，将行索引重新从 0 开始按顺序排序。代码如下：

```
df_zcfzb = df_zcfzb.reset_index(drop = True)
df_zcfzb
```

reset_index() 中的参数 drop=True 表示删除旧的索引序列。

运行代码，结果如图 6-56 所示。

	项目	2022年9月30日	2021年12月31日
0	货币资金	3.633958e+08	3.056585e+08
1	结算备付金	0.000000e+00	0.000000e+00
2	拆出资金	0.000000e+00	0.000000e+00
3	交易性金融资产	0.000000e+00	0.000000e+00
4	衍生金融资产	0.000000e+00	0.000000e+00
...	...	...	...
91	未分配利润	1.856602e+08	1.523772e+08
92	归属于母公司所有者权益（或股东权益）合计	1.452741e+09	1.417857e+09
93	少数股东权益	2.647567e+08	1.937322e+08
94	所有者权益（或股东权益）合计	1.717497e+09	1.611590e+09
95	负债和所有者权益（或股东权益）总计	3.840033e+09	3.328833e+09

96 rows × 3 columns

图 6-56　重置行索引

步骤 8： 使用 to_excel() 将清洗好的数据保存到外部文件中。代码如下：

```
df_zcfzb.to_excel('zcfzb.xlsx', index = None)
```

to_cxcel() 中的第 1 个参数 zcfzb.xlsx 为保存数据的文件名，第 2 个参数 index=None 表示不保存 df_zcfzb 的行索引。运行代码后，将在当前文件夹下新建一个“zcfzb.xlsx”文件，若此文件已存在，to_excel() 将删除旧文件后重新创建一个文件。

步骤 9： 在文件资源管理器中打开“zcfzb.xlsx”文件，查看保存后的文件数据，如图 6-57 所示（限于篇幅，仅截取部分数据，完整数据请在教材配套教学资源中查看）。

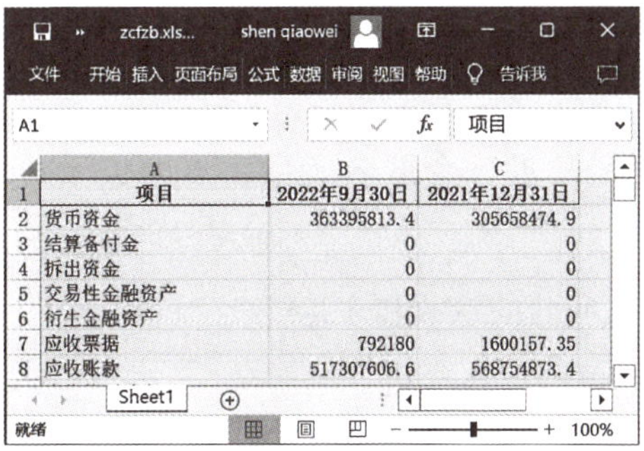

	A	B	C
1	项目	2022年9月30日	2021年12月31日
2	货币资金	363395813.4	305658474.9
3	结算备付金	0	0
4	拆出资金	0	0
5	交易性金融资产	0	0
6	衍生金融资产	0	0
7	应收票据	792180	1600157.35
8	应收账款	517307606.6	568754873.4

图 6-57　查看“zcfzb.xlsx”文件中的数据

项目总结

本项目以清洗汇绿生态利润表数据、清洗天域生态资产负债表数据两个任务为例，讲解了与重复数据处理有关的标记、检测、统计及删除等内容，与缺失数据处理有关的检测、统计、填充及删除等内容，以及与 PDF 数据处理有关的读取、提取、清洗数据等内容。通过本项目的学习，同学们应掌握数据清洗的常见知识和技能，为后续的业务、财务数据分析做好知识和技能储备。

实战演练

一、单选题

1. 下列选项中描述不正确的是（　　）。
   A. 数据清洗的目的是提高数据质量
   B. 空值一定要删除
   C. 数据预处理包括数据的清洗、合并、重塑与转换
   D. 在 Pandas 中，缺失值使用 NaN 表示
2. 下列选项中与处理重复数据无关的函数是（　　）。
   A. duplicated()　　B. duplicated().value_counts()
   C. drop_duplicates()　　D. dropna()
3. 下列选项中与处理 PDF 数据无关的是（　　）。
   A. pip install pdfplumber
   B. import pdfplumber
   C. with pdfplumber.open('603717_20221030.pdf') as pdf
   D. drop_duplicates()
4. z = lambda x,y: x+y 语句定义了一个匿名函数，下列关于该函数的说法，不正确的是（　　）。
   A. lambda 必须有，它引出后面的参数和表达式
   B. 匿名函数可以有参数也可以没有参数
   C. z 是该函数的名称

D. 定义好的匿名函数不能直接调用

5. 下列选项中关于 apply() 方法的说法，不正确的是（　　）。

A. apply() 方法可以自动遍历 DataFrame 中的每一个元素

B. apply() 方法可以搭配匿名函数使用

C. apply() 方法可以对满足条件的数据应用函数

D. apply() 方法返回的结果一定与原数据的形状相同

二、实操题

1. 根据素材文件“地区销售数据 .xlsx”中的数据，按要求编写代码。

（1）统计“收入类别”列的空值个数和非空值个数。

（2）用“0”替换“成本”列的空值。

（3）删除数据中的重复行。

（4）根据销售金额的大小，生成新列“销售能力”。规则是：若销售金额高于 20 000 元，销售能力用“优秀”代替；若销售金额低于 20 000 元，销售能力用“一般”代替；若销售金额为空值，销售能力用“待提高”代替。依据此规则，补充下列划线处代码。

```
df[' 销售能力 ']=df[' 销售金额 '].________\
(lambda x:" 待提高 " if (pd.isna(x)==True)
                    else (" 一般 " if x<20000
                    else " 优秀 "))
```

（5）根据“成本”列的值，生成新列“成本分类”。规则是：若成本低于 5 000 元，成本分类用“较低”代替；若成本高于 5 000 元，成本分类用“稍高”代替；若成本为 0，成本分类用“预警”代替。依据此规则，补充下列划线处代码。

```
df[' 成本分类 ']=df[' 成本 ']. apply \
(lambda x:" 预警 " if (________==True)
                    else (" 较低 " if x<5000
                    else " 稍高 "))
```

2. 根据天域生态 2022 年第三季度报告“603717_20221030.pdf”素材文件，从中提取利润表数据，并将提取出的利润表数据保存到 Excel 文件中，Excel 文件名自行定义。

项目七

数据合并

项目导读

在实际中，数据经常分散在不同的部门或机构中，当收集到这些数据后，常需要使用 Pandas 的数据合并功能将分散的数据合并到一起。本项目将以批量清洗与合并若干上市公司主要财务指标数据，合并与转换上市公司资产负债表数据和利润表数据两个任务为例，讲解 Pandas 的 concat() 函数和 merge() 函数；同时为了实现批量操作，讲解 exec() 函数。通过本项目的学习，同学们可以将分散的数据按照分析目标合理地整合到一起，掌握更满足岗位需求的数据分析能力。

项目分解

项目七　数据合并

- ◎ 任务一　批量清洗与合并若干上市公司主要财务指标数据
- ◎ 任务二　合并与转换上市公司资产负债表数据和利润表数据

学习目标

知识目标

1. 理解 concat() 函数合并数据的原理；
2. 理解 merge() 函数合并数据的原理；
3. 理解 exec() 函数的执行原理。

技能目标

1. 能使用 concat() 函数完成数据合并；
2. 能使用 merge() 函数完成数据合并；
3. 能使用 exec() 函数批量处理数据。

素质目标

1. 培养学生的数据整合能力，提高数据敏感度及理解复杂数据的能力；
2. 深化学生对批量处理数据方法的认知，树立高效工作的意识和态度。

任务一 批量清洗与合并若干上市公司主要财务指标数据

任务描述

固德威技术股份有限公司（股票简称：固德威，股票代码：688390）成立于 2010 年 11 月，于 2020 年 9 月在上海证券交易所科创板上市，该公司专注于太阳能、储能等新能源电力电源设备的研发、生产和销售，是全球逆变器十强品牌。宁德时代新能源科技股份有限公司（股票简称：宁德时代，股票代码：300750）成立于 2011 年 12 月，于 2018 年 6 月在深圳证券交易所创业板上市，该公司专注于新能源汽车动力电池系统、储能系统的研发、生产和销售，是全球领先的新能源创新科技公司。阳光电源股份有限公司（股票简称：阳光电源，股票代码：300274）成立于 2007 年 7 月，于 2011 年 11 月在深圳证券交易所创业板上市，该公司是一家专注于太阳能、风能、储能、氢能、电动汽车等新能源电源设备的研发、生产、销售和服务的国家重点高新技术企业。现有这三家公司连续若干年度的主要财务指标数据素材文件，本任务将基于这些素材文件，利用 Python 完成数据清洗、追加及可视化展示，以便进行相应的行业企业财务对比分析。

任务分析

本任务中的上市公司主要财务指标数据文件统一保存在 datafile 文件夹下，在导入此文件夹下所有文件数据时，可利用 Python 的 OS 库自动获取文件夹下的全部文件名，避免人工逐个输入文件名的烦琐操作。

仔细观察各素材文件中的数据，会发现这些文件具有一些相同的特征，例如，都包含大量“--”字符、“\t\t”字符以及大量空行等。如果能对具有相同特征的数据批量执行读入和清洗操作，将大幅提高工作效率。本任务将带领同学们学习批量完成数据读入、批量完成数据清洗、批量完成数据整理等方面的知识，为合并数据和展示指标做好准备。

知识要点

一、concat() 函数认知

concat() 函数是 Pandas 中非常重要的一种合并数据的方法。concat() 函数可用于多个 Series 数据或多个 DataFrame 数据的纵向连接或横向连接。纵向连接是沿着列连接，即将不同表的数据行追加合并为一个具有更多行的数据集合。横向连接是沿着行连接，即将不同表的数据列合并为一个具有更多列的数据集合。在按行轴或列轴合并数据的同时，还可以指定非合并轴的数据合并方式（如并集、交集等）。

（一）concat() 函数基本语法

concat() 函数的基本语法格式如下：

```
concat(objs,axis=0)
```

其中，objs 参数是不可省略参数，指明要参与连接的数据。axis 参数是可省略参数，指明沿行方向拼接或沿列方向连接；axis=0（默认值），即沿列方向连接；axis=1 时，沿行方向连接。

（二）concat() 函数示例

1. 沿列方向合并数据行

现有数据 df_300750 和 df_300274，分别如图 7-1 的（a）图和（b）图所示。从图中可以看出，这两组数据都包含 2 个列，并且列名也相同。

```
1  df_300750
```

	财务指标	2021/12/31
0	基本每股收益(元)	6.88
1	每股净资产(元)	–
2	每股经营活动产生的现金流量净额(元)	–
3	主营业务收入(万元)	13035580
4	主营业务利润(万元)	3377554

（a）df_300750

```
1  df_300274
```

	财务指标	2021/12/31
0	基本每股收益(元)	1.08
1	每股净资产(元)	–
2	每股经营活动产生的现金流量净额(元)	–
3	主营业务收入(万元)	2413660
4	主营业务利润(万元)	528888

（b）df_300274

图 7-1 要合并的数据

图 7-2 使用 concat() 函数将图 7-1 中的两组数据沿列方向实现数据行的纵向追加合并，合并前 df_300750 和 df_300274 各有 5 行 2 列数据，合并后形成的新数据有 10 行 2 列。这是最简单的使用 concat() 函数合并数据的形式，它仅给出参与连接的数据，其他参数一律

```
pd.concat([df_300750, df_300274])
```

	财务指标	2021/12/31
0	基本每股收益(元)	6.88
1	每股净资产(元)	--
2	每股经营活动产生的现金流量净额(元)	--
3	主营业务收入(万元)	13035580
4	主营业务利润(万元)	3377554
0	基本每股收益(元)	1.08
1	每股净资产(元)	--
2	每股经营活动产生的现金流量净额(元)	--
3	主营业务收入(万元)	2413660
4	主营业务利润(万元)	528888

图 7-2　使用 concat() 函数合并相同结构的数据

按默认值运行。

若参与合并的数据的列数或列名不一致，则合并时，相同列名的数据合并到同一列，不同列名的数据各自作为一个新列出现在合并后的数据中；新列中无对应数据的位置自动填充 NaN。图 7-3 是两个要合并的数据，（a）图是包含 2 个列的 df_300750 数据，（b）图是包含 2 个列的 df_300274_2020 数据，这两组数据有 1 个相同的列名：财务指标。

```
df_300750
```

	财务指标	2021/12/31
0	基本每股收益(元)	6.88
1	每股净资产(元)	--
2	每股经营活动产生的现金流量净额(元)	--
3	主营业务收入(万元)	13035580
4	主营业务利润(万元)	3377554

（a）df_300750

```
df_300274_2020
```

	财务指标	2020/12/31
0	基本每股收益(元)	1.34
1	每股净资产(元)	--
2	每股经营活动产生的现金流量净额(元)	--
3	主营业务收入(万元)	1928564
4	主营业务利润(万元)	438596

（b）df_300274_2020

图 7-3　要合并的数据

图 7-4 使用 concat() 函数将图 7-3 中的两组数据沿列方向实现数据行的纵向追加合并。合并前 df_300750 和 df_300274_2020 各有 5 行 2 列数据，合并后形成的新数据有 10 行 3 列。从图 7-4 可以看出，合并后的数据包括合并前两组数据中所有不重复的列：财务指标、2021/12/31、2020/12/31。若原数据中没有某个列，则合并后的对应位置为 NaN；

例如，前5行数据来自 df_300750，由于 df_300750 没有列“2020/12/31”，因此，对应的列值处自动填入 NaN；后5行数据来自 df_300274_2020，由于 df_300274_2020 没有列“2021/12/31”，因此，对应的列值处自动填入 NaN。

```
1 pd.concat([df_300750, df_300274_2020])
```

	财务指标	2021/12/31	2020/12/31
0	基本每股收益(元)	6.88	NaN
1	每股净资产(元)	--	NaN
2	每股经营活动产生的现金流量净额(元)	--	NaN
3	主营业务收入(万元)	13035580	NaN
4	主营业务利润(万元)	3377554	NaN
0	基本每股收益(元)	NaN	1.34
1	每股净资产(元)	NaN	--
2	每股经营活动产生的现金流量净额(元)	NaN	--
3	主营业务收入(万元)	NaN	1928564
4	主营业务利润(万元)	NaN	438596

图 7-4 使用 concat() 函数合并不同结构的数据

2. 沿行方向合并数据列

现有数据 df_300274 和 df_300274_2020，它们均包含5行2列数据，如图 7-5 的（a）图和（b）图所示。

```
1 df_300274
```

	财务指标	2021/12/31
0	基本每股收益(元)	1.08
1	每股净资产(元)	--
2	每股经营活动产生的现金流量净额(元)	--
3	主营业务收入(万元)	2413660
4	主营业务利润(万元)	528888

（a）df_300274

```
1 df_300274_2020
```

	财务指标	2020/12/31
0	基本每股收益(元)	1.34
1	每股净资产(元)	--
2	每股经营活动产生的现金流量净额(元)	--
3	主营业务收入(万元)	1928564
4	主营业务利润(万元)	438596

（b）df_300274_2020

图 7-5 要合并的数据集

图 7-6 使用 concat() 函数将图 7-5 中的两组数据沿行方向实现数据列的横向合并。合并前 df_300274 和 df_300274_2020 各有5行2列数据，合并后形成的新数据有5行4列。从图 7-6 可以看出，合并后的数据包括合并前两组数据中的所有列。

```
1  pd.concat([df_300274,df_300274_2020],axis=1)
```

	财务指标	2021/12/31	财务指标	2020/12/31
0	基本每股收益(元)	1.08	基本每股收益(元)	1.34
1	每股净资产(元)	--	每股净资产(元)	--
2	每股经营活动产生的现金流量净额(元)	--	每股经营活动产生的现金流量净额(元)	--
3	主营业务收入(万元)	2413660	主营业务收入(万元)	1928564
4	主营业务利润(万元)	528888	主营业务利润(万元)	438596

图 7-6　使用 concat() 函数合并行索引相同的数据

需要注意的是，这种方式的合并受到被合并数据的行索引的影响，若两组数据的行索引不同，则索引无法对应的位置将自动填充上 NaN，如图 7-7 所示。

```
1  df_300274_2020
```

	财务指标	2020/12/31
0	基本每股收益(元)	1.34
1	每股净资产(元)	--
2	每股经营活动产生的现金流量净额(元)	--
3	主营业务收入(万元)	1928564
4	主营业务利润(万元)	438596

（a）df_300274_2020

```
1  df_300274_2019
```

	财务指标	2019/12/31
0	基本每股收益(元)	0.61
1	每股净资产(元)	--
2	每股经营活动产生的现金流量净额(元)	--
3	主营业务收入(万元)	1300333
4	主营业务利润(万元)	304994
5	营业利润(万元)	104782

（b）df_300274_2019

```
1  pd.concat([df_300274_2020,df_300274_2019],axis=1)
```

	财务指标	2020/12/31	财务指标	2019/12/31
0	基本每股收益(元)	1.34	基本每股收益(元)	0.61
1	每股净资产(元)	--	每股净资产(元)	--
2	每股经营活动产生的现金流量净额(元)	--	每股经营活动产生的现金流量净额(元)	--
3	主营业务收入(万元)	1928564	主营业务收入(万元)	1300333
4	主营业务利润(万元)	438596	主营业务利润(万元)	304994
5	NaN	NaN	营业利润(万元)	104782

（c）横向合并后的数据集

图 7-7　使用 concat() 函数合并行索引不同的数据

二、动态变量认知

在做数据分析时，经常需要读入大批具有相同结构的数据，并对这些数据执行相似的数据清洗、整理等操作。为提高数据处理效率，通常采用批量处理方法来完成上述操作。Python 提供了多种批量处理数据的方法，下面主要介绍 Python 动态变量这一比较便捷且简单的方法。

在前面的学习中，我们知道 Python 中的变量可以用来暂时保存数据，以便于后续对数据进行更多的计算或处理。当变量中存有数据时，通过变量名就可以获取变量中的数据，例如，变量 data = 12，re = data－2，则变量 re 的值是 10。

若需要定义 5 个变量，分别保存 5 个不同的数据，在没有学习动态变量前，我们可能需要手动输入如下的代码：

```
x_0 = 10
x_1 = 123
x_2 = 26
x_3 = 38
x_4 = 88
```

或者如下的代码：

```
x_0,x_1,x_2,x_3,x_4 = 10,123,26,38,88
```

是不是两种方法都很麻烦？来看下面的代码：

```
exec('x = 12')
```

此处，exec() 函数的功能是将括号中的字符串解析为 Python 命令，并执行此命令。实际上，'x = 12' 是字符串，不是 Python 命令。但 exec() 能够执行存储在字符串中的 Python 命令，即执行 exec('x = 12') 等价于执行 x = 12，exec('x = 12') 完成了定义 x 变量并为其赋值 12 的任务。

利用 exec() 函数的这个特点，可以定义动态变量。示例代码如下：

```
data=[10,123,26,38,88]
for i in range(0, 5):
    exec('x_{} = {}'.format(i,data[i]))
```

运行代码，for 循环运行过程中各参数变化见表 7-1。

表 7-1　循环执行过程各参数变化表

循环次数	i 值	exec() 函数的参数	解析后的 Python 代码	实际执行结果
1	0	'x_{} = {}'.format(0,data[0])	x_0 = data[0]	为 x_0 赋值 10
2	1	'x_{} = {}'.format(1,data[1])	x_1 = data[1]	为 x_1 赋值 123
3	2	'x_{} = {}'.format(2,data[2])	x_2 = data[2]	为 x_2 赋值 26

（续表）

循环次数	i 值	exec() 函数的参数	解析后的 Python 代码	实际执行结果
4	3	'x_{} = {}'.format(3,data[3])	x_3 = data[3]	为 x_3 赋值 38
5	4	'x_{} = {}'.format(4,data[4])	x_4 = data[4]	为 x_4 赋值 88

同样，还可以利用 exec() 函数执行其他 Python 代码。现有 3 组数据：df_0、df_1 和 df_2，统一将这 3 组数据中的“--”替换为数值 0.0 的代码如下：

```
for i in range(3):
    exec("df_{0}=df_{0}.replace('--',0.0)".format(i))
```

运行代码，for 循环运行过程中各参数变化见表 7-2。

表 7-2　循环执行过程各参数变化表

循环次数	i 值	exec() 函数的参数	解析后的 Python 代码
1	0	"df_{0}=df_{0}.replace('--',0.0)".format(0)	df_0=df_0.replace('--',0.0)
2	1	"df_{0}=df_{0}.replace('--',0.0)".format(1)	df_1=df_1.replace('--',0.0)
3	2	"df_{0}=df_{0}.replace('--',0.0)".format(2)	df_2=df_2.replace('--',0.0)

任务实施

本任务主要完成三大操作：一是从文件夹下批量导入所有 .csv 文件中的数据；二是对导入的数据进行清洗、整理和合并；三是使用图表展示数据。

一、导入上市公司主要财务指标数据

微课 30：导入并清洗上市公司主要财务指标数据

步骤 1： 新建一个 Python 文件，将其命名为“项目七-任务一.ipynb”。

步骤 2： 导入所需的第三方工具包。代码如下：

```
import pandas as pd
import matplotlib.pyplot as plt
import os
```

步骤 3： 读取文件夹下所有文件的名字，并把它们保存在列表中。代码如下：

```
path ='E:\\python\\ 项目七 \\datafile\\'   # 保存文件路径
```

```
filenames = os.listdir(path)      # 使用 os 库 lilstdir 获取文件夹中的所有文件名
print(filenames)                              # 输出文件名列表
print(len(filenames))                         # 输出文件数量
```

其中，path 变量保存的是素材文件所在的路径，此路径下有三个.csv 文件：固德威_688390_年度主要财务指标.csv、宁德时代_300750_年度主要财务指标.csv、阳光电源_300274_年度主要财务指标.csv。os.listdir(path) 将素材文件路径下的所有文件名提取到 filenames 变量中，print(filenames) 输出文件名列表，print(len(filenames)) 输出文件数量。

运行代码，结果如图 7-8 所示。

```
['固德威_688390_年度主要财务指标.csv', '宁德时代_300750_年度主要财务指标.csv', '阳光电源_300274_年度主要财务指标.csv']
3
```

图 7-8　读取文件夹下所有文件名

步骤 4： 批量导入所有 .csv 文件中的数据，并将导入的数据依次保存在变量 df_0、df_1 和 df_2 中。代码如下：

```
L=len(filenames)                 # 将文件数量保存到变量 L 中
# 使用循环依次读入所有文件
for i in range(L):
    # 构造字符串变量 df_file
    df_file="df_{0}=pd.read_csv(path+filenames[{0}],encoding='GBK')".format(i)
    exec(df_file)              # 解析字符串为 Python 命令并执行
```

每次循环时，依据 i 变量的变化，所构造的字符串变量 df_file 的值也会发生变化。range(L) 为循环变量 i 提供了迭代器，i 的取值将在 range(L) 生成的整数序列（即 0, 1, 2）中迭代。第 1 次循环时，i 等于 0，df_file="df_0=pd.read_csv(path+filenames[0],encoding='GBK')"；第 2 次循环时，i 等于 1，df_file="df_1=pd.read_csv(path+filenames[1],encoding='GBK')"；第 3 次循环时，i 等于 2，df_file="df_2=pd.read_csv(path+filenames[2],encoding='GBK')"。

exec(df_file) 把字符串变量 df_file 解析为 Python 命令，并执行解析后的命令。例如，第 1 次循环时，i 等于 0，exec(df_file) 执行命令 df_0= pd.read_csv(path+filenames[0],encoding='GBK')，这是一条赋值命令，它将 pd.read_csv() 读出的文件数据赋值到 DataFrame 变量 df_0 中。

思考

试着描述第 2 次循环时，df_file 变量的内容及 exec(df_file) 的执行结果。

二、清洗上市公司主要财务指标数据

步骤 1： 依次查看 df_0、df_1 和 df_2 的数据特征，确定清洗数据的方法。

步骤 1.1：查看 df_0、df_1 和 df_2 的形状。代码如下：

```
print('df_0 的形状为 {} 行 {} 列 '.format(df_0.shape[0],df_0.shape[1]))
print('df_1 的形状为 {} 行 {} 列 '.format(df_1.shape[0],df_1.shape[1]))
print('df_2 的形状为 {} 行 {} 列 '.format(df_2.shape[0],df_2.shape[1]))
```

注意，前面已经学过使用 df_0.shape 返回 df_0 的数据形状，例如，df_0.shape 返回的结果是元组数据 (37, 10)，而 df_0.shape[0] 是从元组 (37, 10) 中获取第 0 个元素，即 37；df_0.shape[1] 是从元组 (37, 10) 中获取第 1 个元素，即 10。同理，df_1.shape[0] 和 df_1.shape[1] 分别获取 df_1 的行和列；df_2.shape[0] 和 df_2.shape[2] 分别获取 df_2 的行和列。

运行代码，结果如图 7-9 所示。

```
df_0的形状为37行10列
df_1的形状为37行9列
df_2的形状为37行15列
```

图 7-9　查看数据集的形状

步骤 1.2：查看 df_0 的第 1 行、第 2 行、第 18 行至第 36 行数据。代码如下：

```
import numpy as np          # 导入 numpy 包
df_0.iloc[np.r_[1,2,18:37]]  # 查看 df_0 的第 1 行、第 2 行、第 18 行至第 36 行
```

运行代码，结果如图 7-10 所示（限于篇幅，仅截取部分数据）。从图中可以看出，df_0 中包含 “--” “\t\t” (\t 是制表符) 这样的非数值数据，以及大量标注为 NaN 的缺失数据。

	报告日期	2021/12/31	2020/12/31	2019/12/31	2018/12/31	2017/12/31	2016/12/31	2015/12/31	2014/12/31	2013/12/31
1	每股净资产(元)	--	--	6.35	4.88	3.9	1.95	1.03	0.45	0.12
2	每股经营活动产生的现金流量净额(元)	--	--	2.29	1.03	--	--	--	-0.34	0.15
18	净资产收益率加权(%)	18.12	34.99	27.79	19.27	69.2	64.44	30.8	14.58	-102.89
19	\t\t	NaN	NaN	NaN	NaN	NaN	NaN	NaN	NaN	NaN
20	\t\t	NaN	NaN	NaN	NaN	NaN	NaN	NaN	NaN	NaN
21	\t\t	NaN	NaN	NaN	NaN	NaN	NaN	NaN	NaN	NaN
22	\t\t	NaN	NaN	NaN	NaN	NaN	NaN	NaN	NaN	NaN

图 7-10　查看数据特征

知识拓展

通常，我们会使用 df.iloc[] 提取数据。例如，df.iloc[1:6,:6] 用于抽取 df 中第 1 行至第 5 行、前 5 列的数据。: 是一种提取连续行或连续列的写法。若需要提取不连续的行或不连续的列，则可利用 numpy 包中的 .r_ 方法。np.r_[1,2,18:37] 将生成一个数组：array([1,2,18,19,20,21,22,23,24,25,26,27,28,29,30,31,32,33,34,35,36])，以此数组作为 df_0.iloc[] 的参数，就能从 df_0 中提取到第 1 行、第 2 行、第 18 行至第 36 行的数据。

思考

试着查看 df_1 和 df_2 的数据特征。

由于 df_0、df_1 和 df_2 这三组数据的来源相同（均是从某网站上下载的 .csv 文件），因此它们的数据特征也类似。通过上面步骤对数据的特征分析，确定要对数据执行统一数据形状、替换非法字符、删除空行等操作。

步骤 2: 使用循环截取 df_0、df_1 和 df_2 的前 9 列数据，即对每个公司，统一保留其 2014 年至 2021 年的主要财务指标数据。代码如下：

```
for i in range(L):
    exec("df_{0} = df_{0}.iloc[:,0:9]".format(i))
```

每次循环时，都由 exec() 函数将字符串类型的参数解析为 Python 命令并执行。例如，第 1 次循环时，i 等于 0，exec() 函数的参数为 "df_0 = df_0.iloc[:,0:9]"，此字符串由 exec() 函数解析后，变成 Python 命令 df_0 = df_0.iloc[:,0:9]，此命令的功能是从 df_0 中提取前 9 列数据，并将提取到的数据重新赋值给 df_0，从而实现改变 df_0 形状的效果，最终 df_0 为 37 行 9 列。

思考

（1）试着描述 i=1 和 i=2 时执行的循环体功能。

（2）循环执行结束后，df_1 和 df_2 的形状是什么？

步骤 3： 使用循环将 df_0、df_1 和 df_2 中的“--”字符统一替换为数值 0.0。代码如下：

```
for i in range(L):
    exec("df_{0} = df_{0}.replace('--',0.0)".format(i))
df_0.iloc[np.r_[1,2,18:37]]  # 查看 df_0 的第 1 行、第 2 行、第 18 行至第 36 行数据
```

每次循环时，都由 exec() 函数将字符串类型的参数解析为 Python 命令并执行。例如，第 1 次循环时，i 等于 0，exec() 函数的参数为 "df_0 = df_0.replace('--',0.0)"，此字符串由 exec() 函数解析后，变成 Python 命令 df_0=df_0.replace('--',0.0)，此命令的功能是使用 replace() 函数将“--”替换为 0.0，并将替换结果重新赋值给 df_0，从而清洗掉 df_0 中的非法字符“--”。

运行代码，结果如图 7-11 所示（限于篇幅，仅截取部分数据）。比较此步骤与图 7-10 的清洗结果，会发现 df_0 中的“--”字符全部变成了数值 0.0。

	报告日期	2021/12/31	2020/12/31	2019/12/31	2018/12/31	2017/12/31	2016/12/31	2015/12/31	2014/12/31
1	每股净资产(元)	0.0	0.0	6.35	4.88	3.9	1.95	1.03	0.45
2	每股经营活动产生的现金流量净额(元)	0.0	0.0	2.29	1.03	0.0	0.0	0.0	-0.34
18	净资产收益率加权(%)	18.12	34.99	27.79	19.27	69.2	64.44	30.8	14.58
19	\t\t	NaN	NaN	NaN	NaN	NaN	NaN	NaN	NaN
20	\t\t	NaN	NaN	NaN	NaN	NaN	NaN	NaN	NaN
21	\t\t	NaN	NaN	NaN	NaN	NaN	NaN	NaN	NaN
22	\t\t	NaN	NaN	NaN	NaN	NaN	NaN	NaN	NaN

图 7-11　使用 replace 将“--”替换为 0.0

注意，此时 df_0 中依然包含非法字符“\t\t”。

思考

试着解读 i=1 和 i=2 时执行的循环体功能。

步骤 4： 使用循环将 df_0、df_1 和 df_2 中的“\t\t”字符统一替换为缺失值 np.NaN 形式。代码如下：

```
import numpy as np
for i in range(L):
    exec("df_{0} = df_{0}.replace('\t\t',np.NaN)".format(i))
df_0.iloc[np.r_[1,2,18:37]]  # 查看 df_0 的第 1 行、第 2 行、第 18 行至第 36 行数据的替换结果
```

每次循环时，都由 exec() 函数将字符串类型的参数解析为 Python 命令并执行。例如，第 1 次循环时，i 等于 0，exec() 函数的参数为 "df_0 = df_0.replace('\t\t',np.NaN)"，此字符串由 exec() 函数解析后，变成 Python 命令 df_0 = df_0.replace('\t\t',np.NaN)，此命令的功能是使用 replace() 函数将“\t\t”替换为 np.NaN，并将替换结果重新赋值给 df_0，从而清洗掉 df_0 中的非法字符“\t\t”。

运行代码，结果如图 7-12 所示（仅截取部分数据）。比较此步骤与图 7-11 的清洗结果，会发现 df_0 中的“\t\t”全部变成了 np.NaN 形式。

	报告日期	2021/12/31	2020/12/31	2019/12/31	2018/12/31	2017/12/31	2016/12/31	2015/12/31	2014/12/31
1	每股净资产(元)	0.0	0.0	6.35	4.88	3.9	1.95	1.03	0.45
2	每股经营活动产生的现金流量净额(元)	0.0	0.0	2.29	1.03	0.0	0.0	0.0	-0.34
18	净资产收益率加权(%)	18.12	34.99	27.79	19.27	69.2	64.44	30.8	14.58
19	NaN	NaN	NaN	NaN	NaN	NaN	NaN	NaN	NaN
20	NaN	NaN	NaN	NaN	NaN	NaN	NaN	NaN	NaN
21	NaN	NaN	NaN	NaN	NaN	NaN	NaN	NaN	NaN
22	NaN	NaN	NaN	NaN	NaN	NaN	NaN	NaN	NaN

图 7-12 统一将“\t\t”字符替换为 NaN

至此，df_0、df_1 和 df_2 中不再包含非法字符，但依然存在大量空行。

思考

试着描述 i=1 和 i=2 时执行的循环体功能。

步骤 5： 观察 df_0，会发现从第 19 行开始，后面所有的行都是无数据的空行，另外两组数据 df_1 和 df_2 也是如此，需要删除这些无数据、无意义的空行。代码如下：

```
for i in range(L):
    exec("df_{0} = df_{0}.dropna(how = 'all')".format(i))
print('df_0 有 {} 行 {} 列 '.format(df_0.shape[0],df_0.shape[1]))
print('df_1 有 {} 行 {} 列 '.format(df_1.shape[0],df_1.shape[1]))
print('df_2 有 {} 行 {} 列 '.format(df_2.shape[0],df_2.shape[1]))
```

每次循环时，都由 exec() 函数将字符串类型的参数解析为 Python 命令并执行。例如，第 2 次循环时，i 等于 1，exec() 函数的参数为 "df_1 = df_1.dropna(how = 'all')"，此字符串由 exec() 函数解析后，变成 Python 命令 df_1 = df_1.dropna(how = 'all')，此命令的功能是使用 dropna() 函数删除 df_1 中的全部空行，并将删除结果重新赋值给 df_1，从而清洗掉 df_1 中无意义的空行。

运行代码，结果如图 7-13 所示。从图中可以看出，经过此步骤，三组数据均变成 19 行 9 列，全部空行均被删除。

```
df_0有19行9列
df_1有19行9列
df_2有19行9列
```

图 7-13　查看清洗后的数据形状

至此，df_0、df_1 和 df_2 中的非法数据和缺失数据全部清洗完成。

思考

（1）试着描述 i=0 和 i=2 时执行的循环体功能。

（2）自行查看 df_0、df_1 和 df_2 中的数据，观察清洗后的数据与清洗前的数据的差别。

步骤 6： 使用循环给每个表添加一个“股票简称”列，说明此数据属于哪个公司。代码如下：

```
gpjc=['固德威','宁德时代','阳光电源']
for i in range(L):
    exec("df_{0}.insert(0,'股票简称',gpjc[{0}])".format(i))   # 在最左列前插入一个新列
```

每次循环时，都由 exec() 函数将字符串类型的参数解析为 Python 命令并执行。例如，第 1 次循环时，i 等于 0，exec() 函数的参数为 "df_0.insert(0,'股票简称',gpjc[0])"，此字符串由 exec() 函数解析后，变成 Python 命令 df_0.insert(0,'股票简称',gpjc[0])，此命令的功能是使用 insert() 函数在 df_0 的最左面插入一个名为“股票简称”的新列，列值为 gpjc 列表中第 0 个位置上的元素值“固德威”。同样地，其余两次循环分别在 df_1 的最左面插入一个名为“股票简称”的新列，列值为 gpjc 列表中第 1 个位置上的元素值“宁德时代”；在 df_2 的最左面插入一个名为“股票简称”的新列，列值为 gpjc 列表中第 2 个位置上的元素值“阳光电源”。

思考

自行查看 df_0、df_1 和 df_2 中的数据，观察插入新列后的数据变化。

步骤 7： 使用 concat() 方法以行追加方式合并 df_0、df_1 和 df_2 的数据。代码如下：

```
# 以行追加方式合并数据
df = pd.concat([df_0,df_1,df_2],axis = 0,ignore_index = True)
```

concat() 的第一个参数 [df_0,df_1,df_2] 以列表形式指明要合并的数据是 df_0、df_1 和 df_2；第二个参数 axis=0 指明数据连接方式是以纵轴方向进行上下行追加；第三个参数 ignore_index=True 指明不保留合并前数据行的索引号，重新为合并后的数据设置从 0 开始的行索引号。

运行代码后，df 便包含三家公司的所有数据行，共 57 行 10 列数据。

步骤 7： 查看合并后的 df。代码如下：

```
df.iloc[np.r_[0,18,19,37,38,56]]  # 查看 df 的第 0、18、19、37、38 及 56 行数据
```

运行代码，结果如图 7-14 所示。其中，第 0 行至第 18 行是固德威的数据，第 19 行至第 37 行是宁德时代的数据，第 38 行至第 56 行是阳光电源的数据。

	股票简称	报告日期	2021/12/31	2020/12/31	2019/12/31	2018/12/31	2017/12/31	2016/12/31	2015/12/31	2014/12/31
0	固德威	基本每股收益(元)	3.18	3.64	1.56	0.85	2.05	1	0.22	0.05
18	固德威	净资产收益率加权(%)	18.12	34.99	27.79	19.27	69.2	64.44	30.8	14.58
19	宁德时代	基本每股收益(元)	6.88	2.49	2.09	1.64	2.01	1.87	0.78	0.0
37	宁德时代	净资产收益率加权(%)	21.52	11.27	12.78	11.75	18.99	69.55	130.37	23.72
38	阳光电源	基本每股收益(元)	1.08	1.34	0.61	0.56	0.71	0.0	0.65	0.43
56	阳光电源	净资产收益率加权(%)	13.05	20.36	10.93	11.05	15.47	0.0	16.35	13.04

图 7-14 查看 df 中的部分数据

步骤 8： 观察图 7-14 中 df 的各个列名，会发现“报告日期”列的列名与该列的数据并不相符，需要对该列重新命名。代码如下：

```
df.rename(columns = {' 报告日期 ':' 财务指标 '},inplace = True)
```

rename() 的第一个参数 columns={' 报告日期 ':' 财务指标 '}，是以字典形式指明旧列名为报告日期，新列名为财务指标；inplace=True 指明在原始数据 df 上修改列名。运行代码后，新列名就与该列的数据含义一致。

步骤 9： 将清洗整理好的数据 df 保存到文件 result.csv 中。代码如下：

```
df.to_csv("result.csv", index = None, encoding = 'utf_8_sig')
```

df.to_csv() 以 result.csv 为文件名将 df 保存在当前文件夹下，保存时不保留 df 的行索引，保存文件时使用的字符集为 utf_8_sig。可自行操作并查看 result.csv 文件中的内容。

三、展示上市公司主要财务指标数据

下面的步骤将从合并后的 df 数据中查找相应数据，并以此数据绘制图表，完成数据的对比展示。

微课 31：展示上市公司主要财务指标数据

步骤 1： 从 df 中提取财务指标为“基本每股收益（元）”的数据行。代码如下：

```
df=pd.read_csv('result.csv',encoding = 'utf_8_sig')  # 重新读入数据
df_sy = df[df[' 财务指标 '] == ' 基本每股收益 ( 元 )']
df_sy
```

运行代码，结果如图 7-15 所示。

	股票简称	财务指标	2021/12/31	2020/12/31	2019/12/31	2018/12/31	2017/12/31	2016/12/31	2015/12/31	2014/12/31
0	固德威	基本每股收益(元)	3.18	3.64	1.56	0.85	2.05	1.00	0.22	0.05
19	宁德时代	基本每股收益(元)	6.88	2.49	2.09	1.64	2.01	1.87	0.78	0.00
38	阳光电源	基本每股收益(元)	1.08	1.34	0.61	0.56	0.71	0.00	0.65	0.43

图 7-15　筛选“基本每股收益（元）”数据行

知识拓展

注意理解代码 df[df[' 财务指标 '] == ' 基本每股收益 (元)']。首先这是一个以 df[] 切片方式提取数据的代码，[] 中的参数 df[' 财务指标 '] == ' 基本每股收益 (元)' 是一个筛选条件，其功能是从 df 的财务指标列中筛选值为“基本每股收益（元）”的行。若某行满足此条件，则返回 True；否则返回 False。单独运行 df[' 财务指标 '] == ' 基本每股收益 (元)'，其结果如图 7-16 所示（限于篇幅，仅截取部分数据）。那么，df[df[' 财务指标 '] == ' 基本每股收益 (元)'] 就相当于在一个由 True 和 False 组成的 Series 数据中执行 df[] 切片，此切片操作将把 Series 数据中取值为 True 的数据行筛选出来。最终，代码 df[df[' 财务指标 '] == ' 基本每股收益 (元)'] 输出的结果就是将财务指标为“基本每股收益（元）”的数据行筛选出来，并将筛选结果保存在变量 df_sy 中。

```
0      True
1     False
2     False
3     False
4     False
5     False
```

图 7-16　筛选条件的作用

步骤 2: 导入 Matplotlib 绘图包，并设置绘图参数。代码如下：

```
import matplotlib.pyplot as plt                              # 导入绘图工具包
plt.rcParams['font.sans-serif']=['Microsoft YaHei']          # 用微软雅黑字体显示中文
plt.rcParams['axes.unicode_minus']=False                     # 显示负号
```

运行代码，完成绘图参数配置。

步骤 3: 将“股票简称”列设为行索引。代码如下：

```
df_sy.set_index(' 股票简称 ', inplace = True)
df_sy
```

运行代码，结果如图 7-17 所示。

	财务指标	2021/12/31	2020/12/31	2019/12/31	2018/12/31	2017/12/31	2016/12/31	2015/12/31	2014/12/31
股票简称									
固德威	基本每股收益(元)	3.18	3.64	1.56	0.85	2.05	1.00	0.22	0.05
宁德时代	基本每股收益(元)	6.88	2.49	2.09	1.64	2.01	1.87	0.78	0.00
阳光电源	基本每股收益(元)	1.08	1.34	0.61	0.56	0.71	0.00	0.65	0.43

图 7-17 将“股票简称”列作为行索引

步骤 4: 展示 2021 年三家公司“基本每股收益 (元)”对比结果。代码如下：

```
df_sy['2021/12/31'].plot(title='2021 年“基本每股收益 ( 元 )”对比 ',grid=True)
```

运行代码，结果如图 7-18 所示。

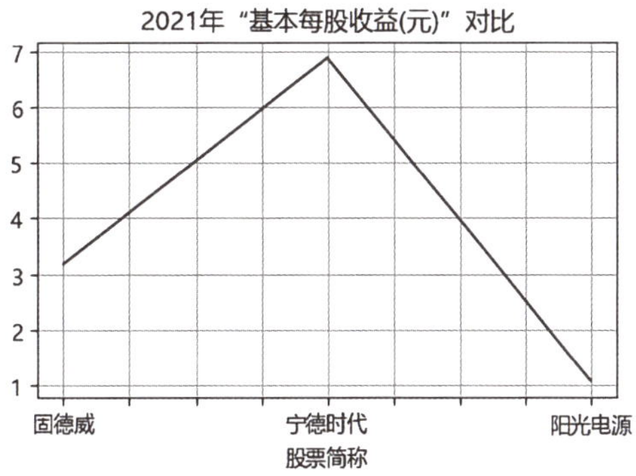

图 7-18 2021 年三家公司“基本每股收益 (元)”对比

步骤 5: 展示 2014 年至 2021 年三家公司“基本每股收益 (元)”对比结果。代码如下：

```
df_sy.iloc[:,2:9].plot(figsize = (8,3), title = '2021 年“基本每股收益 ( 元 )”对比 ',
                       style = ['o:','p--','>-','*-','+-','<-','D-.'])
```

plot() 函数中，figsize 参数设置图表大小，title 参数设置图表标题，style 参数设置各条线的数据标记和线型。

运行代码，结果如图 7-19 所示。

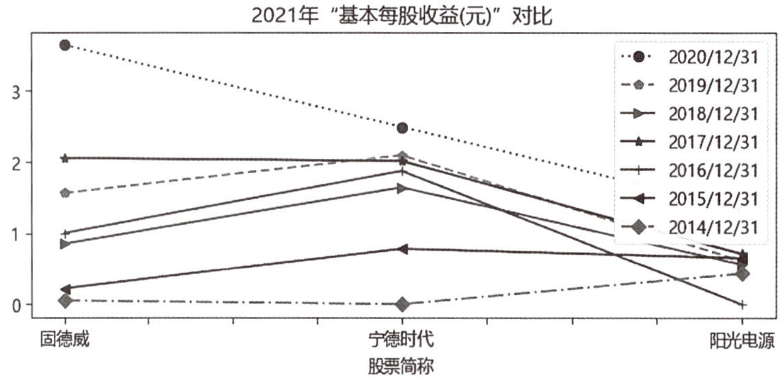

图 7-19　2014 年至 2021 年三家公司"基本每股收益 (元)"对比

知识拓展

plot() 函数中的 style 参数可以设置线型和数据标记，表 7-3 列出了常见的线型，表 7-4 列出了常见的数据标记。

表 7-3　常见线型

符号	说明	符号	说明	符号	说明
-	实线	--	虚线线段	-.	点和虚线线段
:	点状虚线	.	实心小圆点		

表 7-4　常见数据标记

符号	说明	符号	说明	符号	说明	符号	说明
*	星形	V	向下三角形	∧	向上三角形	<	向左三角形
p	五边形	>	向右三角形	s	正方形		
D	菱形	d	小菱形	o	圆圈		

任务二 合并与转换上市公司资产负债表数据和利润表数据

任务描述

财务指标是企业总结、评价财务状况和经营成果的相对指标，计算财务指标通常需要企业的资产负债表、利润表及现金流量表等报表数据。现有 50 家上市公司 2022 年第三季度的资产负债表数据和利润表数据，分别保存在“2022 年三季报业绩.xlsx”文件的“资产负债表”工作表和“利润表”工作表中。本任务将基于此素材文件，使用 Python 将两张工作表中的资产负债表数据和利润表数据合并，为计算相关财务指标做好数据准备，为企业总结、评价财务状况和经营成果提供数据支撑。

任务分析

合并上市公司资产负债表数据和利润表数据前，需先查看原始数据的格式、特征等，以明确数据合并的方法。图 7-20 的（a）图为资产负债表数据，（b）图为利润表数据（限于篇幅，仅截取部分数据）。两组数据均包含 50 家上市公司数据，每个上市公司的数据在表中各占一行。仔细对比，会发现资产负债表数据和利润表数据均包含“股票代码”列和“股票简称”列，而且两列的数据也一样。除“股票代码”列和“股票简称”列外，两表的其他数据列并不相同，这意味着两表数据不能以行追加形式（上下拼接两表的行）进行数据合并。

另外，由图 7-20 可知，资产负债表数据和利润表数据大都带有金额单位，这种非数值数据无法直接参与财务指标的计算，需要进行相应的转换处理。

本任务将采用 Pandas 的 merge() 函数将资产负债表数据和利润表数据横向合并，即横向拼接两表的列，形成一个包含两表所有列的新数据集合。同时在此基础上，完成相关数据金额的转换处理。

	A	B	C	D	E	F	G	H	I	J	K	L	M
1	股票代码	股票简称	货币资金(元)	应收账款(元)	存货(元)	总资产(元)	总资产同比(%)	应付账款(元)	预收账款(元)	总负债(元)	总负债同比(%)	资产负债率(%)	股东权益合计(元)
2	688435	英方软件	4819万	1.21亿	391.2万	4.10亿	-	1042万	-	4686万	-	11.42	3.64亿
3	688485	九州一轨	1.14亿	4.67亿	1.02亿	9.86亿	-	1.29亿	-	2.60亿	-	26.33	7.26亿
4	688529	豪森股份	2.95亿	4.82亿	16.67亿	35.80亿	26.59	3.95亿	-	23.97亿	36.33	66.94	11.84亿
5	688378	奥来德	6.91亿	1.37亿	2.00亿	21.13亿	1.979	8681万	-	4.37亿	7.191	20.69	16.76亿
6	688506	百利天恒	1.04亿	1.62亿	8963万	9.82亿	-	1.42亿	-	8.90亿	-	90.63	9199万
7	688525	佰维存储	4.81亿	2.57亿	17.76亿	35.71亿	31.17	2.74亿	-	16.64亿	83.96	46.59	19.08亿
8	688496	清越科技	8641万	1.19亿	3.13亿	16.14亿	-	1.67亿	153.1万	9.47亿	-	58.7	6.67亿
9	688475	萤石网络	14.10亿	6.49亿	7.09亿	37.30亿	-	5.87亿	-	20.94亿	-	56.15	16.36亿

资产负债表 利润表

（a）资产负债表数据

	B	C	D	E	F	G	H	I	J	K	L	M
1	股票简称	净利润(元)	净利润同比(%)	营业总收入(元)	营业总收入同比(%)	营业支出(元)	销售费用(元)	管理费用(元)	财务费用(元)	营业总支出(元)	营业利润(元)	利润总额(元)
2	英方软件	617.2万	60.61	1.14亿	33.59	1800万	4017万	936.3万	-84.86万	1.17亿	561.0万	567.6万
3	九州一轨	2137万	-33.69	2.25亿	-6.105	1.27亿	2290万	1921万	-31.82万	1.89亿	2276万	2276万
4	豪森股份	8188万	87.8	11.50亿	39.15	8.39亿	2418万	8740万	3017万	10.63亿	8284万	8338万
5	奥来德	1.12亿	-23.82	3.93亿	2.836	1.73亿	740.9万	5033万	-1587万	2.81亿	1.21亿	1.21亿
6	百利天恒	-2.43亿	-954.86	4.80亿	-21.75	1.51亿	2.27亿	5975万	1565万	7.46亿	-2.49亿	-2.51亿
7	佰维存储	7604万	-34.04	21.85亿	6.799	18.63亿	7221万	5108万	670.1万	20.89亿	7652万	7653万
8	清越科技	3074万	-2.71	7.61亿	68.94	6.21亿	1299万	2815万	1747万	7.46亿	2088万	2097万
9	萤石网络	2.19亿	-27.97	31.37亿	1.919	20.06亿	3.85亿	1.09亿	-1436万	29.42亿	2.18亿	2.18亿

资产负债表 利润表

（b）利润表数据

图 7-20　原始资产负债表数据和利润表数据

知识要点

一、merge() 函数认知

merge() 函数也是 Pandas 中非常重要的数据合并方法。merge() 函数可将两个数据表以横向列拼接的方式合并到一起。实际中，由于业务需要，同一业务对象的相关数据经常分散在不同的数据表中，图 7-21 的（a）图和（b）图分别是 2022 年第一季度和第二季度的利润数据。这两组数据具有一个共同的列——项目，此列表明了两表数据具有相关性。可以使用 merge() 函数将两个数据表合并，形成一个包含 2022 年第一季度和第二季度的利润数据表，如图 7-21 的（c）图所示。

```
data1 = pd.DataFrame(
    [['营业收入',7633860000],
     ['营业利润',323250000],
     ['利润总额',318480000],
     ['净利润',281420000]],
     columns=['项目','2022/3/31'])
data1
```

	项目	2022/3/31
0	营业收入	7633860000
1	营业利润	323250000
2	利润总额	318480000
3	净利润	281420000

（a）2022 年第一季度利润数据 data1

```
data2 = pd.DataFrame(
    [['营业收入',12765280000],
     ['营业利润',992860000],
     ['利润总额',1001420000],
     ['净利润',925670000]],
     columns=['项目','2022/6/30'])
data2
```

	项目	2022/6/30
0	营业收入	12765280000
1	营业利润	992860000
2	利润总额	1001420000
3	净利润	925670000

（b）2022 年第二季度利润数据 data2

```
# 合并数据
pd.merge(data1,data2)
```

	项目	2022/3/31	2022/6/30
0	营业收入	7633860000	12765280000
1	营业利润	323250000	992860000
2	利润总额	318480000	1001420000
3	净利润	281420000	925670000

（c）合并后的利润数据

图 7-21　merge() 数据合并前与合并后的数据示例

观察 merge() 合并的结果，合并前的（a）数据和（b）数据各有 2 列，同时 (a) 和 (b) 有一个取值相关的列——“项目”列，两个数据表的“项目”列取值完全相同。合并后的（c）图包含 3 列，其中每行数据都以（a）的“项目”列的取值等于（b）的“项目”列的取值为依据，分别从（a）和（b）中取出相应行，拼接成一个更长的行。例如，（a）中第 0 行的“项目”值为营业收入，则从（b）中找到“项目”值也为营业收入的所有行，并将这些行逐个拼接在（a）的第 0 行数据的右边，形成拼接后的若干新行。由于（b）中只有一个“项目”值为营业收入的行，故拼接后在（c）中形成一条“项目”值为营业收入的新行。

同时要注意的是，merge() 合并数据时依据的相关列，在合并后的数据中只保留一份，对于图 7-21 的示例，合并前两表共有 4 列，合并后的数据只有 3 列，即仅保留一个“项目”列。

提示

此处 data1 和 data2 均使用 Pandas 的 DataFrame() 函数将双重嵌套列表转换为 DataFrame 对象。注意观察转换前的数据形式与转换后的数据形式的对应关系，外层列表的每一个列表元素（即内嵌的列表）对应 DataFrame 的每一行，外层列表有几个列表元素，则对应的 DataFrame 就有多少行。

二、merge() 函数的用法

merge() 函数的基本语法格式如下：

```
merge(left, right, how = 'inner', on = None)
```

其中，left 参数和 right 参数指明需要合并的对象名称，由于两表是横向的列拼接，因此，常将第 1 个表称为左表，即该数据表的列在合并后出现在新数据表的左边；将第 2 个数据表称为右表，即该数据表的列在合并后出现在新数据的右边。how 参数指明两个数据表合并时的连接方式，即左表的某行数据如何与右表的相关数据行进行合并，how 参数的取值有 inner、left、right 和 outer，省略此参数时表示连接方式为 inner。on 参数指明两表合并时的相关列，是指两表都具有的共同列，通过此列，可以将两个数据表中有关联的数据合并到一起。

merge() 函数的用法很灵活，图 7-21 仅给出了此函数最基本的用法。下面将再给出一些 merge() 函数合并数据的示例，以进一步说明此函数合并数据的原理。合并前的数据如图 7-22 的（a）图和（b）图所示，使用不同参数进行合并后的结果分别如图 7-22 中的（c）图至（f）图所示。

```
data3 = pd.DataFrame(
    [['营业收入',7633860000],
     ['营业成本',6705300000],
     ['营业利润',323250000],
     ['利润总额',318480000],
     ['所得税费用',37060000],
     ['基本每股收益',0.04]],
     columns=['项目','2022/3/31'])
data3
```

	项目	2022/3/31
0	营业收入	7.633860e+09
1	营业成本	6.705300e+09
2	营业利润	3.232500e+08
3	利润总额	3.184800e+08
4	所得税费用	3.706000e+07
5	基本每股收益	4.000000e-02

（a）data3 为左表

```
data4 = pd.DataFrame(
    [['营业收入',12765280000],
     ['营业成本',10892240000],
     ['营业利润',992860000],
     ['利润总额',1001420000],
     ['所得税费用',75750000],
     ['净利润',925670000]],
     columns=['项目','2022/6/30'])
data4
```

	项目	2022/6/30
0	营业收入	12765280000
1	营业成本	10892240000
2	营业利润	992860000
3	利润总额	1001420000
4	所得税费用	75750000
5	净利润	925670000

（b）data4 为右表

```
# inner方式连接，相关列为项目
# 显示左表和右表按相关列能够等值匹配的所有行
# 下面代码可以简写为：pd.merge(data3, data4)
pd.merge(data3,data4,how='inner',on='项目')
```

	项目	2022/3/31	2022/6/30
0	营业收入	7.633860e+09	12765280000
1	营业成本	6.705300e+09	10892240000
2	营业利润	3.232500e+08	992860000
3	利润总额	3.184800e+08	1001420000
4	所得税费用	3.706000e+07	75750000

（c）inner（内部）合并

```
# left方式连接，相关列为项目
# 以左表数据为主，显示左表所有行
# 右表按相关列与左表进行等值匹配
# 右表不能与左表匹配的填入NaN，表示数据缺失
pd.merge(data3,data4,how='left',on='项目')
```

	项目	2022/3/31	2022/6/30
0	营业收入	7.633860e+09	1.276528e+10
1	营业成本	6.705300e+09	1.089224e+10
2	营业利润	3.232500e+08	9.928600e+08
3	利润总额	3.184800e+08	1.001420e+09
4	所得税费用	3.706000e+07	7.575000e+07
5	基本每股收益	4.000000e-02	NaN

（d）left（左外部）合并

```
# right方式连接，相关列为项目
# 以右表数据为主，显示右表所有行
# 左表按相关列与右表进行等值匹配
# 左表不能与右表匹配的填入NaN，表示数据缺失
pd.merge(data3,data4,how='right',on='项目')
```

	项目	2022/3/31	2022/6/30
0	营业收入	7.633860e+09	12765280000
1	营业成本	6.705300e+09	10892240000
2	营业利润	3.232500e+08	992860000
3	利润总额	3.184800e+08	1001420000
4	所得税费用	3.706000e+07	75750000
5	净利润	NaN	925670000

（e）right（右外部）合并

```
# outer方式连接，相关列为项目
# 显示两表中的所有行，不能匹配的填入NaN
pd.merge(data3,data4,how='outer',on='项目')
```

	项目	2022/3/31	2022/6/30
0	营业收入	7.633860e+09	1.276528e+10
1	营业成本	6.705300e+09	1.089224e+10
2	营业利润	3.232500e+08	9.928600e+08
3	利润总额	3.184800e+08	1.001420e+09
4	所得税费用	3.706000e+07	7.575000e+07
5	基本每股收益	4.000000e-02	NaN
6	净利润	NaN	9.256700e+08

（f）outer（完全外部）合并

图 7-22　merge() 函数不同合并方式示例

任务实施

本任务主要完成四大操作：一是导入资产负债表数据和利润表数据；二是合并资产负债表数据和利润表数据；三是将数据中的金额单位转换为元；四是计算权益净利率，并用图表展示数据。

一、导入上市公司 2022 年三季报数据

微课 32：导入并合并资产负债表数据和利润表数据

步骤 1： 新建一个 Python 文件，将其命名为"项目七-任务二.ipynb"。

步骤 2： 导入所需的第三方工具包。代码如下：

```
import pandas as pd
```

运行代码，完成 Pandas 包的导入。

步骤 3： 读入"2022 年三季报业绩.xlsx"文件中的"资产负债表"工作表数据，并将

数据保存到 DataFrame 对象 df_zcfzb 中。代码如下：

```
df_zcfzb = pd.read_excel('2022 年三季报业绩 .xlsx',sheet_name=' 资产负债表 ')
print(' 资产负债表数据形状：',df_zcfzb.shape)
df_zcfzb
```

运行代码，结果如图 7-23 所示（限于篇幅，仅截取部分数据）。

资产负债表数据形状： (50, 13)

	股票代码	股票简称	货币资金(元)	应收账款(元)	存货(元)	总资产(元)	总资产同比(%)	应付账款(元)	预收账款(元)	总负债(元)	总负债同比(%)	资产负债率(%)	股东权益合计(元)
0	688435	英方软件	4819万	1.21亿	391.2万	4.10亿	-	1042万	-	4686万	-	11.42	3.64亿
1	688485	九州一轨	1.14亿	4.67亿	1.02亿	9.86亿	-	1.29亿	-	2.60亿	-	26.33	7.26亿
2	688529	豪森股份	2.95亿	4.82亿	16.67亿	35.80亿	26.59	3.95亿	-	23.97亿	36.33	66.94	11.84亿
3	688378	奥来德	6.91亿	1.37亿	2.00亿	21.13亿	1.979	8681万	-	4.37亿	7.191	20.69	16.76亿

图 7-23 资产负债表的形状和数据

步骤 4： 读入“2022 年三季报业绩.xlsx”文件中的“利润表”工作表数据，并将数据保存到 DataFrame 对象 df_lrb 中。代码如下：

```
df_lrb = pd.read_excel('2022 年三季报业绩 .xlsx',sheet_name=' 利润表 ')
print(' 利润表数据形状：',df_lrb.shape)
df_lrb
```

运行代码，结果如图 7-24 所示。

利润表数据形状： (50, 13)

	股票代码	股票简称	净利润(元)	净利润同比(%)	营业总收入(元)	营业总收入同比(%)	营业支出(元)	销售费用(元)	管理费用(元)	财务费用(元)	营业总支出(元)	营业利润(元)	利润总额(元)
0	688435	英方软件	617.2万	60.61	1.14亿	33.590	1800万	4017万	936.3万	-84.86万	1.17亿	561.0万	567.6万
1	688485	九州一轨	2137万	-33.69	2.25亿	-6.105	1.27亿	2290万	1921万	-31.82万	1.89亿	2276万	2276万
2	688529	豪森股份	8188万	87.80	11.50亿	39.150	8.39亿	2418万	8740万	3017万	10.63亿	8284万	8338万
3	688378	奥来德	1.12亿	-23.82	3.93亿	2.836	1.73亿	740.9万	5033万	-1587万	2.81亿	1.21亿	1.21亿

图 7-24 利润表的形状和数据

由图 7-23 和图 7-24 可知，df_zcfzb 和 df_lrb 不仅具有相同的形状，而且都有“股票代码”和“股票简称”两列，同时，这两个列的取值也完全相同。根据 merge() 函数的合并原理，仅需依据两个相关列（或其中一个相关列）对 df_zcfzb 和 df_lrb 进行 inner 合并，即可完成资产负债表数据和利润表数据的合并。

二、合并上市公司 2022 年三季报数据

步骤 1： 使用 merge() 函数以默认方式合并 df_zcfzb 和 df_lrb，即以 inner 方式横向连接两组数据，并由该函数自动确定用于合并数据的相关列。代码如下：

```
df = pd.merge(df_zcfzb, df_lrb)
```

运行代码，完成数据合并。

步骤 2： 查看 df 的形状。代码如下：

```
print(' 合并后的数据形状：',df.shape)
```

运行代码，输出“合并后的数据形状：(50, 24)”，表明 df 共 50 行 24 列。

提示

df 由 df_zcfzb 和 df_lrb 合并而来，df_zcfzb 和 df_lrb 的形状都是 50 行 13 列，那 df 为什么是 24 列呢？由步骤 1 可知，df 由 merge() 函数自动确定数据合并所依据的相关列，确定依据是两个数据表中具有相同列名的列，由于 df_zcfzb 和 df_lrb 有两个完全相同的列名，故步骤 1 的 merge() 函数同时以“股票代码”和“股票简称”两列作为数据合并的相关列，合并后相关列仅保留一份，因而，最终合并后数据的列数是 13+11=24。

步骤 3： 查看 df 中的数据。代码如下：

```
df
```

运行代码，结果如图 7-25 所示（限于篇幅，仅截取部分数据）。

	股票代码	股票简称	货币资金(元)	应收账款(元)	存货(元)	总资产(元)	总资产同比(%)	应付账款(元)	预收账款(元)	总负债(元)	...	净利润同比(%)	营业总收入(元)	营业总收入同比(%)	营业支出(元)	销售费用(元)	管理费用(元)	财务费用(元)
0	688435	英方软件	4819万	1.21亿	391.2万	4.10亿	-	1042万	-	4686万	...	60.61	1.14亿	33.590	1800万	4017万	936.3万	-84.86万
1	688485	九州一轨	1.14亿	4.67亿	1.02亿	9.86亿	-	1.29亿	-	2.60亿	...	-33.69	2.25亿	-6.105	1.27亿	2290万	1921万	-31.82万
2	688529	豪森股份	2.95亿	4.82亿	16.67亿	35.80亿	26.59	3.95亿	-	23.97亿	...	87.80	11.50亿	39.150	8.39亿	2418万	8740万	3017万

图 7-25　合并后的数据

微课 33：转换上市公司2022年三季报数据

三、转换上市公司 2022 年三季报数据

步骤 1： 根据权益净利率的计算公式：权益净利率 = 净利润 / 股东权益。提取本次分析所需列：净利润（元）和股东权益合计（元）。代码如下：

```
df_temp = df.loc[:, [' 股票简称 ',' 净利润 ( 元 )',' 股东权益合计 ( 元 )']]
df_temp.head()
```

运行代码，结果如图 7-26 所示。

	股票简称	净利润(元)	股东权益合计(元)
0	英方软件	617.2万	3.64亿
1	九州一轨	2137万	7.26亿
2	豪森股份	8188万	11.84亿
3	奥来德	1.12亿	16.76亿
4	百利天恒	-2.43亿	9199万

图 7-26 提取本次分析所需列

步骤 2： 统计“净利润（元）”列有多少数据包含“万”字符。代码如下：

```
df_temp.loc[:,' 净利润 ( 元 )'].str.contains(' 万 ').value_counts()
```

代码中，df_temp.loc[:,' 净利润 (元)'] 是由“净利润（元）”列值组成的 Series 类型数据，其后的 .str 将此 Series 类型数据转换为字符串类型，再后面的 .contains(' 万 ') 检查各个列值中是否包含“万”字符（包含则为 True、不包含则为 False），最后 .value_counts() 统计 True 和 False 的数量。

运行代码，结果如图 7-27 所示。从图中可以看出，“净利润（元）”列中包含“万”字符的数据有 30 个，不包含“万”字符的数据有 20 个。

```
True     30
False    20
Name: 净利润(元), dtype: int64
```

图 7-27 统计“净利润（元）”列包含“万”字符的数量

提示

df_temp 数据中共有 50 行，“净利润（元）”列中除了以万为单位的数据，剩下的都是以亿为单位的数据。

步骤 3： 统计“股东权益合计（元）”列有多少数据包含“万”字符。代码如下：

```
df_temp.loc[:,'股东权益合计(元)'].str.contains('万').value_counts()
```

运行代码，结果如图 7-28 所示。从图中可以看出，“股东权益合计（元）”列中包含“万”字符的数据有 1 个，不包含“万”字符的数据有 49 个（查看数据，会发现这 49 个数据都以亿为单位）。

```
False    49
True      1
Name: 股东权益合计(元), dtype: int64
```

图 7-28　统计“股东权益合计（元）”列包含“万”字符的数量

步骤 4： 转换数据单位，将“净利润（元）”列和“股东权益合计（元）”列的所有数据转换为以元为单位的数据。

步骤 4.1：提取某行的净利润值。代码如下：

```
x = df_temp.loc[0,'净利润(元)']
print('x的数据类型:', type(x))
print('x的值:', x)
```

运行代码，结果如图 7-29 所示。从图中可以看出，提取的净利润值是字符型数据，且值中包含金额单位。

```
x的数据类型: <class 'str'>
x的值: 617.2万
```

图 7-29　某行净利润数据

步骤 4.2：从字符型变量 x 中提取金额单位和金额。代码如下：

```
print('x的金额单位: ', x[-1:])    # 提取金额单位
print('x的金额: ', x[:-1])        # 提取金额
```

从字符串中提取字符的方法与列表元素切片方法相同，当从 x 中提取金额单位时，使用 x[−1:] 从 x 中切出从−1 位置开始直到末尾的所有字符，即金额单位；当从 x 中提取金额时，使用 x[:−1] 从 x 中切出−1 之前的所有字符，即金额。

运行代码，结果如图 7-30 所示。

```
x的金额单位:  万
x的金额:  617.2
```

图 7-30　提取净利润的金额和金额单位

步骤 4.3：将 x 的值转换为以元为单位的金额。代码如下：

```
float(x[:-1])*10000   if x[-1:] == '万'   else   float(x[:-1])*100000000
```

此代码根据 if 条件判断结果返回相应的计算结果。若 x 的金额单位为万，则返回 float(x[:−1])*10000；否则，返回 float(x[:−1])*100000000。之所以这样写代码，是因为净利润列的金额单位有万和亿两种，此代码能根据 x 的单位，自动决定如何换算。

由于 x 是字符型变量，因此，在单位转换时，先使用 float() 函数将 x 中的金额转换为小数，再将其乘以 10 000，或者乘以 100 000 000。

运行代码，输出结果 6172000.0。至此，我们弄明白了将某个净利润值转换为以元为单位的数据的方法。下面将对整个“净利润（元）”列的数据完成金额单位的转换。

步骤 4.4：将“净利润（元）”列的所有数据转换为以元为单位的数据。代码如下：

```
df_temp.loc[:,'净利润(元)'] = df_temp['净利润(元)'].apply(lambda x:
                                float(x[:-1])*10000 if x[-1:] == '万'
                                else float(x[:-1])*100000000)
```

df_temp['净利润(元)'].apply() 对“净利润（元）”列的每个数据分别执行 apply() 中的 lambda 函数，此函数的功能是根据每个 x 的金额单位是否为“万”来决定如何将 x 转换为对应的以元为单位的数值，即赋值号右侧的代码完成“净利润（元）”列中各个金额的单位转换，然后将转换结果赋值给 df_temp.loc[:,'净利润(元)']，达到更新“净利润（元）”列值的效果。

运行代码，完成“净利润（元）”列数据的金额单位转换。

步骤 4.5：将“股东权益合计（元）”列的所有数据转换为以元为单位的数据。代码如下：

```
df_temp.loc[:,'股东权益合计(元)'] = df_temp['股东权益合计(元)'].apply(lambda x:
                                float(x[:-1])*10000 if x[-1:]=='万'
                                else float(x[:-1])*100000000)
```

此段代码的功能同步骤 4.4，这里不再赘述。运行代码，完成“股东权益合计（元）”列数据的金额单位转换。

步骤 4.6：查看转换金额单位后的数据（限于篇幅，仅显示前 5 行数据）。代码如下：

```
df_temp.head()
```

运行代码，结果如图 7−31 所示。

	股票简称	净利润(元)	股东权益合计(元)
0	英方软件	6172000.0	3.640000e+08
1	九州一轨	21370000.0	7.260000e+08
2	豪森股份	81880000.0	1.184000e+09
3	奥来德	112000000.0	1.676000e+09
4	百利天恒	-243000000.0	9.199000e+07

图 7-31　转换金额单位后的数据

步骤 4.7：查看各列数据类型。代码如下：

```
df_temp.dtypes
```

运行代码，结果如图 7-32 所示。从图中可知，“净利润（元）”列和“股东权益合计（元）”列的数据类型都是 float 类型，这就为下一步计算权益净利率准备好了数据。

```
股票简称          object
净利润(元)        float64
股东权益合计(元)    float64
dtype: object
```

图 7-32　转换金额单位后各列数据类型

四、计算并展示各公司的权益净利率

微课 34：计算并展示各公司的权益净利率

步骤 1： 根据公式：权益净利率 = 净利润 / 股东权益，计算各公司的权益净利率，并将计算结果添加至 df_temp 的新列中。代码如下：

```
import numpy as np  # 导入 numpy 包，计算权益净利率要使用该包中的 divide() 函数
df_temp['权益净利率'] = np.divide(df_temp['净利润(元)'], df_temp['股东权益合计(元)'])
df_temp
```

运行代码，结果如图 7-33 所示（限于篇幅，仅截取部分数据）。

	股票简称	净利润(元)	股东权益合计(元)	权益净利率
0	英方软件	6.172000e+06	3.640000e+08	0.016956
1	九州一轨	2.137000e+07	7.260000e+08	0.029435
2	豪森股份	8.188000e+07	1.184000e+09	0.069155
3	奥来德	1.120000e+08	1.676000e+09	0.066826
4	百利天恒	-2.430000e+08	9.199000e+07	-2.641591

图 7-33　计算各公司的权益净利率

提示

此处使用 Numpy 包的 divide() 函数作除法运算，是为了避免除数为 0 时产生错误。

步骤 2： 导入 Matplotlib 绘图包，并设置绘图参数。代码如下：

```
import matplotlib.pyplot as plt                       # 导入绘图工具包
plt.rcParams['font.sans-serif']=['Microsoft YaHei']   # 用微软雅黑字体显示中文
plt.rcParams['axes.unicode_minus']=False              # 显示负号
```

运行代码，完成绘图参数配置。

步骤 3： 展示 2022 年三季度各公司权益净利率。代码如下：

```
df_temp[' 权益净利率 '].plot()
```

运行代码，结果如图 7-34 所示。

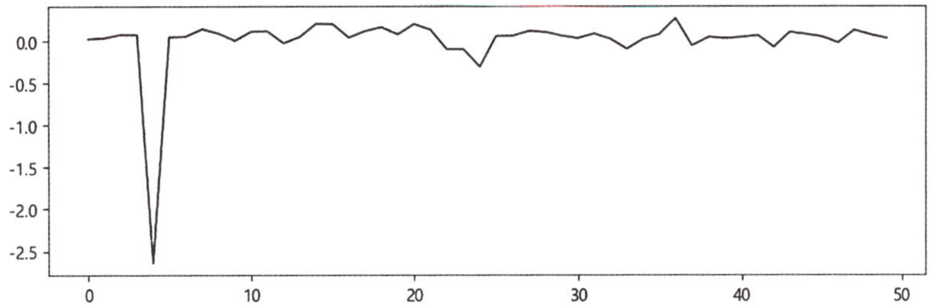

图 7-34　2022 年三季度各公司权益净利率

步骤 4： 将“股票简称”列设为行索引。代码如下：

```
df_temp.set_index(' 股票简称 ', inplace = True)
df_temp
```

运行代码，结果如图 7-35 所示（限于篇幅，仅截取部分数据）。

	净利润(元)	股东权益合计(元)	权益净利率
股票简称			
英方软件	6.172000e+06	3.640000e+08	0.016956
九州一轨	2.137000e+07	7.260000e+08	0.029435
豪森股份	8.188000e+07	1.184000e+09	0.069155
奥来德	1.120000e+08	1.676000e+09	0.066826
百利天恒	-2.430000e+08	9.199000e+07	-2.641591

图 7-35　将“股票简称”列作为行索引

步骤 5： 重新展示 2022 年三季度各公司权益净利率。代码如下：

```
df_temp['权益净利率'].plot(rot=45, title = '2022 年三季度各公司权益净利率', style = ['o:'])
```

运行代码，结果如图 7-36 所示。

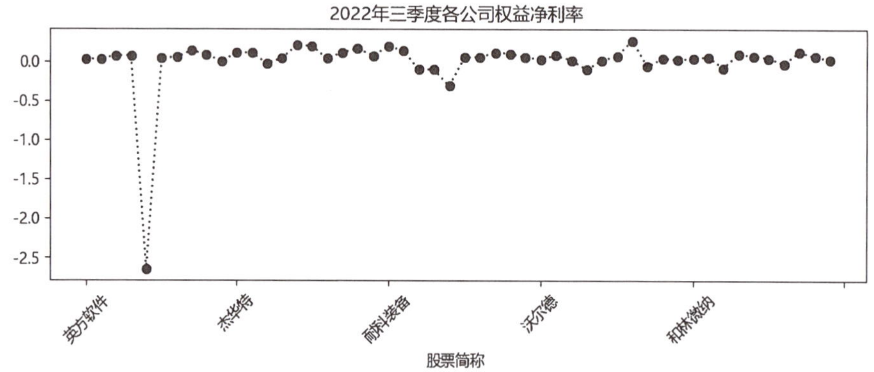

图 7-36　2022 年三季度各公司权益净利率

项目总结

本项目以批量清洗与合并若干上市公司主要财务指标数据、合并与转换上市公司资产负债表数据和利润表数据两个任务为例，讲解了 Pandas 的数据合并功能。熟练掌握 concat() 函数、exec() 函数和 merge() 函数的使用方法，对整合多来源的数据集，完成更复杂的财务分析工作非常有利。

实战演练

一、单选题

1. 下列关于代码 mySum =lambdaa,b:a+b 的说法，不正确的是（　　）。

   A. 函数功能是将返回参数 a 与 b 的和　　B. 定义了一个名为 mySum 的匿名函数

   C. 匿名函数有两个输入参数 a 和 b　　D. mySum(10,20) 返回的计算结果是 30

2. 下列关于 concat() 函数的说法，正确的是（　　）。

   A. concat() 函数是唯一的合并数据的方法

   B. concat() 函数可以对 Series 数据或 DataFrame 数据进行拼接

C. concat() 函数实现的按列拼接是指左右多列进行拼接

D. concat() 函数实现按列拼接时，要求两个数据集的数据列必须完全相同

3. 下列关于 exec() 函数的说法，不正确的是（　　）。

A. 利用 exec() 函数的特点可以实现批量执行代码

B. exec() 函数的功能是将括号中的字符串解析为 Python 命令，并执行此命令

C. 利用 exec() 函数的特点，可以定义动态变量

D. 代码 exec('x = 12') 等价于执行 'x = 12'

4. 有两个数据集 df1 和 df2，现要求将 df1 和 df2 合并到一起，形成新数据 df，则下列选项中正确的合并代码是（　　）。

1　df1

	A	B
0	A0	B0
1	A1	B1
2	A2	B2

1　df2

	C	D
0	C0	D0
1	C1	D1
2	C2	D2

1　df

	A	B	C	D
0	A0	B0	C0	D0
1	A1	B1	C1	D1
2	A2	B2	C2	D2

A. pd.merge(df1,df2,axis=1)　　B. pd.concat([df1,df2],axis=1)

C. pd.concat([df1,df2])　　D. pd.merge([df1,df2],axis=0)

5. 有两个数据集 df1 和 df2，现要求将 df1 和 df2 合并到一起，形成新数据 df，则下列选项中正确的合并代码是（　　）。

1　df1

	A	B
0	A0	B0
1	A1	B1
2	A2	B2

1　df2

	A	D
0	A0	D0
1	A1	D1
2	A2	D2

1　df

	A	B	D
0	A0	B0	D0
1	A1	B1	D1
2	A2	B2	D2

A. pd.merge(df1,df2,axis=1)　　B. pd.concat([df1,df2],axis=1)

C. pd.concat([df1,df2])　　D. pd.merge(df1,df2)

二、实操题

在素材文件“利润数据表.xlsx”的 Sheet1 工作表和 Sheet2 工作表中，分别保存了某公司 4 个季度的利润数据，根据这些数据，完成相应的操作。

1. 编写代码，使用 Pandas 的 read_excel() 函数分别读入 Sheet1 工作表和 Sheet2 工作表的数

据，并将读入的数据分别保存到 df1 和 df2 中。

2. 若使用 exec() 函数批量读入 Sheet1 工作表和 Sheet2 工作表中的数据，并将读入的数据分别保存到 df1 和 df2 中，补全下列划线处代码。

```
import pandas as pd
for i in [________]:
    name = 'Sheet'+str(i)
    exec("df{}=pd.read_excel(' 利润数据表 .xlsx',sheet_name='{}')".format(str(i),name))
```

3. 编写代码，基于 concat() 函数将 df1 和 df2 进行横向合并。
4. 编写代码，基于 merge() 函数将 df1 和 df2 进行合并。
5. 对于 df1 和 df2，请问题 3 和题 4 的哪种合并方式更合理？

项目八

业务、财务数据统计计算与分组计算

项目导读

财务岗位的日常工作涉及大量的计算，如求和、求平均值、分类汇总等。Pandas 提供了许多计算函数，利用这些函数可以快速完成日常工作中的计算和统计工作。Pandas 的这些统计计算函数很灵活，同学们需要勤练、勤思考才能较好地掌握。本项目将基于 ABC 公司销售数据，讲解 Pandas 中的常见统计计算函数、分位数函数和统计描述函数；基于 CC 公司销售数据，讲解 Pandas 中的分组统计函数。熟练掌握这些函数，能大幅提高日常财务工作效率，同时能为财务人员转型管理会计奠定技能基础。

项目分解

项目八　业务、财务数据统计计算与分组计算

- ◎　任务一　ABC公司销售数据统计计算
- ◎　任务二　CC公司销售数据分组统计

学习目标

知识目标

1. 掌握 Pandas 常用统计计算函数的用法；
2. 掌握 Pandas 分组统计函数的用法。

技能目标

1. 能熟练使用 Pandas 统计计算函数进行统计运算；
2. 能熟练使用 groupby() 函数对数据进行各种维度的分组。

素质目标

1. 培养学生的数据统计思维以及运用统计方法支持决策的基本能力；
2. 培养学生正确认知数据、善于收集数据、灵活运用数据的基本素质。

任务一
ABC 公司销售数据统计计算

任务描述

ABC 公司 2022 年 12 月销售数据保存在“12 月销售数据表.xlsx”文件中，本任务将利用 Pandas 提供的各类统计计算函数，对 ABC 公司 12 月份销售数据进行统计计算与展示，为公司下一步决策提供依据。

任务分析

“12 月销售数据表.xlsx”文件中的“12 月销售数据”工作表共有 917 行 8 列数据。其中，订单编号、商品名称、商品分类、城市 ID 是字符型数据；订单日期是日期型数据；销售数量、销售单价、单位成本是数值型数据。利用 Pandas 的统计分析与计算函数，便捷高效地完成 ABC 公司 2022 年 12 月份销售数据的统计与计算，并展示其销售特点。

知识要点

一、Pandas 常见统计计算函数认知

Pandas 提供了许多统计计算函数用于 Series 数据对象和 DataFrame 数据对象的快速统计计算。常见的简单统计计算函数见表 8-1。

表 8-1　常见的简单统计计算函数

函数名	功能	函数名	功能	函数名	功能
sum()	返回和	mean()	返回均值	count()	返回非空值个数
max()	返回最大值	min()	返回最小值	median()	返回中位数
abs()	返回绝对值	std()	返回标准差	mode()	返回众数

下面给出一些简单示例，如图 8-1 所示。

```
data = pd.DataFrame(
    {'语文': [80,90,70],
     '数学': [100,80,60],
     '英语': [80,80,90]},
    index = ['张三','李四','王五'])
data
```

	语文	数学	英语
张三	80	100	80
李四	90	80	80
王五	70	60	90

（a）成绩表

```
# 纵向求和
data.sum()
```

```
语文    240
数学    240
英语    250
dtype: int64
```

（b）求和

```
# 横向求均值
round(data.mean(1))
```

```
张三    87.0
李四    83.0
王五    73.0
dtype: float64
```

（c）求均值

```
# 各门成绩最高分
data.max()
```

```
语文    90
数学    100
英语    90
dtype: int64
```

（d）求最大值

```
# 各同学最低成绩
data.min(1)
```

```
张三    80
李四    80
王五    60
dtype: int64
```

（e）求最小值

```
# 中位数
data.median()
```

```
语文    80.0
数学    80.0
英语    80.0
dtype: float64
```

（f）求中位数

```
# 英语的众数
data['英语'].mode()
```

```
0    80
Name: 英语, dtype: int64
```

（g）求众数

图 8-1　简单统计计算函数示例

使用这些函数进行统计计算时，可以针对列进行计算，也可以针对行进行计算。默认情况下，会针对列进行计算，即沿着数据的纵方向进行计算，这其实是省略了参数 0（完整写法是 axis = 0），（b）图就是沿着纵向求每个列的所有行的和。若要针对行进行计算，即沿着数据的横方向进行计算，则需要在函数中使用参数 1（完整写法是 axis = 1），（c）图就是沿着横向求每个行的所有列的均值。

二、分位数函数认知

分位数是统计学术语，用于度量数据散布程度。假设将一组数递增排序，从这组数中挑选一些数，这些数可将整组数据划分成基本上大小相等的连贯集，那么这些挑选出来的数就称为分位数。位于某分位数右边的数比此分位数大，位于某分位数左边的数比此分位数小。

常用的分位数有二分位数和四分位数。二分位数是将有序数据分为两部分的数；四分位数是将有序数据分为 4 个相等部分的数，这样的数有 3 个，分别处于有序数据的 1/4 位置处、1/2 位置处和 3/4 位置处。

Pandas 中的 quantile() 函数是分位数函数，此函数可以使用参数 q 表示要计算的分位数，q 的取值范围为 0<=q<=1。图 8-2 为分位数函数应用示例。从图中可以看出，语文成绩、数学成绩和英语成绩的二分位数都是 80。

```
# 省略q，表示q=0.5
data.quantile()
```

```
语文    80.0
数学    80.0
英语    80.0
Name: 0.5, dtype: float64
```

图 8-2　二分位数

三、describe() 函数认知

Pandas 中的 describe() 函数可以一次性完成多个统计指标的计算。图 8-3 所示为使用 describe() 对 data 进行计算的结果，从图中可以看出，describe() 可以一次性输出 data 的 count（行数）、mean（平均值）、std（标准差）、min（最小值）、25%（第一四分位数）、50%（第二四分位数）、75%（第三四分位数）、max（最大值）等多种反映数据特征的统计结果。

```
data.describe()
```

	语文	数学	英语
count	3.0	3.0	3.000000
mean	80.0	80.0	83.333333
std	10.0	20.0	5.773503
min	70.0	60.0	80.000000
25%	75.0	70.0	80.000000
50%	80.0	80.0	80.000000
75%	85.0	90.0	85.000000
max	90.0	100.0	90.000000

图 8-3　describe() 函数

Pandas 提供的统计函数还有很多，由于篇幅有限，这里就只重点讲解这些。Pandas 的统计计算函数可以对 Series 数据和 DataFrame 数据进行操作，其基本使用形式为：Series 或 DataFrame 对象名. 函数名 ()。掌握 Pandas 统计计算函数的使用原理，在需要其他函数时，

读者们可以自行查阅其使用方法。

任务实施

本任务主要完成三大操作：一是读入“12 月销售数据.xlsx”工作表数据，并以合适的数据结构保存；二是利用 Pandas 的统计与计算函数对 ABC 公司 2022 年 12 月销售数据进行各角度统计与计算；三是使用图表展示数据。

一、导入 ABC 公司 12 月份销售数据

步骤 1： 新建一个 Python 文件，将其命名为“项目八–任务一.ipynb”。

步骤 2： 读入素材文件“12 月销售数据表 .xlsx”中名为“12 月销售数据”的工作表数据。代码如下：

```
import pandas as pd   # 导入 pandas 包
df = pd.read_excel("12 月销售数据表 .xlsx",sheet_name = '12 月销售数据 ')
df
```

运行代码，结果如图 8–4 所示。从图中可以看出，df 数据共有 917 行 8 列。

	订单编号	订单日期	商品名称	商品分类	销售数量	销售单价	单位成本	城市ID
0	SF-8002224900	2022-12-01	D-020	D类	1716	178.2	178.20	260
1	SF-8002224901	2022-12-01	E-002	E类	1769	426.6	298.62	194
2	SF-8002224902	2022-12-01	B-005	B类	1583	223.0	133.80	153
3	SF-8002224903	2022-12-01	F-005	A类	893	480.0	288.00	212
4	SF-8002224904	2022-12-01	E-012	E类	149	133.6	120.24	272
...	...	...	...	...	...	...	...	...
912	SF-8002225812	2022-12-31	E-008	E类	1726	205.2	205.20	48
913	SF-8002225813	2022-12-31	E-017	E类	1225	272.8	272.80	203
914	SF-8002225814	2022-12-31	C-022	C类	1068	25.6	28.16	293
915	SF-8002225815	2022-12-31	C-022	C类	1736	25.6	28.16	92
916	SF-8002225816	2022-12-31	C-008	C类	1791	179.0	179.00	319

917 rows × 8 columns

图 8–4　读入素材文件数据

步骤 3： 查看 df 各列数据类型。代码如下：

```
df.dtypes
```

运行代码，结果如图 8-5 所示。从图中可以看出，原本应为字符型的“城市 ID”列，其数据类型显示为整数型。

```
订单编号            object
订单日期    datetime64[ns]
商品名称            object
商品分类            object
销售数量             int64
销售单价           float64
单位成本           float64
城市ID             int64
dtype: object
```

图 8-5　查看 df 各列数据类型

步骤 4： 将“城市 ID”列的数据类型转换为字符型。代码如下：

```
df.loc[:,' 城市 ID'] = df[' 城市 ID'].astype('str')
type(df.loc[0,' 城市 ID'])  # 输出某个城市 ID 值的数据类型
```

运行代码，输出“str”，表示类型转换成功。

> **提示**
>
> 转换类型后，也可使用代码 df.dtypes 重新查看各列数据类型，若显示“城市 ID”列的类型为 object，则该列类型转换成功。

步骤 5： 在 df 中增加“销售收入”“销售成本”“毛利润”及“毛利率”等新列。代码如下：

```
df[' 销售收入 '] = df[' 销售数量 '] * df[' 销售单价 ']      # 销售收入 = 销售数量 × 销售单价
df[' 销售成本 '] = df[' 销售数量 '] * df[' 单位成本 ']      # 销售成本 = 销售数量 × 单位成本
df[' 毛利润 '] = df[' 销售收入 '] - df[' 销售成本 ']        # 毛利润 = 销售收入–销售成本
df[' 毛利率 '] = df[' 毛利润 '] / df[' 销售收入 ']          # 毛利率 = 毛利润 / 销售收入
df.head()                                                   # 显示前 5 行数据
```

运行代码，结果如图 8-6 所示。从图中可以看出，df 数据的列数增至 12 列。

	订单编号	订单日期	商品名称	商品分类	销售数量	销售单价	单位成本	城市ID	销售收入	销售成本	毛利润	毛利率
0	SF-8002224900	2022-12-01	D-020	D类	1716	178.2	178.20	260	305791.2	305791.20	0.00	0.0
1	SF-8002224901	2022-12-01	E-002	E类	1769	426.6	298.62	194	754655.4	528258.78	226396.62	0.3
2	SF-8002224902	2022-12-01	B-005	B类	1583	223.0	133.80	153	353009.0	211805.40	141203.60	0.4
3	SF-8002224903	2022-12-01	F-005	A类	893	480.0	288.00	212	428640.0	257184.00	171456.00	0.4
4	SF-8002224904	2022-12-01	E-012	E类	149	133.6	120.24	272	19906.4	17915.76	1990.64	0.1

图 8-6　在 df 中添加新列

二、对 ABC 公司数据进行统计与计算

微课 35：对 ABC 公司数据进行统计与计算

步骤 1： 对“销售数量”列作常规统计计算。代码如下：

```
print(' 总和：',df[' 销售数量 '].sum())
print(' 均值：',df[' 销售数量 '].mean())
print(' 最大值：',df[' 销售数量 '].max())
print(' 最小值：',df[' 销售数量 '].min())
print(' 非空值个数：',df[' 销售数量 '].count())
print(' 中位数：',df[' 销售数量 '].median())
print(' 最大值的行索引：',df[' 销售数量 '].idxmax())
print(' 最小值的行索引：',df[' 销售数量 '].idxmin())
print(' 二分位数：',df[' 销售数量 '].quantile())
```

运行代码，结果如图 8-7 所示。

```
总和： 933990
均值： 1018.5278080697929
最大值： 2000
最小值： 12
非空值个数： 917
中位数： 1036.0
最大值的行索引： 281
最小值的行索引： 874
二分位数： 1036.0
```

图 8-7　“销售数量”列的常规统计计算

步骤 2： 使用 describe() 函数对“毛利润”列作统计描述，一次性完成多个统计指标的计算。代码如下：

```
print(" 毛利润的统计描述：")
df[' 毛利润 '].describe()
```

运行代码，结果如图 8-8 所示。

```
毛利润的统计描述：

count        917.000000
mean       20286.995136
std        65882.086680
min      -170880.000000
25%        -6782.400000
50%         3959.550000
75%        41232.320000
max       366161.840000
Name: 毛利润, dtype: float64
```

图 8-8　统计描述

图 8-8 中，count 统计了“毛利润”列的元素个数，因为每个订单对应一个毛利润值，因此，“毛利润”列的元素个数也是订单数。mean 计算所有订单的毛利润均值，std 计算毛利润的均方差，min 计算毛利润的最小值，25% 表示毛利润的 1/4 分位点数值，50% 表示毛利润的 1/2 分位点数值。观察此数与均值的大小，可发现此分位点数远小于均值，说明一半以上订单的毛利润都低于平均毛利润。75% 表示毛利润的 3/4 分位点数值，max 计算毛利润的最大值。

步骤 3： 使用 Pandas 的相关系数函数 corr() 分析销售数量、销售单价和毛利率两两之间的相关性。代码如下：

```
df.loc[:,['销售数量','销售单价','毛利率']].corr()
```

Pandas 的 corr() 函数用来计算列与列之间的相关系数，反映两个列值之间的相互关联程度。

运行代码，结果如图 8-9 所示。此图以矩阵形式展示列与列之间的相关系数。corr() 函数的返回值在−1 到 1 之间：若 corr() 返回值为 0，表明两列数据不相关，即不存在线性关系。若 corr() 返回值大于 0，表明两列数据正相关（当值越接近 1 时，正相关性越强；当值等于 1 时，则完全正相关）。若 corr() 返回值小于 0，表明两列数据负相关（当值越接近−1 时，负相关性越强；当值等于−1 时，则完全负相关）。

	销售数量	销售单价	毛利率
销售数量	1.000000	0.000413	-0.004892
销售单价	0.000413	1.000000	-0.049241
毛利率	-0.004892	-0.049241	1.000000

图 8-9　数量、单价和毛利率的相关性

步骤 4: 对 df 的各个数值列作统计描述。代码如下：

```
df.describe()
```

运行代码，结果如图 8-10 所示。

	销售数量	销售单价	单位成本	销售收入	销售成本	毛利润	毛利率
count	917.000000	917.000000	917.000000	917.000000	9.170000e+02	917.000000	917.000000
mean	1018.527808	230.963577	211.460447	235274.020502	2.149870e+05	20286.995136	0.089967
std	576.116738	131.100063	132.684457	201302.173332	1.917995e+05	65882.086680	0.197881
min	12.000000	25.200000	15.120000	775.000000	6.975000e+02	-170880.000000	-0.200000
25%	515.000000	129.600000	103.680000	68183.000000	6.008256e+04	-6782.400000	-0.100000
50%	1036.000000	216.700000	193.680000	177504.000000	1.592752e+05	3959.550000	0.100000
75%	1491.000000	327.800000	300.080000	349912.000000	3.205890e+05	41232.320000	0.300000
max	2000.000000	503.800000	591.600000	915404.600000	1.025280e+06	366161.840000	0.400000

图 8-10 所有数值列的统计描述

步骤 5: 输出“毛利润”列的升序排序结果。代码如下：

```
df['毛利润'].sort_values(ascending = True)
```

运行代码，结果如图 8-11 所示。

```
191    -170880.00
273    -163521.60
841    -154855.80
148    -143817.96
484    -139546.44
          ...
176     316878.48
592     316886.24
281     334400.00
653     361739.84
617     366161.84
Name: 毛利润, Length: 917, dtype: float64
```

图 8-11 对“毛利润”列按升序排序

提示

对“毛利润”列的升序排序命令中，也可省略 ascending = True 参数，直接使用 df['毛利润'].sort_values() 命令来实现该列的升序排序。若在排序时使用 ascending = False 参数，则按降序排序。

步骤 6: 将 df 按照“毛利润”列数据的降序排序。代码如下：

```
df.sort_values([' 毛利润 '],ascending = False).head()   # 降序排列
```

运行代码，结果如图 8-12 所示。注意，此处只输出了排序后的前 5 行数据。

	订单编号	订单日期	商品名称	商品分类	销售数量	销售单价	单位成本	城市ID	销售收入	销售成本	毛利润	毛利率
617	SF-8002225517	2022-12-21	B-015	B类	1817	503.8	302.28	59	915404.6	549242.76	366161.84	0.4
653	SF-8002225553	2022-12-22	C-010	C类	1939	466.4	279.84	143	904349.6	542609.76	361739.84	0.4
281	SF-8002225181	2022-12-11	E-006	E类	2000	418.0	250.80	146	836000.0	501600.00	334400.00	0.4
592	SF-8002225492	2022-12-20	E-014	E类	1604	493.9	296.34	208	792215.6	475329.36	316886.24	0.4
176	SF-8002225076	2022-12-07	E-002	E类	1857	426.6	255.96	143	792196.2	475317.72	316878.48	0.4

图 8-12　将 df 按照“毛利润”列的降序排序

步骤 7： 统计每种商品的销售频次。代码如下：

```
print(" 每种商品的销售频次为：")
df[' 商品名称 '].value_counts()
```

df 的每行数据都是有关某种商品的销售数据，统计不同商品的销售频次，即为统计 df 中各商品名称出现的行数。运行代码，结果如图 8-13 所示。

```
每种商品的销售频次为：

D-003     14
C-021     14
C-001     14
C-024     13
D-024     13
          ...
B-003      4
C-008      3
D-001      3
D-012      3
D-007      3
Name: 商品名称, Length: 113, dtype: int64
```

图 8-13　统计每种商品的销售频次

步骤 8： 统计总订单数量。代码如下：

```
df[' 订单日期 '].value_counts().sum()
```

运行代码，结果输出“917”，表示 df 中共有 917 个订单。

步骤 9： 统计销售的商品总数。代码如下：

```
len(df[' 商品名称 '].unique())
```

其中，df[' 商品名称 '].unique() 返回不重复的商品名称数组，len() 返回数组的长度，即不重复的商品名称总数。

运行代码，结果输出“113”，表示 df 中共有 113 种不同的商品。

三、展示 ABC 公司数据

微课 36：展示 ABC 公司数据

步骤 1： 导入绘图包 Matplotlib，并设置绘图参数。代码如下：

```
import matplotlib.pyplot as plt      # 导入绘图包
plt.rcParams['font.sans-serif'] = ['SimHei']   # 设置正常显示中文
plt.rcParams['axes.unicode_minus'] = False      # 设置正常显示负号
```

步骤 2： 统计 df 中每个日期的订单总数。代码如下：

```
df[' 订单日期 '].value_counts().plot(figsize = (10,3),style = ['o-'])
```

运行代码，结果如图 8-14 所示。

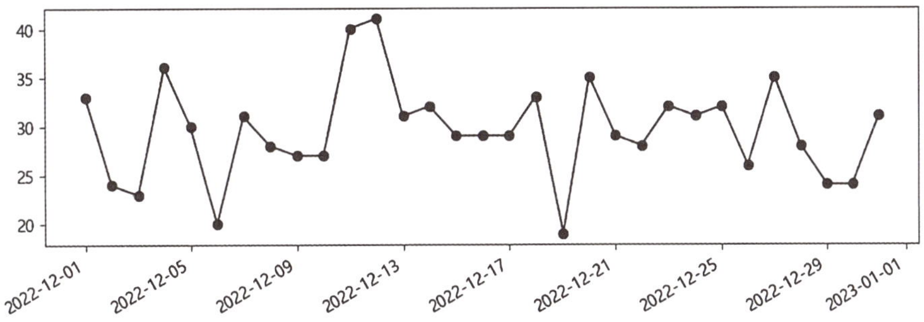

图 8-14　统计每个日期的订单总数

步骤 3： 展示 D-020 商品的销售收入、销售成本和毛利润。代码如下：

```
df[df[' 商品名称 '] == 'D-020'][[' 订单日期 ',' 销售收入 ',' 销售成本 ',' 毛利润 ']] \
                    .set_index(' 订单日期 ').plot(kind = 'bar', figsize = (10,3))
```

首先，df[df[' 商品名称 '] == 'D-020'] 从 df 中筛选出商品名称为 D-020 的订单；其次，[[' 订单日期 ',' 销售收入 ',' 销售成本 ',' 毛利润 ']] 提取出这些订单的“订单日期”列、“销售收入”列、“销售成本”列和“毛利润”列的数据；然后，.set_index(' 订单日期 ') 将“订单日期”列设置为行索引；最后，.plot(kind = 'bar', figsize = (10,3)) 以订单日期为 x 轴，以 D-020 商品的销售收入、销售成本和毛利润为 y 轴，绘制柱形图。

运行代码，结果如图 8-15 所示。

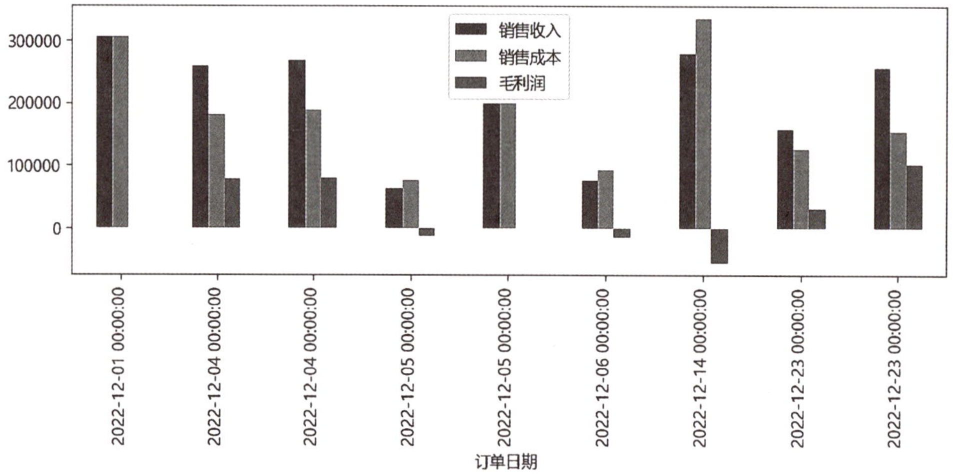

图 8-15　D-020 商品的销售收入、成本和毛利润柱形图

提示

若对步骤 3 代码有疑问，可按照下面的分步骤代码，边运行边观察数据变化。

1. 筛选出商品名称为 D-020 的订单，如图 8-16 所示。

```
data = df[df['商品名称'] == 'D-020']
data
```

	订单编号	订单日期	商品名称	商品分类	销售数量	销售单价	单位成本	城市ID	销售收入	销售成本	毛利润	毛利率
0	SF-8002224900	2022-12-01	D-020	D类	1716	178.2	178.20	260	305791.2	305791.20	0.00	0.0
90	SF-8002224990	2022-12-04	D-020	D类	1448	178.2	124.74	183	258033.6	180623.52	77410.08	0.3
99	SF-8002224999	2022-12-04	D-020	D类	1509	178.2	124.74	256	268903.8	188232.66	80671.14	0.3
128	SF-8002225028	2022-12-05	D-020	D类	353	178.2	213.84	18	62904.6	75485.52	-12580.92	-0.2
134	SF-8002225034	2022-12-05	D-020	D类	1114	178.2	178.20	138	198514.8	198514.80	0.00	0.0
165	SF-8002225065	2022-12-06	D-020	D类	431	178.2	213.84	293	76804.2	92165.04	-15360.84	-0.2
408	SF-8002225308	2022-12-14	D-020	D类	1569	178.2	213.84	69	279595.8	335514.96	-55919.16	-0.2
667	SF-8002225567	2022-12-23	D-020	D类	884	178.2	142.56	3	157528.8	126023.04	31505.76	0.2
670	SF-8002225570	2022-12-23	D-020	D类	1437	178.2	106.92	75	256073.4	153644.04	102429.36	0.4

图 8-16　D-020 订单数据

2. 提取出“订单日期”列、“销售收入”列、“销售成本”列和“毛利润”列的数据，如图 8-17 所示。

3. 将“订单日期”列设置为行索引，如图 8-18 所示。

```
1 data1 = data[['订单日期','销售收入','销售成本','毛利润']]
2 data1
```

	订单日期	销售收入	销售成本	毛利润
0	2022-12-01	305791.2	305791.20	0.00
90	2022-12-04	258033.6	180623.52	77410.08
99	2022-12-04	268903.8	188232.66	80671.14
128	2022-12-05	62904.6	75485.52	-12580.92
134	2022-12-05	198514.8	198514.80	0.00
165	2022-12-06	76804.2	92165.04	-15360.84
408	2022-12-14	279595.8	335514.96	-55919.16
667	2022-12-23	157528.8	126023.04	31505.76
670	2022-12-23	256073.4	153644.04	102429.36

图 8-17 提取 4 个列的数据

```
1 data1 = data1.set_index('订单日期')
2 data1
```

	销售收入	销售成本	毛利润
订单日期			
2022-12-01	305791.2	305791.20	0.00
2022-12-04	258033.6	180623.52	77410.08
2022-12-04	268903.8	188232.66	80671.14
2022-12-05	62904.6	75485.52	-12580.92
2022-12-05	198514.8	198514.80	0.00
2022-12-06	76804.2	92165.04	-15360.84
2022-12-14	279595.8	335514.96	-55919.16
2022-12-23	157528.8	126023.04	31505.76
2022-12-23	256073.4	153644.04	102429.36

图 8-18 设置订单日期为行索引

4. 执行代码 data1.plot(kind = 'bar',figsize = (10,3)) 绘制图形，绘制结果如图 8-15 所示。

任务二 CC 公司销售数据分组统计

任务描述

CC 公司 2022 年第四季度销售数据保存在“第四季度销售数据表.xlsx”文件中，本任务将利用 Pandas 提供的分组统计及计算功能，完成 CC 公司第四季度销售数据的分组统计与展示，为公司下一步决策提供依据。

任务分析

“第四季度销售数据表.xlsx”文件中的“第四季度销售数据”工作表共有 2 765 行 11 列数据。其中，订单编号、商品名称、商品分类、城市名称、行政区、大区及部门名称是字符型数据；订单日期是日期型数据；销售数量、销售单价、单位成本是数值型数据。利用 Pandas 的 groupby() 函数，对第四季度销售数据按照不同的维度列（字符类型列和日期类型列）进行分组，实现不同角度的销售数据计算与展示，同时分析 CC 公司第四季度销售情况，发现销售增长点。

知识要点

一、Pandas 分组认知

Pandas 提供的 groupby() 函数可以对数据基于某个或某些维度进行划分，从不同维度查看数据的聚合趋势，以便发现问题和提出解决方案。

groupby() 函数的基本语法格式如下：

```
groupby(by = None, axis = 0, sort = True)
```

其中，by 参数表示数据分组依据（作为 groupby() 的第一个参数，by = 可以省略，只写出 by 右侧的分组依据即可）；axis 参数表示分组轴的方向，按行（axis=0）或按列（axis=1）

拆分数据，默认按行拆分，即将不同的数据行分到不同组中；sort 参数表示是否对分组排序，默认为排序（sort = True）。

二、groupby() 应用示例

下面以“groupby 示例.xlsx”素材文件为例，介绍一些 groupby() 函数的简单应用示例。

图 8-19 为示例数据 df，其包含 7 行 3 列数据。“城市名称”列和“商品分类”列为字符型数据，“销售数量”列为整数型数据。对于这种数据，通常可以从不同的城市名称维度、不同的商品分类维度对数据分组，形成更具针对性的数据探查结果。

```
import pandas as pd
df = pd.read_excel('groupby示例.xlsx')
df
```

	城市名称	商品分类	销售数量
0	太原	D类	677
1	大同	E类	1171
2	太原	C类	1276
3	大同	C类	1559
4	大同	A类	1345
5	大同	B类	636
6	太原	C类	110

图 8-19　groupby() 示例数据

（一）按单列对数据分组

图 8-20 的（a）图为按“城市名称”列对数据分组的结果。从图中可以看出，gb1 是 DataFrameGroupBy 对象（也称分组对象）；（b）图为在 gb1 分组的基础上，计算每个城市的销量；（c）图为获取某个分组的数据。

```
gb1 = df.groupby('城市名称')
gb1
```

```
<pandas.core.groupby.generic.DataFrameGroupBy object at 0x000001B1DF399C40>
```

（a）按“城市名称”列分组数据

```
# 计算每个城市的销量
gb1.sum()
```

	销售数量
城市名称	
大同	4711
太原	2063

（b）计算每个城市销量

```
# 获取某个分组数据
gb1.get_group('太原')
```

	城市名称	商品分类	销售数量
0	太原	D类	677
2	太原	C类	1276
6	太原	C类	110

（c）获取某个分组数据

图 8-20　按单列对数据分组

可以直接将分组结果绘制在图表中，如图 8-21 所示。

```
城市名称
大同    AxesSubplot(0.125,0.11;0.775x0.77)
太原    AxesSubplot(0.125,0.11;0.775x0.77)
dtype: object
```

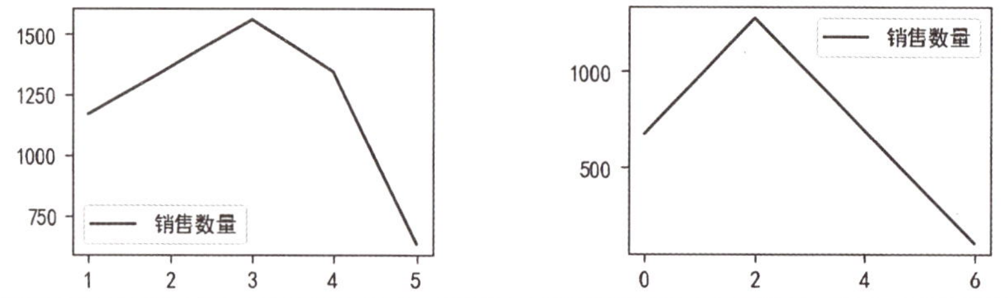

图 8-21　绘制各组结果

（二）按多列对数据分组

可以按照多个列对数据分组。图 8-22 的（a）图是同时以“城市名称”列和“商品分类”列作为分组依据，并对各组数据进行求和的结果；（b）图以柱形图绘制出此结果。

```
# 计算每个城市、每类商品的销量
df.groupby(['城市名称','商品分类']).sum()
```

城市名称	商品分类	销售数量
大同	A类	1345
	B类	636
	C类	1559
	E类	1171
太原	C类	1386
	D类	677

（a）计算每个城市、每类商品的销量

```
# 绘制每个城市、每类商品的销量图
df.groupby(['城市名称','商品分类']).sum().plot(figsize = (8,2),kind = 'bar',rot = 45)
```

<AxesSubplot:xlabel='城市名称,商品分类'>

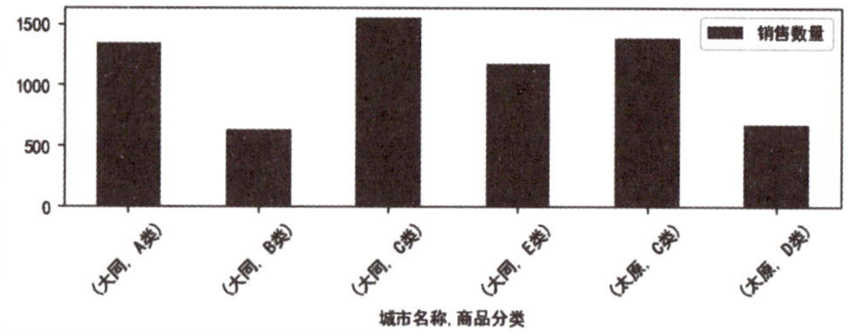

（b）每个城市、每类商品的销量图

图 8-22　按多列对数据分组

任务实施

本任务主要完成五大操作：一是读入“第四季度销售数据表.xlsx”工作表数据，并以合适的数据结构保存；二、三、四和五分别利用 Pandas 的 groupby() 函数实现按大区分组并统计数据、按大区和行政区分组并统计数据、按月份分组并统计数据及按月份和大区分组并统计数据等操作。

一、导入 CC 公司第四季度销售数据

步骤 1： 新建一个 Python 文件，将其命名为“项目八-任务二.ipynb”。

步骤 2： 读入素材文件“第四季度销售数据表.xlsx”中名为“第四季度销售数据”的工作表数据。代码如下：

```
import pandas as pd        # 导入 pandas 包
df = pd.read_excel(" 第四季度销售数据表 .xlsx",sheet_name=' 第四季度销售数据 ')
df
```

运行代码，结果如图 8-23 所示。从图中可以看出，df 数据共有 2 765 行 11 列。

	订单编号	订单日期	商品名称	商品分类	销售数量	销售单价	单位成本	城市名称	行政区	大区	部门名称
0	SF-8002223052	2022-10-01	E-003	E类	230	377.1	452.52	三明	福建省	华东	市场一部
1	SF-8002223053	2022-10-01	B-013	B类	1290	376.2	338.58	六安	安徽省	华东	市场一部
2	SF-8002223054	2022-10-01	F-004	A类	1683	176.0	158.40	随州	湖北省	华中	市场三部
3	SF-8002223055	2022-10-01	C-017	C类	1954	489.0	489.00	南平	福建省	华东	市场一部
4	SF-8002223056	2022-10-01	C-023	C类	1730	264.0	316.80	铜川	陕西省	西北	市场三部
...	...	...	...	...	...	...	...	...	...	...	...
2760	SF-8002225812	2022-12-31	E-008	E类	1726	205.2	205.20	白城	吉林省	东北	市场四部
2761	SF-8002225813	2022-12-31	E-017	E类	1225	272.8	272.80	东沙	广东省	华南	市场二部
2762	SF-8002225814	2022-12-31	C-022	C类	1068	25.6	28.16	林芝	西藏自治区	西南	市场二部
2763	SF-8002225815	2022-12-31	C-022	C类	1736	25.6	28.16	滁州	安徽省	华东	市场一部
2764	SF-8002225816	2022-12-31	C-008	C类	1791	179.0	179.00	海东	青海省	西北	市场三部

2765 rows × 11 columns

图 8-23 读入素材文件数据

步骤 3： 对 df 的各个数值列作统计描述。代码如下：

```
df.describe()
```

运行代码，结果如图 8-24 所示。

	销售数量	销售单价	单位成本
count	2765.000000	2765.000000	2765.000000
mean	1022.874864	229.074213	208.199403
std	576.513306	130.536411	129.789985
min	11.000000	25.200000	15.120000
25%	515.000000	129.600000	105.300000
50%	1034.000000	215.200000	190.080000
75%	1524.000000	326.400000	293.040000
max	2000.000000	503.800000	604.560000

图 8-24 统计描述

步骤 4： 在 df 中增加“销售收入”和“毛利润”两个新列。代码如下：

```
df[' 销售收入 '] = df[' 销售数量 '] * df[' 销售单价 ']
df[' 毛利润 '] = df[' 销售数量 '] * (df[' 销售单价 '] - df[' 单位成本 '])
df.head()     # 显示前 5 行数据
```

运行代码，结果如图 8-25 所示。从图中可以看出，df 数据现有 13 列。

	订单编号	订单日期	商品名称	商品分类	销售数量	销售单价	单位成本	城市名称	行政区	大区	部门名称	销售收入	毛利润
0	SF-8002223052	2022-10-01	E-003	E类	230	377.1	452.52	三明	福建省	华东	市场一部	86733.0	-17346.6
1	SF-8002223053	2022-10-01	B-013	B类	1290	376.2	338.58	六安	安徽省	华东	市场一部	485298.0	48529.8
2	SF-8002223054	2022-10-01	F-004	A类	1683	176.0	158.40	随州	湖北省	华中	市场三部	296208.0	29620.8
3	SF-8002223055	2022-10-01	C-017	C类	1954	489.0	489.00	南平	福建省	华东	市场一部	955506.0	0.0
4	SF-8002223056	2022-10-01	C-023	C类	1730	264.0	316.80	铜川	陕西省	西北	市场三部	456720.0	-91344.0

图 8-25　在 df 中添加新列

二、按大区分组并统计 CC 公司数据

微课 37：按大区分组并统计 CC 公司数据

步骤 1： 统计大区数量。代码如下：

```
df[' 大区 '].nunique()
```

运行代码，结果输出“7”，表示 df 中共有 7 个不同的大区。

知识拓展

也可以使用代码 len(df[' 大区 '].unique()) 统计大区数量。其中，df[' 大区 '].unique() 以数组形式返回所有非重复值，而 len() 则返回由这些不重复值组成的数组的长度。

步骤 2： 按大区对 df 分组。代码如下：

```
df_gb1 = df.groupby(df[' 大区 '])
print(df_gb1)
```

运行代码，结果输出“<pandas.core.groupby.generic.DataFrameGroupBy object at 0x0000018DE3BC50A0>”，表示 df_gb1 是一个 DataFrameGroupBy 对象。

步骤 3： 查看 df_gb1 对象中的“华东”子集。代码如下：

```
df_gb1.get_group('华东')
```

运行代码，结果如图 8-26 所示。从图中可以看出，“华东”子集共有 523 行数据。

	订单编号	订单日期	商品名称	商品分类	销售数量	销售单价	单位成本	城市名称	行政区	大区	部门名称	销售收入	毛利润
0	SF-8002223052	2022-10-01	E-003	E类	230	377.1	452.52	三明	福建省	华东	市场一部	86733.0	-17346.60
1	SF-8002223053	2022-10-01	B-013	B类	1290	376.2	338.58	六安	安徽省	华东	市场一部	485298.0	48529.80
3	SF-8002223055	2022-10-01	C-017	C类	1954	489.0	489.00	南平	福建省	华东	市场一部	955506.0	0.00
5	SF-8002223057	2022-10-01	E-013	E类	1547	79.2	95.04	蚌埠	安徽省	华东	市场一部	122522.4	-24504.48
11	SF-8002223063	2022-10-01	A-004	A类	682	486.2	583.44	亳州	安徽省	华东	市场一部	331588.4	-66317.68
...	...	...	...	...	...	...	...	...	...	...	...	...	...
2752	SF-8002225804	2022-12-31	B-013	B类	1389	376.2	300.96	蚌埠	安徽省	华东	市场一部	522541.8	104508.36
2754	SF-8002225806	2022-12-31	D-023	D类	710	158.4	158.40	扬州	江苏省	华东	市场一部	112464.0	0.00
2756	SF-8002225808	2022-12-31	B-015	B类	1124	503.8	453.42	池州	安徽省	华东	市场一部	566271.2	56627.12
2759	SF-8002225811	2022-12-31	C-007	C类	1255	108.8	108.80	安庆	安徽省	华东	市场一部	136544.0	0.00
2763	SF-8002225815	2022-12-31	C-022	C类	1736	25.6	28.16	滁州	安徽省	华东	市场一部	44441.6	-4444.16

523 rows × 13 columns

图 8-26 “华东”子集

思考

如何查看“华中”子集或“西北”子集等其他子集的数据？

步骤 4： 对各大区的销售数量求和。代码如下：

```
df_gb1['销售数量'].sum()
```

运行代码，结果如图 8-27 所示。

```
大区
东北    281094
华东    533262
华中    397616
华北    332408
华南    481940
西北    316927
西南    485002
Name: 销售数量, dtype: int64
```

图 8-27 各大区的销售数量

步骤 5： 对各大区的毛利润求和。代码如下：

```
df_gb1['毛利润'].sum()
```

运行代码，结果如图 8-28 所示。

```
大区
东北     5046295.77
华东    12114697.87
华中     8041264.57
华北     9247162.89
华南    11624997.68
西北     7019860.99
西南     9098710.11
Name: 毛利润, dtype: float64
```

图 8-28　各大区的毛利润

步骤 6： 计算各大区的毛利率。代码如下：

```
df_plt1 = df_gb1[' 毛利润 '].sum()/df_gb1[' 销售收入 '].sum()
df_plt1
```

运行代码，结果如图 8-29 所示。

```
大区
东北    0.077082
华东    0.099438
华中    0.086661
华北    0.121260
华南    0.103273
西北    0.100819
西南    0.087707
dtype: float64
```

图 8-29　各大区的毛利率

步骤 7： 展示各大区毛利率对比情况。代码如下：

```
import matplotlib.pyplot as plt                    # 导入绘图工具包
plt.rcParams['font.sans-serif'] = ['SimHei']       # 指定默认字体（解决中文无法显示的问题）
plt.rcParams['axes.unicode_minus'] = False         # 解决保存图像时负号显示为方块的问题
# 展示各大区毛利率对比情况
df_plt1.plot(figsize = (6,2),title = ' 各大区毛利率对比 ',style = 'o-')
```

运行代码，结果如图 8-30 所示。

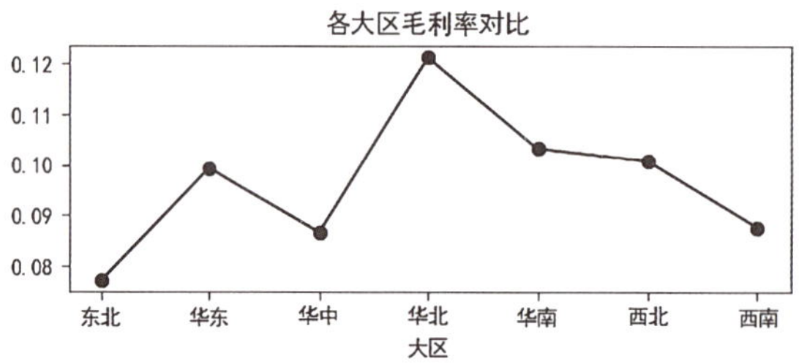

图 8-30　各大区毛利率对比

三、按大区和行政区分组并统计 CC 公司数据

微课 38：按大区和行政区分组并统计数据

步骤 1： 按大区和行政区对 df 分组。代码如下：

```
df_gb2 = df.groupby([' 大区 ',' 行政区 '])
```

运行代码，完成分组，df_gb2 是 DataFrameGroupBy 对象。

步骤 2： 显示东北大区吉林省的数据。代码如下：

```
df_gb2.get_group((' 东北 ', ' 吉林省 '))
```

运行代码，结果如图 8-31 所示。从图中可知，东北大区吉林省共有 70 行数据。

	订单编号	订单日期	商品名称	商品分类	销售数量	销售单价	单位成本	城市名称	行政区	大区	部门名称	销售收入	毛利润
22	SF-8002223074	2022-10-01	C-003	C类	1549	275.4	165.24	松原	吉林省	东北	市场四部	426594.6	170637.84
161	SF-8002223213	2022-10-07	C-009	C类	13	308.8	339.68	长春	吉林省	东北	市场四部	4014.4	-401.44
184	SF-8002223236	2022-10-07	C-001	C类	321	68.8	82.56	白山	吉林省	东北	市场四部	22084.8	-4416.96
202	SF-8002223254	2022-10-08	E-003	E类	1298	377.1	263.97	辽源	吉林省	东北	市场四部	489475.8	146842.74
233	SF-8002223285	2022-10-09	C-025	C类	778	284.8	227.84	四平	吉林省	东北	市场四部	221574.4	44314.88
...	...	...	...	...	...	...	...	...	...	...	...	...	...
2555	SF-8002225607	2022-12-24	E-017	E类	770	272.8	218.24	松原	吉林省	东北	市场四部	210056.0	42011.20
2683	SF-8002225735	2022-12-28	D-009	D类	150	379.8	417.78	白城	吉林省	东北	市场四部	56970.0	-5697.00
2691	SF-8002225743	2022-12-29	E-015	E类	1541	217.8	196.02	四平	吉林省	东北	市场四部	335629.8	33562.98
2757	SF-8002225809	2022-12-31	C-012	C类	788	31.0	34.10	通化	吉林省	东北	市场四部	24428.0	-2442.80
2760	SF-8002225812	2022-12-31	E-008	E类	1726	205.2	205.20	白城	吉林省	东北	市场四部	354175.2	0.00

70 rows × 13 columns

图 8-31　东北大区吉林省数据

步骤 3： 展示各大区下的行政区毛利润对比情况。代码如下：

```
df_plt2=df_gb2[' 毛利润 '].sum()
df_plt2.plot(rot = 15,figsize = (6,3),
        title = ' 大区 - 行政区毛利润对比 ',style = 'o-')
```

运行代码，结果如图 8-32 所示。

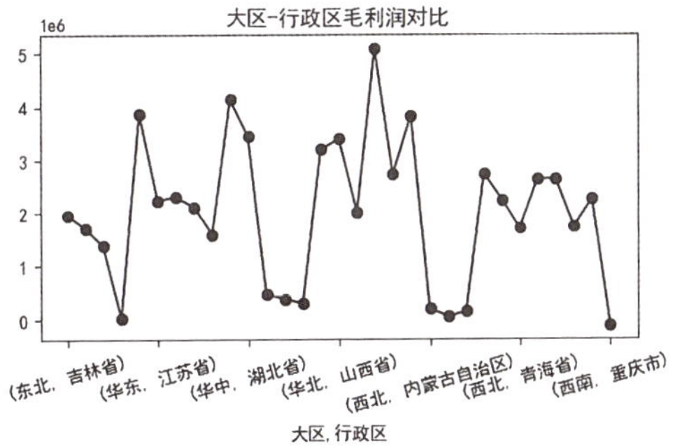

图 8-32　大区-行政区毛利润对比

步骤 4： 展示华东大区安徽省内各城市的销售毛利润。

步骤 4.1：提取安徽省所有城市的销售毛利润数据。代码如下：

```
df_anh = df_gb2.get_group((' 华东 ',' 安徽省 '))[[' 城市名称 ',' 毛利润 ']].set_index(' 城市名称 ')
df_anh
```

首先，df_gb2.get_group((' 华东 ',' 安徽省 ')) 从 df_gb2 分组中提取华东大区安徽省的分组数据；其次，[[' 城市名称 ',' 毛利润 ']] 以切片方式从华东大区安徽省的分组数据中提取“城市名称”列和“毛利润”列这两列的数据，此时，将形成一个由“城市名称”列和“毛利润”列组成的 DataFrame 对象；最后，.set_index(' 城市名称 ') 将“城市名称”列设为此 DataFrame 对象的行索引。

运行代码，结果如图 8-33 所示。从图中可以看出，df_anh 共 143 行 1 列数据，即整个第四季度销售数据表中共有 143 行安徽省内的销售订单，这些订单的毛利润是 df_anh 数据中唯一的一个数据列。

	毛利润
城市名称	
六安	48529.80
蚌埠	-24504.48
亳州	-66317.68
蚌埠	83140.20
亳州	0.00
...	...
淮南	10137.60
蚌埠	104508.36
池州	56627.12
安庆	0.00
滁州	-4444.16

143 rows × 1 columns

图 8-33　安徽省内各城市的毛利润

步骤 4.2：按不同城市对 df_anh 数据分组。代码如下：

```
df_gb3 = df_anh.groupby(' 城市名称 ')
```

运行代码，完成分组，分组结果保存在 df_gb3 中。

步骤 4.3：使用循环查看所有分组数据。代码如下：

```
i = 1
for item in df_gb3:
    print(' 第 {} 组：\n'.format(i),item)
```

```
    i = i+1
print()
```

运行代码，结果如图 8-34 所示（限于篇幅，仅截取第一分组数据）。从图中可以看出，各组数据以元组形式给出。每个元组中的第 0 个元素是组名，即城市名；第 1 个元素是此城市的所有毛利润数据。

```
第1组：
('亳州',              毛利润
城市名称
亳州    -66317.68
亳州         0.00
亳州     99744.40
亳州      9126.40
亳州     64517.60
亳州      3598.32
亳州    -55524.00
亳州     44334.40
亳州         0.00)
```

图 8-34 查看所有分组数据

提示

代码中的 print() 起输出一个空行的作用。Python 中的 print() 函数在输出数据时，一般会自动在数据末尾换行。此处 print() 并没有输出具体内容，仅完成自动换行的功能。

步骤 4.4：展示安徽省各城市毛利润对比情况。代码如下：

```
df_gb3[[' 毛利润 ']].sum().plot(rot = 15,figsize = (6,3),
                  title = ' 安徽省各城市毛利润对比 ',style = 'o-')
```

其中，df_gb3[[' 毛利润 ']].sum() 对 df_gb3 各组的毛利润求和，.plot() 完成各组毛利润和的展示，即各城市毛利润总额的展示。

运行代码，结果如图 8-35 所示。

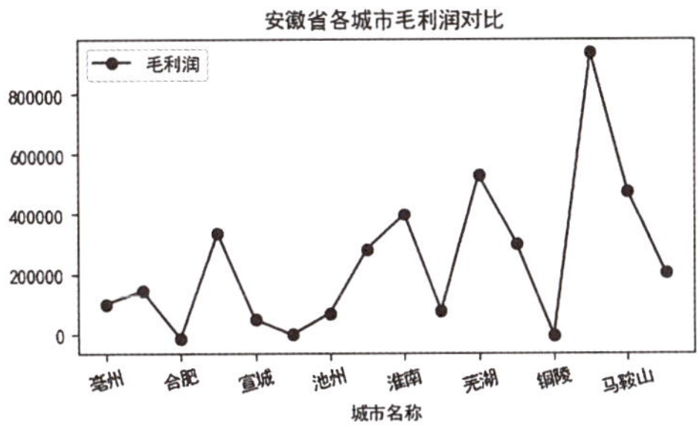

图 8-35 各城市毛利润总额

四、按月份分组并统计 CC 公司数据

步骤 1： 按订单日期中的月份对 df 数据分组。代码如下：

```
df_gb4 = df.groupby(df[' 订单日期 '].dt.month)
```

其中，df[' 订单日期 '].dt.month 使用 .dt.month 从 df[' 订单日期 '] 中获取各个订单日期中的月份，例如，若订单日期是 2022-10-01，则返回的月份是整数 10。df.groupby(df[' 订单日期 '].dt.month) 则依据订单日期中的月份对 df 分组。

运行代码，完成分组，df_gb4 是 DataFrameGroupBy 对象。

步骤 2： 计算各月毛利润。代码如下：

```
df_gb4_gp = df_gb4[' 毛利润 '].sum()
df_gb4_gp
```

运行代码，结果如图 8-36 所示。

```
订单日期
10      21664349.21
11      21925466.13
12      18603174.54
Name: 毛利润, dtype: float64
```

图 8-36　各月毛利润

步骤 3： 展示各月毛利润对比情况。代码如下：

```
df_gb4_gp.plot(rot=45,figsize=(6,3),
               title=' 各月毛利润对比 ',style='o-',kind='bar')
```

运行代码，结果如图 8-37 所示。

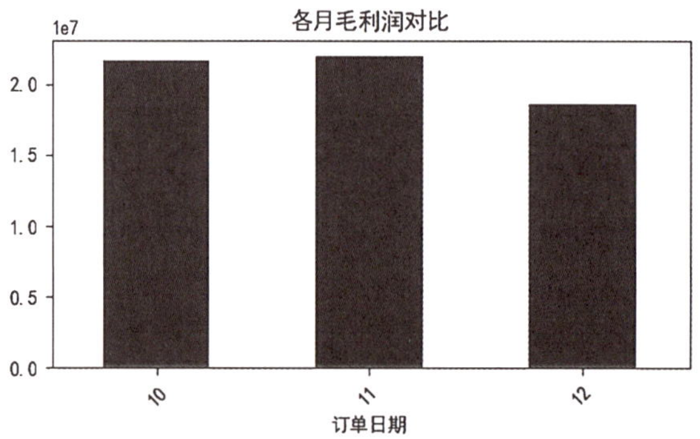

图 8-37　各月毛利润对比

五、按月份和大区分组并统计 CC 公司数据

微课 39：按月份和大区分组并统计 CC 公司数据

步骤 1： 按月份和大区对 df 数据分组。代码如下：

```
df_gb5 = df.groupby([df['订单日期'].dt.month,'大区'])
```

运行代码，完成分组，df_gb5 是 DataFrameGroupBy 对象。

步骤 2： 计算各月各大区毛利润。代码如下：

```
df_gb5_gp = df_gb5['毛利润'].sum()
df_gb5_gp
```

运行代码，结果如图 8-38 所示。从图中可以看出，df_gb5_gp 是 Series 对象（也可以使用 type(df_gb5_gp) 命令查看对象类型）。

```
订单日期  大区
10      东北    2055472.94
        华东    4148450.65
        华中    2262737.00
        华北    3422513.00
        华南    3915260.59
        西北    2533804.82
        西南    3326110.21
11      东北    1558035.92
        华东    4541447.72
        华中    2135414.71
        华北    4497079.07
        华南    3987236.73
        西北    1505089.12
        西南    3701162.86
12      东北    1432786.91
        华东    3424799.50
        华中    3643112.86
        华北    1327570.82
        华南    3722500.36
        西北    2980967.05
        西南    2071437.04
Name: 毛利润, dtype: float64
```

图 8-38 各月各大区毛利润

步骤 3： 展示 10 月各大区毛利润对比情况。代码如下：

```
df_gb5_gp.loc[10].plot(rot=45,figsize=(6,3),
                       title='10 月毛利润对比',style='o-',kind='bar')
```

其中，df_gb5_gp.loc[10] 从 df_gb5_gp 中提取行索引为 10 的数据行，即 10 月各大区毛利润数据；plot() 以此数据绘制柱形图。

运行代码，结果如图 8-39 所示。

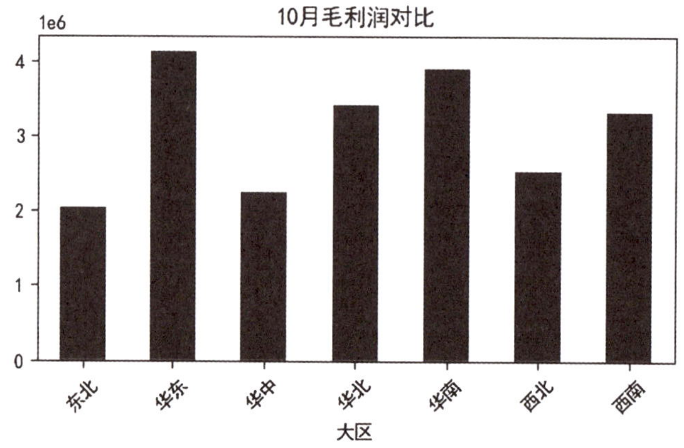

图 8-39　10 月各大区毛利润对比

步骤 4： 展示各月各大区毛利润对比情况。

步骤 4.1：从 df_gb5_gp 中提取 10 月各大区毛利润。代码如下：

```
df_gb5_gp.loc[10]
```

运行代码，结果如图 8-40 所示。从图中可以看出，df_gb5_gp.loc[10] 是 Series 对象。

```
大区
东北    2055472.94
华东    4148450.65
华中    2262737.00
华北    3422513.00
华南    3915260.59
西北    2533804.82
西南    3326110.21
Name: 毛利润, dtype: float64
```

图 8-40　10 月各大区毛利润数据

步骤 4.2：以各月各大区毛利润构造 DataFrame 对象 df_t。代码如下：

```
df_t = pd.DataFrame([df_gb5_gp.loc[10],df_gb5_gp.loc[11],df_gb5_gp.loc[12]])
df_t  # 显示构造的 DataFrame 数据
```

注意，df_gb5_gp.loc[10]、df_gb5_gp.loc[11] 和 df_gb5_gp.loc[12] 均是 Series 对象，pd.DataFrame() 以这三个 Series 对象为数据，创建 DataFrame 对象 df_t。

运行代码，结果如图 8-41 所示。

大区	东北	华东	华中	华北	华南	西北	西南
毛利润	2055472.94	4148450.65	2262737.00	3422513.00	3915260.59	2533804.82	3326110.21
毛利润	1558035.92	4541447.72	2135414.71	4497079.07	3987236.73	1505089.12	3701162.86
毛利润	1432786.91	3424799.50	3643112.86	1327570.82	3722500.36	2980967.05	2071437.04

图 8-41 DataFrame 对象 df_t

步骤 4.3：重命名 DataFrame 对象 df_t 的行索引。代码如下：

```
df_t.index = ['10 月毛利润 ', '11 月毛利润 ', '12 月毛利润 ']
df_t      # 显示数据
```

运行代码，结果如图 8-42 所示。

大区	东北	华东	华中	华北	华南	西北	西南
10月毛利润	2055472.94	4148450.65	2262737.00	3422513.00	3915260.59	2533804.82	3326110.21
11月毛利润	1558035.92	4541447.72	2135414.71	4497079.07	3987236.73	1505089.12	3701162.86
12月毛利润	1432786.91	3424799.50	3643112.86	1327570.82	3722500.36	2980967.05	2071437.04

图 8-42 重命名 DataFrame 对象 df_t 的行索引

步骤 4.4：展示各月各大区毛利润对比情况。代码如下：

```
df_t.plot(kind='bar',rot=45,
          title=' 各月各大区毛利润对比 ',figsize=(8,3))
```

运行代码，结果如图 8-43 所示。

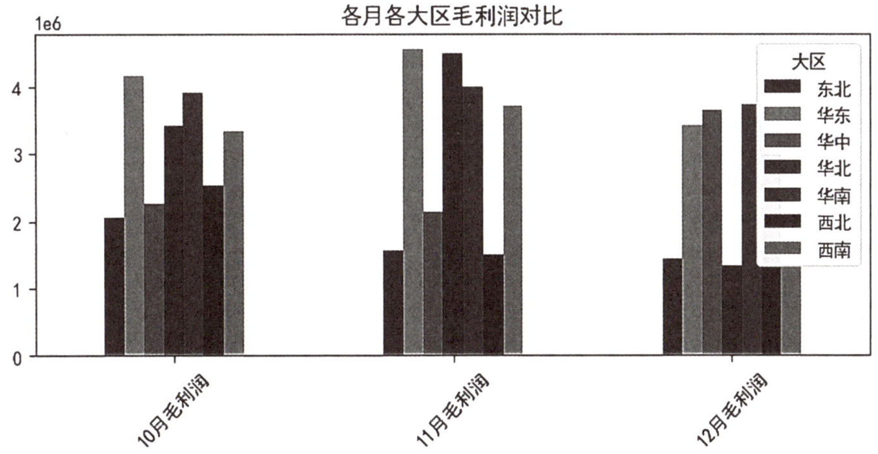

图 8-43 各月各大区毛利润对比

项目总结

本项目以 ABC 公司销售数据统计计算和 CC 公司销售数据分组统计两个任务为例，讲解了 Pandas 中常见的统计计算函数、分位数函数、统计描述函数和分组函数的用法。通过本项目的学习，同学们可以掌握 Pandas 强大的数据统计计算功能和分组计算功能，为以后的业务、财务数据分析奠定基础。

实战演练

一、单选题

1. 下列关于 describe() 函数的说法，正确的是（　　）。

A. 描述 Series 和 DataFrame 数据结构

B. 描述 Series 和 DataFrame 数据类型

C. 对 Series 和 DataFrame 的列进行汇总统计

D. 都不是

2. 代码 df[' 销售金额 '].groupby(df[' 地域 ']) 的功能是（　　）。

A. 将数据集 df 按照“地域”列的值进行分组

B. 将数据集 df 按照“销售金额”列的值进行分组

C. 将“销售金额”列按照“地域”列的值进行分组

D. 将数据集 df 按照“销售金额”列和“地域”列的值进行分组

3. 现有数据对象 df_obj = pd.DataFrame([[1,2,3,4],[9,12,15,18],[-1,-2,-3,-4]])，执行命令 df_obj.iloc[0:1].max(axis=1)，则输出结果是（　　）。

A. 1　　　　B. 18　　　　C. -1　　　　D. 4

4. 下列关于 groupby() 的说法，正确的是（　　）。

A. groupby() 能够实现分组聚合

B. groupby() 分组的结果能够直接显示出来

C. groupby() 是 Pandas 提供的一个用来分组的方法

D. groupby() 是 Pandas 提供的一个用来聚合的方法

5. 有 5 个学生三门课的成绩数据集如下：

```
import pandas as pd
data = {'python 基础 ': [86,99, 68, 83, 79, 91],
        ' 数据结构 ': [78,66,58,75,77, 59],
        ' 数据分析 ': [68, 99, 68,83, 79, 91]}
df= pd.DataFrame(data,index=[' 杨东 ',' 李力 ',' 王雷 ',' 赵平 ',' 张灵 ',' 马小红 '])
```

若要计算各门课程成绩的平均分，则正确的代码是（　　）。

A. df.mean(axis=1)　　B. df.mean()

C. df.sum(axis=1)　　D. df.sum()

二、实操题

1. 根据下面代码定义的 df_obj 数据对象，按要求编写代码。

```
import pandas as pd
df_obj = pd.DataFrame([[1,1,1,1],[2,2,2,2],[3,3,3,3],[4,4,4,4],[3,3,3,3],[5,5,5,5]], columns=['a', 'b', 'c', 'd'])
```

（1）计算每列元素的和。

（2）计算每列的最大值。

（3）计算每行的平均值。

（4）计算每行的最小值。

（5）计算每列的中位数。

（6）计算每列的众数。

（7）计算 df_obj 的二分位数。

（8）对 df_obj 进行统计描述。

2. 素材文件“销售利润表.xlsx”中存放了某公司 2022 年全年的销售利润，根据此文件，按要求编写代码。

（1）将“销售利润表.xlsx”中的“销售利润”工作表数据读入 DataFrame 对象 df 中。

（2）输出“利润”列的值大于 0.5 的数据行。

（3）输出 df 中不同收入类别的订单数量。

（4）输出 df 中所有收入类别为“服务”的所有行。

（5）按收入类别对利润进行分组。

（6）按地域和收入类别对利润进行分组。

（7）按产品名称对 df 分组。

（8）按日期对 df 分组。

（9）对不同日期的利润进行求和。

项目九

业务、财务数据可视化

项目导读

信息的质量很大程度上依赖于其表达方式。经过分析后的业务、财务数据可借助 Python 的图形化手段，清晰高效地呈现出数据的各种特征，帮助用户从不同维度观察数据、理解数据，从而发现数据隐藏的价值。本项目将主要讲解 Python 中两种呈现数据的可视化图形技术：基于 matplotlib.pypolt 模块的绘图和基于 Pandas 数据的绘图。学习掌握这项技术，可以为以后更好地利用数据和展示数据奠定基础。

项目分解

项目九　业务、财务数据可视化

- ◎ 任务一　汇绿生态财务指标可视化
- ◎ 任务二　会员价值分析可视化

学习目标

知识目标

1. 熟悉 Matplotlib 库；
2. 掌握 plot()、bar()、barh() 和 scatter() 函数的使用方法；
3. 掌握修饰图表的各种方法；
4. 掌握子图的概念与用法。

技能目标

1. 能绘制折线图、条形图和散点图；
2. 能在同一画布绘制多个子图。

素质目标

1. 培养学生利用大数据可视化技术呈现数据和分析数据的思维；
2. 培养学生的数字化战略思维。

任务一 汇绿生态财务指标可视化

任务描述

汇绿生态科技集团股份有限公司的财务指标数据保存在 Excel 文件“汇绿生态主要财务指标.xlsx”中，该文件包括“每股指标”“成长能力指标”“盈利能力指标”“财务风险指标”和“营运能力指标”五张工作表。其中“每股指标”工作表包含 7 个财务指标，“成长能力指标”工作表包含 9 个财务指标，每个指标都包括从 2020 年第三季度到 2022 年第三季度的所有季度数据。本任务将基于此文件，绘制折线图，为呈现指标变化趋势提供对比数据；绘制条形图，为分析公司的成长能力提供对比数据。

任务分析

以图形方式呈现数据需要使用 Python 的绘图功能，Matplotlib 是非常流行的 Python 第三方二维图形绘制工具包之一。通过 Matplotlib，用户仅需短短几行代码，就可以绘制出直方图、饼图、条形图、散点图等图形。本任务使用 Matplotlib 可视化库，完成汇绿生态“每股指标”折线图的绘制及“成长能力指标”条形图的绘制。

知识要点

一、Matplotlib 认知

简单而言，数据可视化是指将数据以图表的形式呈现，以便于数据使用者发现数据规律及隐藏在数据背后的价值。Python 中的 Matplotlib 工具包以二维图形的方式提供了一种简便且功能强大的图表绘制方法，掌握好 Matplotlib，就能更好地探索和分析业务、财务数据。

Matplotlib 中常见的图表类型有折线图、条形图、柱形图、饼图和散点图等。使用

Matplotlib 绘制图表时，需要导入 Matplotlib 的 pyplot 模块。pyplot 模块包含了绘制各种图表的函数，如绘制折线图的 plot() 函数、绘制条形图的 bar() 函数、绘制水平条形图的 barh() 函数等。导入 pyplot 模块的代码如下：

```
import matplotlib.pyplot as plt
```

二、Matplotlib 绘制折线图的方法

折线图是用直线段将各数据点连接起来而组成的图形，适合展示数据的变化趋势。matplotlib.pyplot 包提供 plot() 函数用于绘制折线图，例如，plot(x,y) 函数以 x 数据为横轴、以 y 数据为纵轴绘制折线图。

（一）绘制正弦函数折线图

```
import matplotlib.pyplot as plt   # 导入绘图工具包
import numpy as np                # 导入数值计算工具包
plt.figure(figsize=(3,2))  # 定义图表大小，先宽度，后高度，单位英寸
# 定义 x 轴和 y 轴的数据
x = np.arange(0, 3 * np.pi, 0.1)  # 以间隔 0.1 生成 0 到 3π 的数据序列，np.pi 是 π
y = np.sin(x)                      # np.sin() 调用 np 包的 sin() 函数
# 将 x 和 y 的值作为参数代入 plot() 中，每一对 x 和 y 确定一个点，多个点连接成线
plt.plot(x, y)      # 调用 plt 的 plot() 函数，以 x 和 y 为绘图的横轴和纵轴数据
plt.show()          # 调用 plt 的 show() 函数显示图像
```

运行代码，结果如图 9-1 所示。

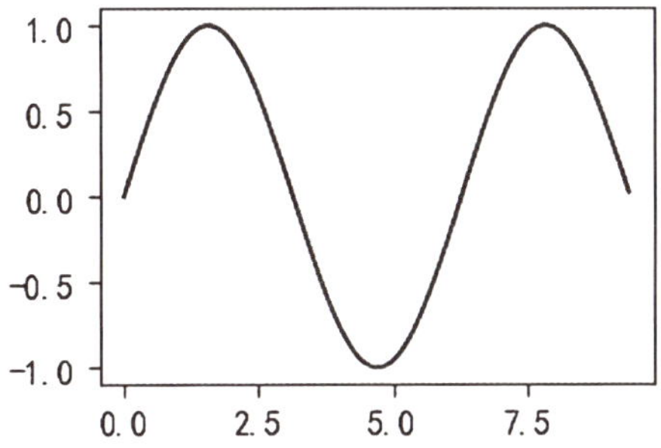

图 9-1 绘制正弦函数折线图

（二）绘制二次函数折线图

```
plt.figure(figsize=(3,2))  # 定义图表大小，先宽度，后高度，单位英寸
# 定义 x 轴和 y 轴的数据
x = np.arange(0,10)    # 得到 0 到 10 之间的一个序列，默认间隔为 1
```

```
y = x**2                 # 计算 y 值
# 将 x 和 y 的值作为参数代入 plot() 中，每一对 x 和 y 确定一个点，多个点连接成线
plt.plot(x, y, ':o')   # 参数 ':o' 中，: 表示点状虚线，o 以圆圈表示数据标记
plt.show()               # 显示图像
```

运行代码，结果如图 9-2 所示。

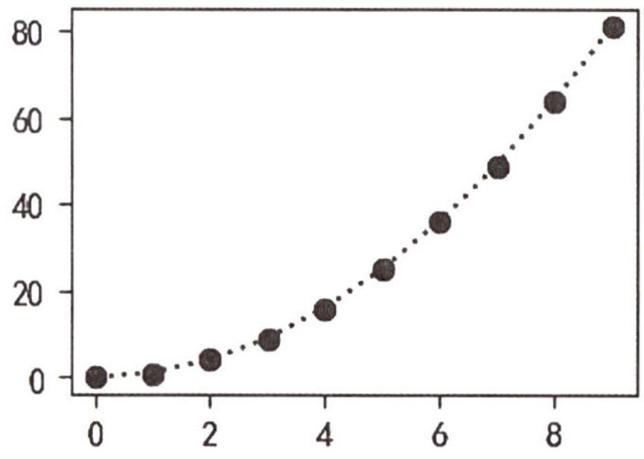

图 9-2　绘制二次函数折线图

（三）绘制多折线图

若要在一幅图中同时绘制多条折线，可以多次调用 plt.plot() 函数，或者给 plt.plot() 函数一次传入多组 x、y 数据。

1. 采用多次调用 plt.plot() 函数方式绘制多条折线图。代码如下：

```
plt.figure(figsize=(5,3))   # 定义图表大小，先宽度，后高度，单位英寸
x = [1, 2, 3, 4]
y1 = [1, 2, 3, 4]
y2 = [1, 4, 9, 16]
# 多次调用 plot() 函数，绘制多条折线
plt.plot(x, y1, "-o")            # 调用 plot() 函数，绘制折线 1
plt.plot(x, y2, "--o")           # 调用 plot() 函数，绘制折线 2
# 为图表添加轴标签、标题、图例等
plt.xlabel('x 轴 ')                # 为 x 轴添加标签
plt.ylabel('y 轴 ')                # 为 y 轴添加标签
plt.title(' 绘制多条折线 ')   # 添加图表标题
plt.legend(['y1', 'y2'])   # 添加图例
plt.show()                       # 显示图像
```

运行代码，结果如图 9-3 所示。

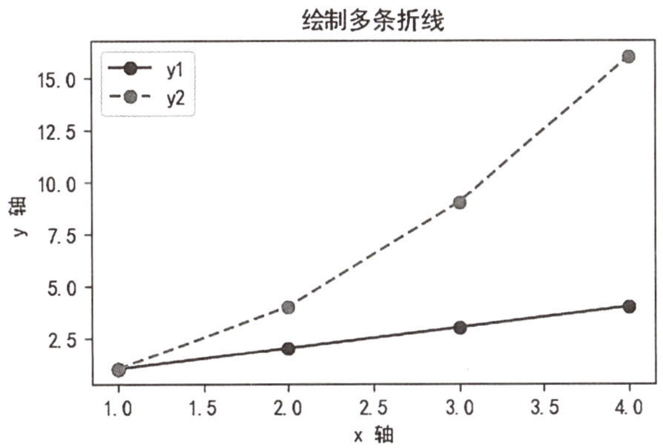

图 9-3 绘制多折线图示例 1

2. 采用给 plt.plot() 函数一次传入多组 x、y 数据方式绘制多条折线图。代码如下：

```
plt.figure(figsize=(5,3))  # 定义图表大小，先宽度，后高度，单位英寸
x = [1, 2, 3, 4]
y3 = [1, 8, 27, 64]
y4 = [1, 16, 81, 124]
plt.plot(x, y3,"-.o",x, y4, ":o",)  # 一次传入多组 x、y 数据，一次绘制多条折线
# 为图表添加轴标签、标题、图例等
plt.xlabel('x 轴 ')           # 为 x 轴添加标签
plt.ylabel('y 轴 ')           # 为 y 轴添加标签
plt.title(' 绘制多条折线 ')  # 添加图表标题
plt.legend(['y3', 'y4'])  # 添加图例
plt.show()                # 显示图像
```

运行代码，结果如图 9-4 所示。

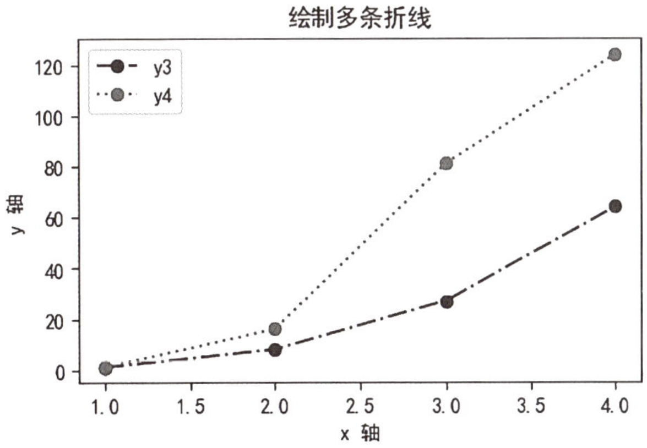

图 9-4 绘制多折线图示例 2

三、Matplotlib 绘制柱形图（条形图）的方法

柱形图（条形图）是用宽度相同的条形的高度（或长短）来表示数据大小的图形。matplotlib.pyplot 包提供 bar() 函数用于绘制柱形图，例如，bar(x,y) 函数以 x 数据为横轴、以 y 数据为纵轴绘制柱形图。

（一）绘制柱形图

1. 使用 bar() 函数及基本参数绘制柱形图。代码如下：

```
plt.figure(figsize=(5,3))   # 定义图表大小
# x 的值作为 x 轴坐标，height 的值作为 y 轴坐标（即柱子高度），绘制柱形图
p1 = plt.bar(x = np.arange(5), height=[20, 10, 30, 25, 15])
plt.show()                  # 展示图形
```

运行代码，结果如图 9-5 所示。

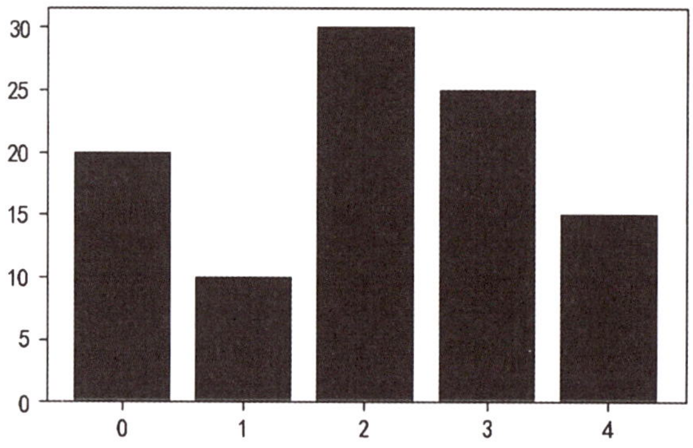

图 9-5　绘制柱形图示例 1

2. 使用 bar() 函数及各种参数绘制柱形图。代码如下：

```
plt.figure(figsize=(5,3))              # 定义图表大小
plt.bar(x = [1, 2, 3, 4],              # x 轴数据
        height = [40, 20, 30, 10],     # 柱子高度
        width = 0.8,                   # 柱子宽度，默认是 0.8
        edgecolor = 'black',           # 柱子边框颜色
        linewidth = 2,                 # 柱子边框宽度，默认为 0，即无边框
        align = 'center',              # 柱子对齐方式，center：中心对称；edge：边缘对称
        color = 'g',                   # 柱子填充色
        bottom = 1)                    # 柱子底部的起点，默认为 0
plt.show()                             # 展示图形
```

运行代码，结果如图 9-6 所示。

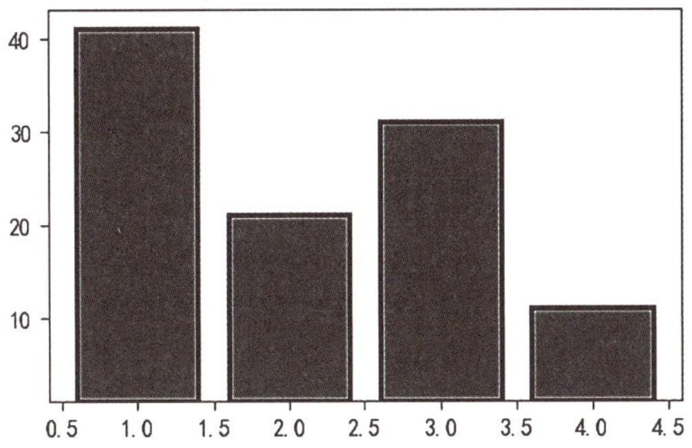

图 9-6 绘制柱形图示例 2

（二）绘制条形图

barh() 函数可以看作 bar() 函数的变形，barh() 函数可以绘制条形图。代码如下：

```
plt.figure(figsize=(5,3))                # 定义图表大小
plt.barh(y = [1, 2, 3, 4],               # y 轴数据
         width = [40, 20, 30, 10],       # 条形长度
         height=0.8,                     # 条形宽度，默认值：0.8
         edgecolor = 'black',            # 条形边框颜色
         linewidth = 2,                  # 条形边框宽度，默认为 0，即无边框
         align = 'center',               # 柱子对齐方式，center：中心对称；edge：边缘对称
         color = 'g',                    # 柱子填充色
         left=0,                         # 柱子左部的起点，默认为 0
         hatch='/',                      # 内部填充：'/', '\\', '|', '-', '+', 'x', 'o', 'O', '.', '*'
         )
plt.show()                               # 展示图形
```

运行代码，结果如图 9-7 所示。

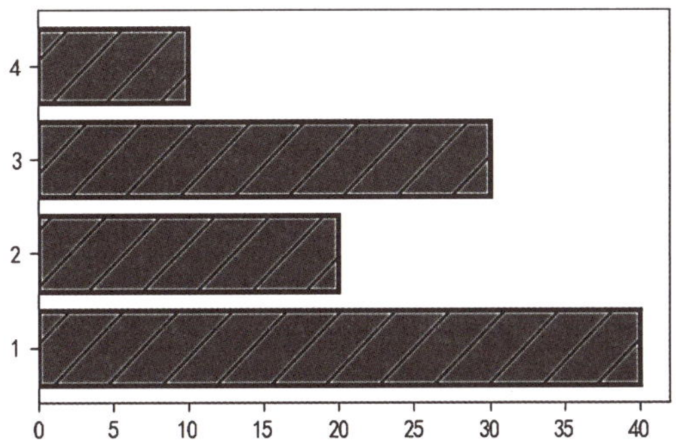

图 9-7 绘制条形图示例

（三）绘制更美观的柱形图

绘图时，还可以调用 matplotlib.pyplot 的其他函数对图表进行修饰，例如，给图表添加图例、数据标记、x 轴刻度标签等。代码如下：

```
plt.rcParams['font.sans-serif']=['SimHei']  # 设置中文字体
x = [1,2,3,4,5]                              # x 轴数据
height = [20, 10, 30, 25, 15]                # y 轴数据
city = (" 北京 "," 上海 "," 武汉 "," 深圳 "," 重庆 ")  # x 轴刻度标签
plt.figure(figsize=(5,3))  # 定义图表大小
plt.bar(x, height, width=0.5, label=" 城市 GDP", tick_label=city)
# 添加数据标记
for a, b in zip(x, height):
    plt.text(a, b + 0.05, '{:.0f}'.format(b), ha='center', va='bottom', fontsize=10)
plt.ylabel("GDP")                  # 添加 y 轴标签
plt.xlabel(" 城市 ")                # 添加 x 轴标签
plt.legend()                       # 添加图例
plt.title(" 各城市 GDP 比较 ")  # 添加标题
plt.show()                         # 展示图形
```

代码中，for 循环用来为每一个柱形添加数据标记，数据的位置在 (a,b) 坐标处；a 是每一个柱形的横坐标值，b 是每一个柱形的纵坐标值，即各城市 GDP 的值。

zip(x,height) 函数为 for 循环提供迭代器，该函数从 x 和 height 中依次取值，将所取的值配对为元组，再以这些元组作为列表的元素，并返回此列表。具体来说，x=[1,2,3,4,5]，height=[20,10,30,25,15]，从中依次取值并配对为元组，即 (1,20)、(2,10)、(3,30)、(4,25)、(5,15)，再以这 5 个元组作为列表元素构成列表，即 [(1,20),(2,10),(3,30),(4,25),(5,15)]，此列表即为 for 循环的迭代器。每次循环时，从此列表中取出一个元素，并将此元素赋值给循环变量 a 和 b，例如，第 1 次循环，取出列表元素 (1,20)，则 a=1，b=20。而 (a,b) 就是显示数据标记的坐标位置。

plt.text() 函数用于在指定的坐标处显示文本串。代码 plt.text(a,b+0.05,'{:.0f}'.format(b),ha='center',va='bottom',fontsize=10) 中，参数 a 和 b+0.05 定义显示位置，参数 '{:.0f}'.format(b) 表示显示内容，参数 ha 定义水平对齐方式，参数 va 定义垂直对齐方式，参数 fontsize 定义字体大小。

运行代码，结果如图 9-8 所示。

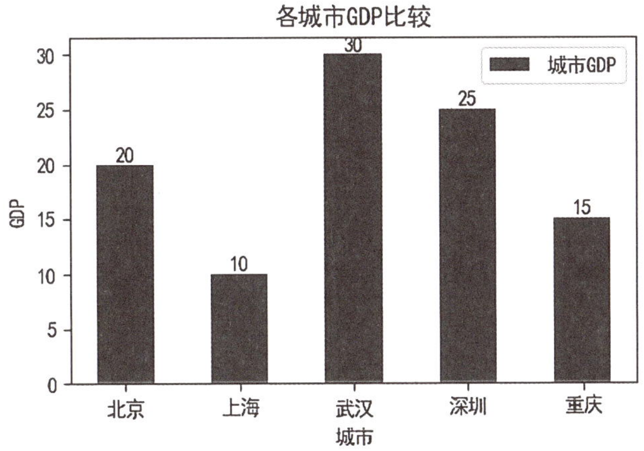

图 9-8 修饰美化图表

（四）绘制簇状柱形图

将多组柱形图按一定规则绘制在同一张画布上，若其 x 轴相邻，则形成簇状柱形图。代码如下：

```
x = np.arange(4)
Bj = [52, 55, 63, 53]
Sh = [44, 66, 55, 41]
bar_width = 0.3                        # 柱子宽度
plt.figure(figsize=(5,2))              # 定义图表大小
plt.bar(x, Bj, bar_width)              # 第 1 个柱形图
plt.bar(x+bar_width, Sh, bar_width)    # 第 2 个柱形图
plt.show()
```

代码中，第 1 个柱形图的 x 轴为 x，柱子宽度为 bar_width；而第 2 个柱形图的 x 轴为 x+bar_width，这样两组柱形图的 x 轴位置恰好紧挨在一起。

运行代码，结果如图 9-9 所示。

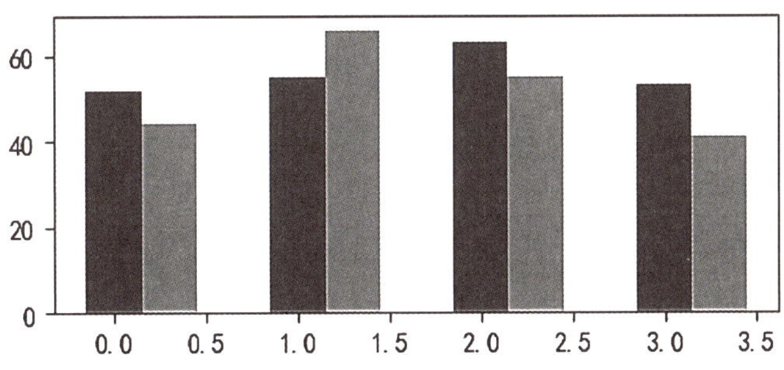

图 9-9 绘制簇状柱形图示例

（五）绘制堆叠柱形图

在同一张画布上按一定规则绘制多组柱形图，若其 x 轴相同，且 y 轴数据上下相接，则能绘制出堆叠柱形图。代码如下：

```
x = np.arange(4)
Bj = [52, 55, 63, 53]
Sh = [44, 66, 55, 41]
bar_width = 0.3              # 柱子宽度
plt.figure(figsize=(3,2))   # 定义图表大小
plt.bar(x, Bj, bar_width)
plt.bar(x, Sh, bar_width, bottom=Bj)
plt.show()
```

代码中，第 1 个柱形图的柱子底端默认从 0 开始，第 2 个柱形图的柱子底端从 Bj 的值处开始。两组柱形图的 x 轴相同，这样便形成第 2 个柱形图的柱子从第 1 个柱形图柱子上端开始的效果，即堆叠柱形图。

运行代码，结果如图 9-10 所示。

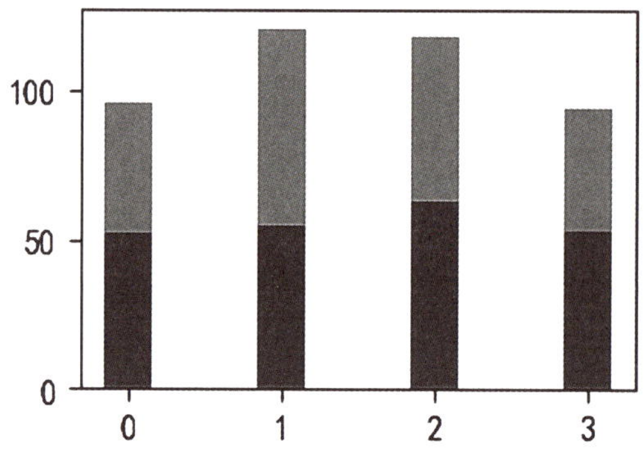

图 9-10　绘制堆叠柱形图示例

提示

未指明绘图颜色时，系统将以默认的颜色顺序分配颜色。若一个画布中只有 1 个图表，默认使用蓝色；若一个画布中有 2 个图表，第 1 个图表为蓝色，第 2 个图表为橙色。

任务实施

本任务主要完成四大操作：一是使用每股指标数据绘制图表；二是使用成长能力数据绘制图表；三是使用成长能力比例数据绘制图表；四是使用营业收入同环比增长数据绘制图表。

一、使用每股指标数据绘制图表

微课 40：使用每股指标数据绘制图表

步骤 1： 新建一个 Python 文件，将其命名为“项目九-任务一.ipynb”。

步骤 2： 切换第一个代码单元为 Markdown 模式，输入以下内容并运行：

```
### 一、使用每股指标数据绘制图表
```

步骤 3： 读入 Excel 文件“汇绿生态主要财务指标.xlsx”中第一个工作表“每股指标”的数据，并将源文件中第一列数据设置为行索引。代码如下：

```
import pandas as pd
df1 = pd.read_excel(' 汇绿生态主要财务指标 .xlsx',index_col=0)
df1                   # 显示数据
```

运行代码，结果如图 9-11 所示。从图中可以看出，df1 共有 7 行 9 列数据，每股指标是行索引，日期是列索引。

	22-09-30	22-06-30	22-03-31	21-12-31	21-09-30	21-06-30	21-03-31	20-12-31	20-09-30
每股指标									
基本每股收益(元)	0.0474	0.0366	0.0073	0.1140	0.0631	0.0490	0.0110	0.1280	0.0600
扣非每股收益(元)	--	0.0298	--	0.1000	0.0500	0.0461	--	0.1200	--
稀释每股收益(元)	0.0474	0.0366	0.0073	0.1140	0.0631	0.0490	0.0110	0.1280	0.0600
每股净资产(元)	1.8977	1.6166	1.6573	1.6500	1.5989	1.5904	1.5967	1.5867	1.5195
每股公积金(元)	0.6963	0.3270	0.3270	0.3270	0.3270	0.3270	0.3270	0.3270	0.3270
每股未分配利润(元)	0.8009	0.8765	0.9171	0.9099	0.8692	0.8607	0.8670	0.8561	0.8029
每股经营现金流(元)	0.2460	-0.1888	-0.1279	-0.2099	-0.3144	-0.1911	-0.1375	0.0748	-0.1030

图 9-11　汇绿生态每股指标数据

知识拓展

投资股票时，可通过关注每股指标来判断上市公司的状况。每股指标主要包括每股收益、每股净资产、每股未分配利润、每股经营现金流、每股公积金等。

每股收益表示普通股股东每持有一股所能享有的企业净利润或需承担的企业净亏损，是反映上市公司为股东创造收益的能力的指标。每股净资产是股东权益与总股数的比率，体现了上市公司股东权益的大小。每股未分配利润有两个方面的含义：一是留待以后年度分配的利润，二是尚未指定特定用途的利润。每股经营现金流是指用公司经营活动的现金流入（收到的钱）减去经营活动的现金流出（花出去的钱）的数值后，除以总股本得到的值，上市公司的现金流越充足，其值越高。每股公积金是指用公积金除以股票总股数得到的值，它既是公司未来扩张的物质基础，也是股东未来转增红股的希望所在。

步骤 4: 对 df1 进行数据清洗。从图 9-11 可以看出，df1 数据中包含符号“--”，这表示在原始数据中无此数据。若要进行数据分析和可视化，就须先清洗数据。

步骤 4.1：检测数据中的重复行。使用 keep=False 参数控制 duplicated() 将所有互相重复的行均标记为 True。代码如下：

```
df1.duplicated(keep=False)
```

运行代码，结果如图 9-12 所示。从图中可以看出，“基本每股收益（元）”和“稀释每股收益（元）”这两行互相重复。但要注意的是，重复行能不能直接删除，需检查重复数据的含义后再决定。查看 df1 可知，“基本每股收益（元）”和“稀释每股收益（元）”这两行数据虽然重复，但是它们分别属于不同指标，故不能删除。

```
每股指标
基本每股收益(元)        True
扣非每股收益(元)       False
稀释每股收益(元)        True
每股净资产(元)         False
每股公积金(元)         False
每股未分配利润(元)      False
每股经营现金流(元)      False
dtype: bool
```

图 9-12　检测重复行

步骤 4.2：将 df1 中的符号“--”替换为字符串“0.0”。代码如下：

```
df1 = df1.replace('--','0.0')
df1
```

运行代码，结果如图 9-13 所示。对比图 9-12，可以看出“--”已被替换为“0.0”。注意，这里的“0.0”不是数值，而是字符串。

每股指标	22-09-30	22-06-30	22-03-31	21-12-31	21-09-30	21-06-30	21-03-31	20-12-31	20-09-30
基本每股收益(元)	0.0474	0.0366	0.0073	0.1140	0.0631	0.0490	0.0110	0.1280	0.0600
扣非每股收益(元)	0.0	0.0298	0.0	0.1000	0.0500	0.0461	0.0	0.1200	0.0
稀释每股收益(元)	0.0474	0.0366	0.0073	0.1140	0.0631	0.0490	0.0110	0.1280	0.0600
每股净资产(元)	1.8977	1.6166	1.6573	1.6500	1.5989	1.5904	1.5967	1.5867	1.5195
每股公积金(元)	0.6963	0.3270	0.3270	0.3270	0.3270	0.3270	0.3270	0.3270	0.3270
每股未分配利润(元)	0.8009	0.8765	0.9171	0.9099	0.8692	0.8607	0.8670	0.8561	0.8029
每股经营现金流(元)	0.2460	-0.1888	-0.1279	-0.2099	-0.3144	-0.1911	-0.1375	0.0748	-0.1030

图 9-13 替换数据

步骤 4.3：检查各列数据类型是否是浮点型小数。代码如下：

```
df1.dtypes  # 查看各列数据类型
```

运行代码，结果如图 9-14 所示。从图中可以看出，有 4 个列的数据类型不符合要求。

```
22-09-30      object
22-06-30     float64
22-03-31      object
21-12-31     float64
21-09-30     float64
21-06-30     float64
21-03-31      object
20-12-31     float64
20-09-30      object
dtype: object
```

图 9-14 查看数据类型

步骤 4.4：将各列数据类型转换为 float 类型。代码如下：

```
df1 = df1.astype(float)     # 将 df1 中的数据转换为 float 类型
df1.dtypes                  # 再次查看数据类型
```

运行代码，结果如图 9-15 所示。从图中可以看出，所有列的数据类型均为 float 类型，满足了后续的计算和图表绘制要求。

```
22-09-30    float64
22-06-30    float64
22-03-31    float64
21-12-31    float64
21-09-30    float64
21-06-30    float64
21-03-31    float64
20-12-31    float64
20-09-30    float64
dtype: object
```

图 9-15　转换后的数据类型

步骤 5： 导入 Matplotlib 绘图包，并设置绘图参数。代码如下：

```
importmatplotlib.pyplotasplt
plt.rcParams['font.sans-serif'] = ['SimHei']          # 设置正常显示中文
plt.rcParams['axes.unicode_minus'] = False            # 设置正常显示负号
```

步骤 6： 绘制每股收益各项指标连续多个季度变化趋势的折线图。

步骤 6.1：从图 9-13 可以看出，df1 各个列的顺序按季度的降序从左至右排列，为方便体现历史数据变化趋势，下面把各列重新按季度的升序从左至右排列。代码如下：

```
df1 = df1.loc[:, ['20-09-30','20-12-31','21-03-31','21-06-30','21-09-30',
                  '21-12-31','22-03-31','22-06-30','22-09-30']]
df1
```

运行代码，结果如图 9-16 所示。注意与图 9-13 中的列顺序对比。

	20-09-30	20-12-31	21-03-31	21-06-30	21-09-30	21-12-31	22-03-31	22-06-30	22-09-30
每股指标									
基本每股收益(元)	0.0600	0.1280	0.0110	0.0490	0.0631	0.1140	0.0073	0.0366	0.0474
扣非每股收益(元)	0.0000	0.1200	0.0000	0.0461	0.0500	0.1000	0.0000	0.0298	0.0000
稀释每股收益(元)	0.0600	0.1280	0.0110	0.0490	0.0631	0.1140	0.0073	0.0366	0.0474
每股净资产(元)	1.5195	1.5867	1.5967	1.5904	1.5989	1.6500	1.6573	1.6166	1.8977
每股公积金(元)	0.3270	0.3270	0.3270	0.3270	0.3270	0.3270	0.3270	0.3270	0.6963
每股未分配利润(元)	0.8029	0.8561	0.8670	0.8607	0.8692	0.9099	0.9171	0.8765	0.8009
每股经营现金流(元)	-0.1030	0.0748	-0.1375	-0.1911	-0.3144	-0.2099	-0.1279	-0.1888	0.2460

图 9-16　调整列顺序

步骤 6.2：Matplotlib 以列值作为绘图数据，基于每列数据绘制一条折线。图 9-16 中的各个列是同一季度不同指标的数据，若基于此数据绘制折线图，则每条折线都将反映同一季度不同指标的数据对比情况。代码如下：

```
plt.figure(figsize=(8,3))# 设置图表大小
plt.grid()                  # 设置网格线 ,plt.grid(axis='both')
plt.xticks(rotation=45)     # 设置 x 坐标轴标签角度为 45 度
plt.plot(df1)               # 以行索引为 x 轴标签，以各列数据为绘图数据
plt.legend(df1.columns)     # 设置图例，注意图例设置应在 plot() 之下
plt.show()                  # 显示图形
```

其中，plt.grid() 函数用于在图中设置网格线。此函数能够以 axis='both'、axis='x' 或 axis='y' 为参数，设置显示双向网格线、x 轴方向网络线或 y 轴方向网格线；其中 axis='both' 为默认参数，即 plt.grid() 等价于 plt.grid(axis='both')。

plt.legend() 函数用于在图表中添加图例，以对图表中显示的数据进行辅助说明。plt.legend(df1.columns) 表明以 df1 的列索引作为图例内容。

运行代码，结果如图 9-17 所示。图中每条折线分别代表某个季度下各指标的数据，对比各条折线，可以看出不同季度下各指标的变化情况。

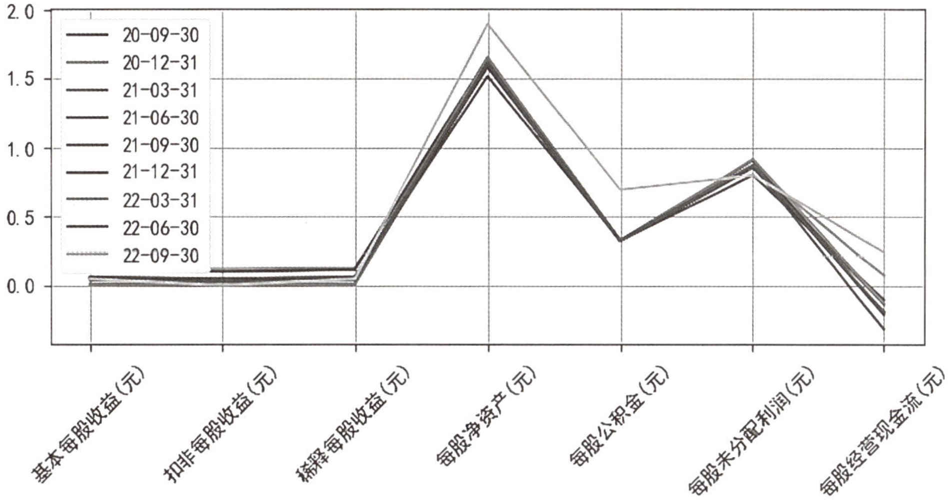

图 9-17　各季度指标对比

步骤 6.3：若要以季度为横轴，展示各指标数据随季度变化的趋势，则可将数据转置后再进行绘图。代码如下：

```
df1 = df1.T
df1
```

运行代码，结果如图 9-18 所示。

每股指标	基本每股收益(元)	扣非每股收益(元)	稀释每股收益(元)	每股净资产(元)	每股公积金(元)	每股未分配利润(元)	每股经营现金流(元)
20-09-30	0.0600	0.0000	0.0600	1.5195	0.3270	0.8029	-0.1030
20-12-31	0.1280	0.1200	0.1280	1.5867	0.3270	0.8561	0.0748
21-03-31	0.0110	0.0000	0.0110	1.5967	0.3270	0.8670	-0.1375
21-06-30	0.0490	0.0461	0.0490	1.5904	0.3270	0.8607	-0.1911
21-09-30	0.0631	0.0500	0.0631	1.5989	0.3270	0.8692	-0.3144
21-12-31	0.1140	0.1000	0.1140	1.6500	0.3270	0.9099	-0.2099
22-03-31	0.0073	0.0000	0.0073	1.6573	0.3270	0.9171	-0.1279
22-06-30	0.0366	0.0298	0.0366	1.6166	0.3270	0.8765	-0.1888
22-09-30	0.0474	0.0000	0.0474	1.8977	0.6963	0.8009	0.2460

图 9-18　转置数据

步骤 6.4：使用转置后的 df1 数据绘制折线图。代码如下：

```
plt.figure(figsize=(8,3))# 设置图表大小
plt.grid()                # 设置网格线
plt.xticks(rotation=45)   # 设置 x 坐标轴标签角度为 45 度
plt.plot(df1)             # 以行索引为 x 轴标签，以各列数据为绘图数据
plt.legend(df1.columns)   # 设置图例，注意图例设置应在 plot() 之下
plt.show()                # 显示图形
```

运行代码，结果如图 9-19 所示。图中的每条折线反映的是某个指标自 2020 年第三季度至 2022 年第三季度间的数据变化趋势。

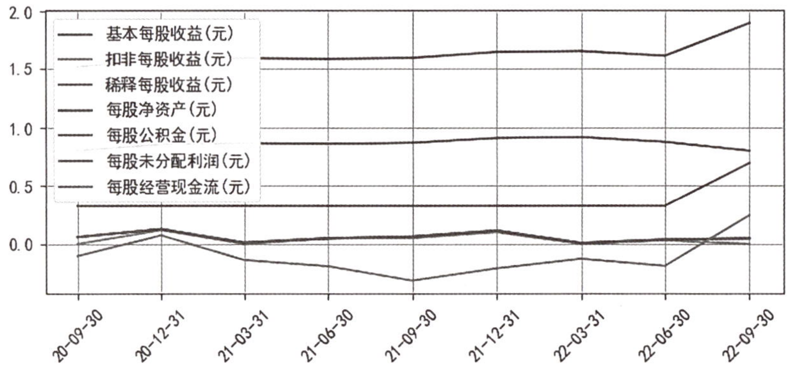

图 9-19　各指标随时间变化趋势

提示

由于“基本每股收益(元)”列和“稀释每股收益(元)”列的数据相同，故在图 9-19 中，两条折线重合在一起。

二、使用成长能力数据绘制图表

微课 41：使用成长能力数据绘制图表

继续在“项目九-任务一.ipynb”文件中完成下面的步骤。

步骤 1： 在文件最后新增代码单元，并切换到 Markdown 模式，输入以下内容并运行：

```
### 二、使用成长能力数据绘制图表
```

步骤 2： 读入 Excel 文件“汇绿生态主要财务指标.xlsx”中第二个工作表“成长能力指标”中的数据。代码如下：

```
# 使用参数 sheet_name=1，读取第二张工作表
df2 = pd.read_excel(' 汇绿生态主要财务指标 .xlsx',sheet_name=1,index_col=0)
df2     # 显示数据
```

运行代码，结果如图 9-20 所示。从图中可以看出，前 3 行数据是以元为单位的金额数据，后 6 行数据是百分比形式的比率。

成长能力指标	2022/9/30	2022/6/30	2022/3/31	2021/12/31	2021/9/30	2021/6/30	2021/3/31	2020/12/31	2020/9/30
营业总收入(元)	3.643亿	2.556亿	9695万	7.748亿	4.794亿	3.307亿	1.407亿	8.143亿	4.342亿
归属净利润(元)	3315万	2562万	509.3万	8009万	4420万	3428万	766.8万	8990万	4528万
扣非净利润(元)	2965万	2088万	593.1万	7177万	3810万	2854万	688.0万	8679万	3959万
营业总收入同比增长(%)	-24.01	-22.71	-31.10	-4.84	10.42	9.23	71.99	5.88	15.06
归属净利润同比增长(%)	-25.00	-25.27	-33.58	-10.91	-2.39	1.12	12.56	1.59	72.72
扣非净利润同比增长(%)	-22.17	-26.84	-13.79	-17.30	-3.77	1.29	-13.36	4.87	86.17
营业总收入滚动环比增长(%)	-5.72	-4.29	-5.65	-9.85	2.04	-3.54	7.23	-1.41	3.20
归属净利润滚动环比增长(%)	-3.34	-7.86	-3.21	-9.82	-5.75	3.83	0.95	-16.42	10.09
扣非净利润滚动环比增长(%)	-1.23	-9.47	-1.32	-15.86	-6.39	6.29	-1.22	-14.14	11.04

图 9-20 成长能力指标数据

知识拓展

财务分析者通常不仅要关注公司目前的营运能力、偿债能力和盈利能力，还要预测其未来的财务与经营状况，即评价公司的成长能力，以支持更长远的决策。

成长能力通常是指公司未来生产经营活动的发展趋势和发展潜能。营运能

力、偿债能力和盈利能力大多从静态角度评价公司的财务状况与经营成果，而成长能力则是从动态角度评价公司的成长性，其评价综合性更强，并能使整个财务分析体系更加全面和完整。公司价值的高低在很大程度上取决于公司未来的获利能力，而不是其过去或者目前所取得的收益情况。

步骤 3： 获取前 3 行反映企业成长能力的主要指标数据。代码如下：

```
df2_1 = df2[0:3]      # 获取前 3 行金额数据
df2_1
```

运行代码，结果如图 9-21 所示。

	2022/9/30	2022/6/30	2022/3/31	2021/12/31	2021/9/30	2021/6/30	2021/3/31	2020/12/31	2020/9/30
成长能力指标									
营业总收入(元)	3.643亿	2.556亿	9695万	7.748亿	4.794亿	3.307亿	1.407亿	8.143亿	4.342亿
归属净利润(元)	3315万	2562万	509.3万	8009万	4420万	3428万	766.8万	8990万	4528万
扣非净利润(元)	2965万	2088万	593.1万	7177万	3810万	2854万	688.0万	8679万	3959万

图 9-21　提取前 3 行数据

步骤 4： 为 df2_1 生成备份。从图 9-21 可以看出，有的数据金额单位是亿元，有的数据金额单位是万元，在进行进一步数据分析和可视化展示前，需统一金额单位，例如，将所有金额单位统一为元。在修改金额单位前，先为 df2_1 生成备份。代码如下：

```
df_float = df2_1.copy()
df_float      # 显示副本
```

运行代码，会发现 df_float 的输出结果和图 9-21 中数据相同，说明数据备份成功。

知识拓展

DataFrame.copy(deep=True) 返回的是 DataFrame 的副本，其中参数 deep=True 可以省略，这种方式产生的数据副本与原数据完全没有联系，即在副本中所作的任何数据修改都不会影响原始数据。但是，若使用 DataFrame.copy(deep=False) 产生副本数据，则在副本中所作的任何修改都会反映在原始数据中。

步骤 5: 转换金额单位。

步骤 5.1：判断某个数据的单位。代码如下：

```
# 判断第 x 行第 y 列数据的金额单位，如 x=2，y=3
item = df2_1.iloc[2,3]
print(" 数据 =",item,"，单位是 ",item[-1:])
```

运行代码，结果输出“数据 = 7177 万，单位是 万”。

步骤 5.2：采用 for 循环对所有列进行金额单位转换。代码如下：

```
# 循环处理每个列，每循环一次，完成一个列的金额单位转换
for i in range(df_float.shape[1]):
    df_float.iloc[:,i] = df_float.iloc[:,i].apply(lambda x:
                        float(x[:-1])*10000 if x[-1:] == ' 万 '
                        else float(x[:-1])*100000000)
df_float    # 显示转换后的数据
```

其中，df_float.shape[1] 是 df_float 的列数，range(df_float.shape[1]) 产生从 0 开始的列索引，并以此作为 for 循环的迭代器，即 for 循环将对每个列执行循环体。循环体对每个列执行金额单位转换。

运行代码，结果如图 9-22 所示。

	2022/9/30	2022/6/30	2022/3/31	2021/12/31	2021/9/30	2021/6/30	2021/3/31	2020/12/31	2020/9/30
成长能力指标									
营业总收入(元)	364300000.0	255600000.0	96950000.0	774800000.0	479400000.0	330700000.0	140700000.0	814300000.0	434200000.0
归属净利润(元)	33150000.0	25620000.0	5093000.0	80090000.0	44200000.0	34280000.0	7668000.0	89900000.0	45280000.0
扣非净利润(元)	29650000.0	20880000.0	5931000.0	71770000.0	38100000.0	28540000.0	6880000.0	86790000.0	39590000.0

图 9-22 转换金额后的数据

步骤 5.3：查看各列数据类型。代码如下：

```
df_float.dtypes
```

运行代码，结果输出 9 个列的数据类型均为 float。

步骤 6: 使用 df_float 中 2022 年三个季度的数据绘制堆叠柱形图。代码如下：

```
# 绘制堆叠柱形图
plt.figure(figsize=(5,2))  # 定义图表大小
plt.bar(df_float.index,df_float.iloc[:,0])                          # 第 1 个柱形图
plt.bar(df_float.index,df_float.iloc[:,1],bottom=df_float.iloc[:,0])  # 第 2 个柱形图
```

```
plt.bar(df_float.index,df_float.iloc[:,2],
        bottom=df_float.iloc[:,0]+df_float.iloc[:,1])          # 第 3 个柱形图
plt.legend(df_float.columns)     # 设置图例
plt.show()                       # 显示图表
```

运行代码，结果如图 9-23 所示。

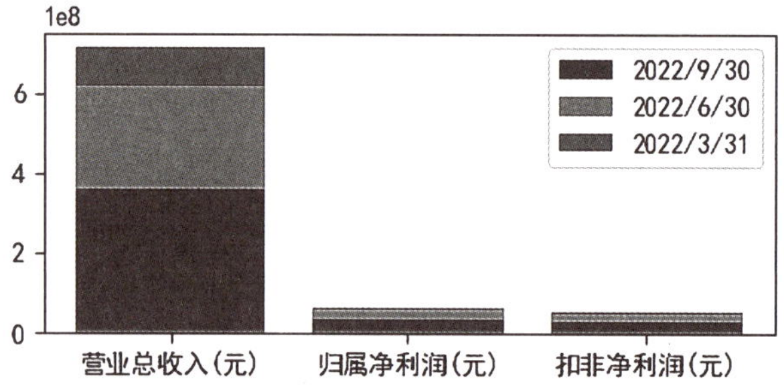

图 9-23　三个季度数据的堆叠柱形图

步骤 7：使用 df_float 中 2021 年四个季度的数据绘制堆叠条形图。代码如下：

```
# 绘制堆叠条形图
plt.figure(figsize=(5,2))   # 定义图表大小
plt.barh(df_float.index,df_float.iloc[:,3])                              # 第 1 个条形图
plt.barh(df_float.index,df_float.iloc[:,4],left=df_float.iloc[:,3])     # 第 2 个条形图
plt.barh(df_float.index,df_float.iloc[:,5],left=df_float.iloc[:,3]      # 第 3 个条形图
                                                                          +df_float.iloc[:,4])
plt.barh(df_float.index,df_float.iloc[:,6],left=df_float.iloc[:,3]      # 第 4 个条形图
                                                                          +df_float.iloc[:,4]+df_float.iloc[:,5])
plt.legend(df_float.columns)        # 设置图例
plt.show()                          # 显示图表
```

运行代码，结果如图 9-24 所示。

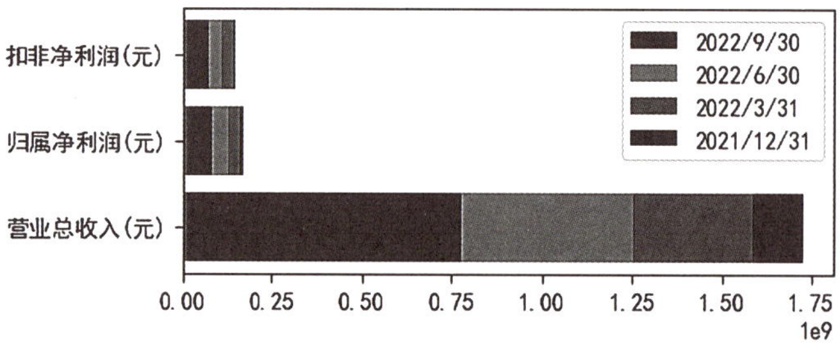

图 9-24　三个季度数据的堆叠条形图

三、使用成长能力比例数据绘制图表

微课 42：使用成长能力比例数据绘制图表

继续在“项目九-任务一.ipynb”文件中完成下面的步骤。

步骤 1： 在文件最后新增代码单元，并切换到 Markdown 模式，输入以下内容并运行：

```
### 三、使用成长能力比例数据绘制图表
```

步骤 2： 从图 9-20 所示的成长能力指标数据中获取后 6 行数据。代码如下：

```
df2_2 = df2[3:]  # 获取 df2 中从第 3 行开始一直到结尾的数据
df2_2
```

运行代码，结果如图 9-25 所示。

成长能力指标	2022/9/30	2022/6/30	2022/3/31	2021/12/31	2021/9/30	2021/6/30	2021/3/31	2020/12/31	2020/9/30
营业总收入同比增长(%)	-24.01	-22.71	-31.10	-4.84	10.42	9.23	71.99	5.88	15.06
归属净利润同比增长(%)	-25.00	-25.27	-33.58	-10.91	-2.39	1.12	12.56	1.59	72.72
扣非净利润同比增长(%)	-22.17	-26.84	-13.79	-17.30	-3.77	1.29	-13.36	4.87	86.17
营业总收入滚动环比增长(%)	-5.72	-4.29	-5.65	-9.85	2.04	-3.54	7.23	-1.41	3.20
归属净利润滚动环比增长(%)	-3.34	-7.86	-3.21	-9.82	-5.75	3.83	0.95	-16.42	10.09
扣非净利润滚动环比增长(%)	-1.23	-9.47	-1.32	-15.86	-6.39	6.29	-1.22	-14.14	11.04

图 9-25 获取后 6 行数据

步骤 3： 检查各列数据类型是否符合要求，并对不符合要求的列进行数据类型转换。代码及运行结果如图 9-26 所示。

```
1  df2_2.dtypes

2022/9/30      object
2022/6/30      object
2022/3/31      object
2021/12/31     object
2021/9/30      object
2021/6/30      object
2021/3/31      object
2020/12/31     object
2020/9/30      object
dtype: object
```

（a）查看数据类型

```
1  df2_2 = df2_2.astype(float)
2  df2_2.dtypes

2022/9/30      float64
2022/6/30      float64
2022/3/31      float64
2021/12/31     float64
2021/9/30      float64
2021/6/30      float64
2021/3/31      float64
2020/12/31     float64
2020/9/30      float64
dtype: object
```

（b）转换并查看数据类型

图 9-26 处理数据类型

步骤 4： 除了可以使用 Matplotlib 包绘制图表外，还可以直接使用 Pandas 包绘制图表（本项目之前的其他项目涉及的绘图都使用了 Pandas 包的绘制方法）。对于要求不复杂的绘图需求，直接对 Series 数据或 DataFrame 数据调用 Pandas 包的绘图方法更便捷。本步骤针对 df2_2 绘制每个指标不同季度的簇状柱形图。代码如下：

```
# 使用 df2_2 各列数据绘制柱形图，各列名作为图例
df2_2.plot.bar(figsize = (13,4), rot=0)   # 等价于 df2_2.plot(kind= 'bar',figsize = (13,4) , rot=0)
plt.show()                                # 此句可以省略，由 Jupyter 显示图表
```

运行代码，结果如图 9-27 所示。对比图 9-25，观察绘图数据与绘图结果间的对应关系，可以发现图中一共有 6 组簇状柱形，分别对应绘图数据的 6 行数据；每组包含 9 个不同季度的数据，分别对应各行的 9 个列值。正数绘制在 x=0 的水平线以上，负数绘制在 x=0 的水平线以下。

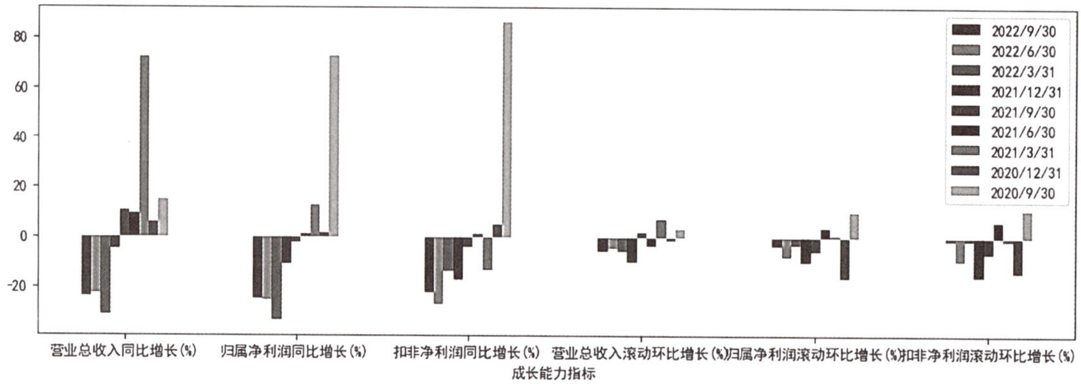

图 9-27　使用 Pandas 的 plot() 方法绘制每个指标不同季度的簇状柱形图

知识拓展

Matplotlib 库的 pyplot 模块提供了多种绘图方法用于绘制各种图表，使用此模块绘图时，可以调用其下的多个函数对图表的数据和属性进行设置，例如，plt.figure() 用于设置图表大小，plt.plot() 使用括号内的数据参数进行绘图，plt.xlabel() 和 plt.ylabel() 用于设置 x 轴标签和 y 轴标签，plt.title() 用于设置图表标题，plt.legend() 用于添加图例等。

Pandas 的 plot() 方法则是对 matplotlib.axes.Axes.plot 的封装。使用此方法绘制图表时，直接对 Series 数据和 DataFrame 数据调用 plot() 即可快速实现数

据可视化。Pandas 绘图的基本调用形式为 Series.plot() 或 DataFrame.plot()，可以在 plot() 函数中以参数形式给出各种图表的属性设置，例如，figsize 用于设置图表大小，rot 用于设置坐标轴标签旋转角度，kind 用于设置图表类型等。更多参数设置可参考项目五至项目八的图表绘制方法。

对比两种绘图方法，基于 Pandas 的 plot() 方法更加简洁易懂，它能够自动识别出 Series 数据和 DataFrame 数据中的 index 和 value，对于绘制更复杂的多维数据图表，用户只需准备好绘图数据，即可直接调用 plot() 函数完成绘图。建议财务数据分析初学者了解 Matplotlib 库的 pyplot 模块绘图方法、掌握 Pandas 的 plot() 绘图方法。当然，两种方法也可以混合使用。

步骤 5: 使用 Pandas 的 plot() 方法绘制每个季度不同指标的簇状柱形图。代码如下：

```
df2_2.T.plot.bar(figsize = (9,3),rot=0)  # 用 df2_2.T 转置数据，再用转置后的数据绘图
```

运行代码，结果如图 9-28 所示。

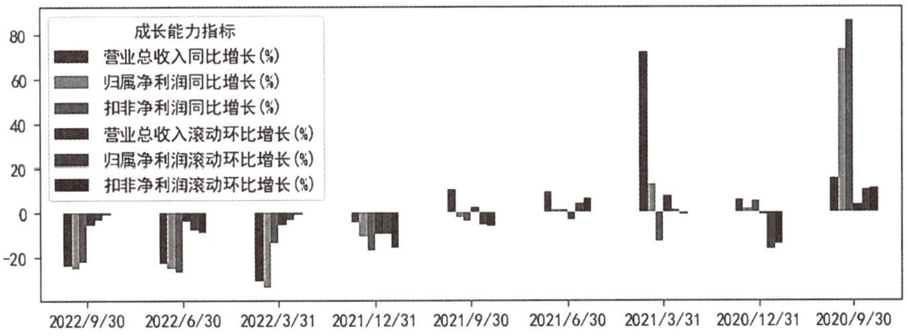

图 9-28 使用 Pandas 的 plot() 方法绘制每个季度不同指标的簇状柱形图

思考

查看 df2_2.T 的结果，并对比此数据与图 9-28 数据的对应关系。

步骤 6: 以 df2_2.T 绘制折线图，展示各指标随时间变化的趋势。代码如下：

```
# 以下三条代码功能相同，line 是 plot 的默认图表，可以省略
df2_2.T.plot.line(figsize = (9,3))
```

```
# df2_2.T.plot(figsize = (9,3))
# df2_2.T.plot(kind='line',figsize = (9,3))
```

运行代码，结果如图 9-29 所示。

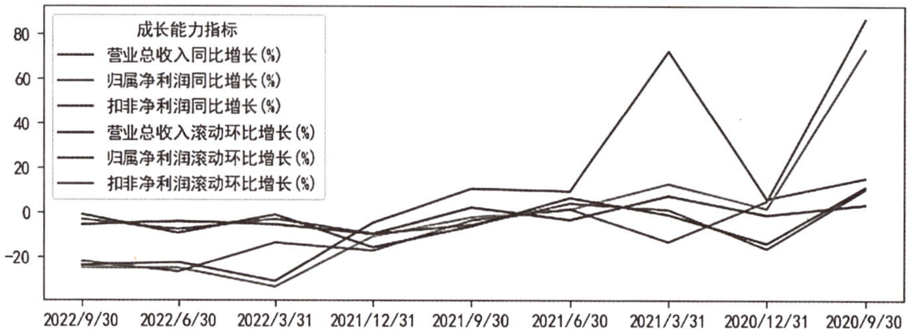

图 9-29　使用 Pandas 的 plot() 方法展示各指标随时间变化的趋势

四、使用营业收入同环比增长数据绘制图表

微课 43：使用营业收入同环比增长数据绘制图表

继续在“项目九-任务一.ipynb”文件中完成下面的步骤。

步骤 1： 在文件最后新增代码单元，并切换到 Markdown 模式，输入以下内容并运行：

```
### 四、使用营业收入同环比增长数据绘制图表
```

步骤 2： 将 df2_2 转置，并将转置结果保存在 df2_3 中。代码如下：

```
df2_3 = df2_2.T   # 数据转置
df2_3
```

运行代码，结果如图 9-30 所示。

成长能力指标	营业总收入同比增长(%)	归属净利润同比增长(%)	扣非净利润同比增长(%)	营业总收入滚动环比增长(%)	归属净利润滚动环比增长(%)	扣非净利润滚动环比增长(%)
2022/9/30	-24.01	-25.00	-22.17	-5.72	-3.34	-1.23
2022/6/30	-22.71	-25.27	-26.84	-4.29	-7.86	-9.47
2022/3/31	-31.10	-33.58	-13.79	-5.65	-3.21	-1.32
2021/12/31	-4.84	-10.91	-17.30	-9.85	-9.82	-15.86
2021/9/30	10.42	-2.39	-3.77	2.04	-5.75	-6.39
2021/6/30	9.23	1.12	1.29	-3.54	3.83	6.29
2021/3/31	71.99	12.56	-13.36	7.23	0.95	-1.22
2020/12/31	5.88	1.59	4.87	-1.41	-16.42	-14.14
2020/9/30	15.06	72.72	86.17	3.20	10.09	11.04

图 9-30　转置数据

步骤 3： 修改 df2_3 的行索引名称和列索引名称。代码如下：

```
df2_3.index.name = '季度'                    # 修改行索引名称
df2_3.columns.name = '成长能力指标'           # 修改列索引名称
df2_3
```

运行代码，结果如图 9-31 所示。注意对比图 9-30 和图 9-31。

成长能力指标 季度	营业总收入同比增长(%)	归属净利润同比增长(%)	扣非净利润同比增长(%)	营业总收入滚动环比增长(%)	归属净利润滚动环比增长(%)	扣非净利润滚动环比增长(%)
2022/9/30	-24.01	-25.00	-22.17	-5.72	-3.34	-1.23
2022/6/30	-22.71	-25.27	-26.84	-4.29	-7.86	-9.47
2022/3/31	-31.10	-33.58	-13.79	-5.65	-3.21	-1.32
2021/12/31	-4.84	-10.91	-17.30	-9.85	-9.82	-15.86
2021/9/30	10.42	-2.39	-3.77	2.04	-5.75	-6.39
2021/6/30	9.23	1.12	1.29	-3.54	3.83	6.29
2021/3/31	71.99	12.56	-13.36	7.23	0.95	-1.22
2020/12/31	5.88	1.59	4.87	-1.41	-16.42	-14.14
2020/9/30	15.06	72.72	86.17	3.20	10.09	11.04

图 9-31 修改行索引名称和列索引名称

步骤 4: 使用切片方式从 df2_3 中选取“营业总收入同比增长（%）”列和“营业总收入滚动环比增长（%）”列，并基于这两列数据绘制折线图。代码如下：

```
# 选取部分列绘图
df2_3[['营业总收入同比增长 (%)','营业总收入滚动环比增长 (%)']].plot(
    figsize=(9,2), rot=0, ylabel="百分比", title="汇绿生态营业收入同环比增长")
```

运行代码，结果如图 9-32 所示。

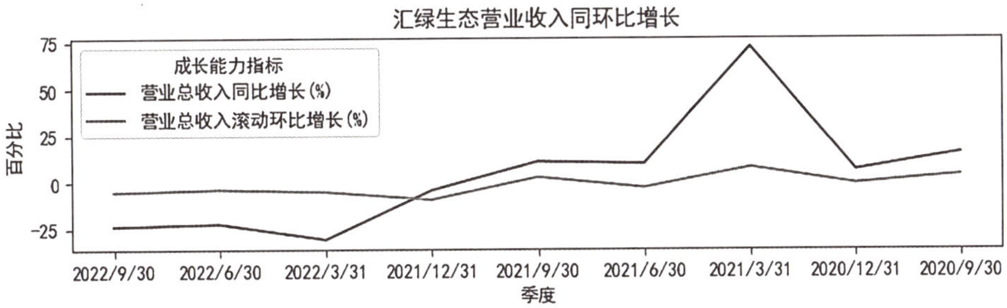

图 9-32 选取部分列绘图

任务二 会员价值分析可视化

任务描述

基于客户最近消费时间、消费频率和消费金额的 RFM 模型是评价客户价值、指导营销活动的常用方法。本任务根据“客户信息.xlsx”文件的相关数据，采用 RFM 模型对客户价值进行分析，并绘制散点图展示客户消费与客户价值的相关性，辅助支持公司的精细化运营。

任务分析

RFM 模型包括 R、F 和 M 三项指标，其中，R（Recency）表示客户最近一次消费时间至今的间隔长度，R 值越小客户越重要；F（Frequency）表示客户消费频率或消费次数，F 值越大客户越重要；M（Monetary）表示客户消费金额，M 值越大客户越重要。

将每个客户的 R、F 和 M 指标分别与所有客户的平均 R、F 和 M 指标进行对比，若每个客户的 R 小于平均 R，则标记为 1，否则标记为 0；若每个客户的 F 大于平均 F，则标记为 1，否则标记为 0；若每个客户的 M 大于平均 M，则标记为 1，否则标记为 0。

将每个客户的 R、F 和 M 和平均 R、F 和 M 比较的结果拼接在一起，形成 000、001、010、011、100、101、110、111 八种 RFM 值，再根据 RFM 值对客户重要程度进行标记。RFM 值为 111，标记为重要价值客户；RFM 值为 101，标记为重要发展客户；RFM 值为 011，标记为重要保持客户；RFM 值为 001，标记为重要挽留客户；RFM 值为 110，标记为一般价值客户；RFM 值为 100，标记为一般发展客户；RFM 值为 010，标记为一般保持客户；RFM 值为 000，标记为一般挽留客户。

知识要点

一、创建子图

以往任务都是在一张画布上绘制一个图表，实际中可能需要在一张画布上绘制多个图表，这种在一张画布上绘制多个图表的方式称为绘制子图。matplotlib.pyplot 提供了 subplot() 函数用于绘制子图。

subplot() 函数的基本语法格式为：subplot(nrows,ncols,index)。它将整个画布等分为具有 nrows 行 ncols 列的矩阵区域，并将这些区域按照从左至右、从上至下的顺序从 1 开始编号；index 参数指明当前所选子图区域的编号，此位置即为某子图的绘制位置。例如，nrows 为 2、ncols 为 2 时，整个画布划分为 4 个子图区域，各子图位置编号依次为 1、2、3、4，如图 9-33 所示。

subplot(2,2,1)	subplot(2,2,2)
subplot(2,2,3)	subplot(2,2,4)

图 9-33　子图划分示例

若参数 nrows、ncols 和 index 的值都小于 10，则可以把这些参数简写为一个实数。例如，subplot(223) 等价于 subplot(2,2,3)，表示将画布划分为 2 行 2 列的矩阵区域，并以第 3 个子图作为当前绘图位置。示例代码如下：

```
import matplotlib.pyplot as plt
import numpy as np
data = np.arange(0,51)      # 生成 0 至 50 的数组
plt.subplot(221)            # 2 行 2 列矩阵区域，1 为当前绘图位置
plt.plot(data,data)         # 在 1 位置绘图
plt.subplot(222)            # 2 行 2 列矩阵区域，2 为当前绘图位置
plt.plot(data,-data)        # 在 2 位置绘图
plt.subplot(212)            # 2 行 1 列矩阵区域，2 为当前绘图位置
plt.plot(data,data**2)      # 在 2 位置绘图
```

运行代码，结果如图 9-34 所示。

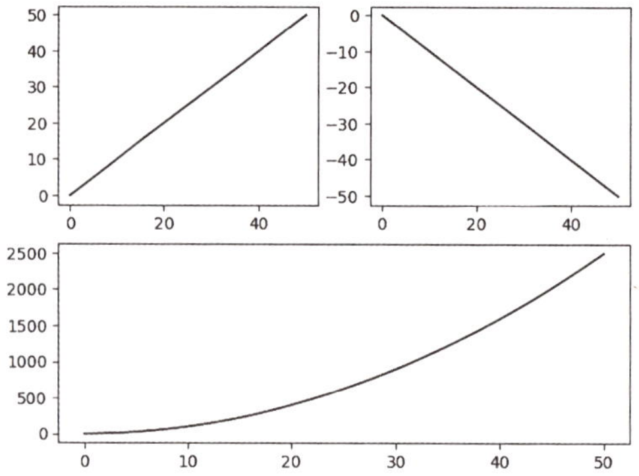

图 9-34　绘制子图示例

二、绘制散点图

散点图也叫 X-Y 图，它将所有的数据以点的形式展示在直角坐标系上，以显示变量之间的相互影响程度，点的位置由变量的数值决定。

对于那些相互间存在密切关系，但是这些关系又不像数学公式和物理公式那样能够精确表达的变量，散点图是一种很好的图形表达工具。

matplotlib.pyplot 模块中的 scatter() 函数用于绘制散点图，其基本语法格式如下：

```
matplotlib.pyplot.scatter(x, y, s=None, c=None, marker=None, alpha=None)
```

其中，x 和 y 分别表示 x 轴数据和 y 轴数据；s 指定点的大小；c 指定散点颜色；marker 表示散点类型；alpha 表示点的透明度，其值为 0 到 1 之间的小数。示例代码如下：

```
import matplotlib.pyplot as plt
import numpy as np
x_data = np.arange(51)              # 生成 0 至 50 的数组
y_data = np.random.rand(51)         # np.random.rand(51) 生成 51 个随机数
plt.scatter(x_data,y_data)          # 绘图
```

运行代码，结果如图 9-35 所示。

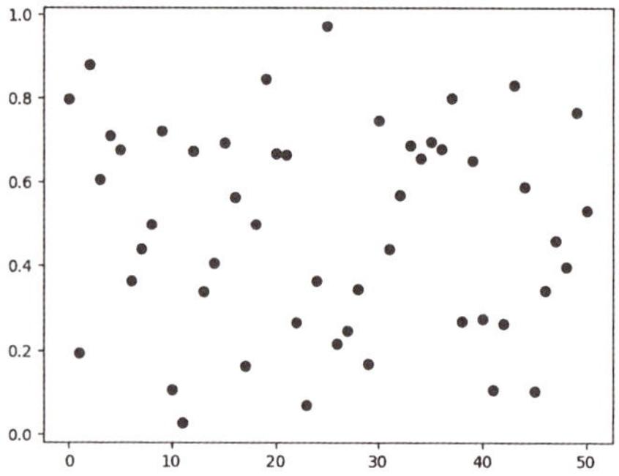

图 9-35　绘制散点图示例

任务实施

本任务主要完成四大操作：一是导入客户数据；二是为客户分析准备数据；三是对客户进行分组与统计；四是展示客户分析结果。

一、导入客户数据

步骤 1： 新建一个 Python 文件，将其命名为“项目九–任务二.ipynb”。

步骤 2： 读入 Excel 文件“客户信息.xlsx”中名为“Sheet1”的工作表数据。代码如下：

```
import pandas as pd
df = pd.read_excel(' 客户信息 .xlsx',sheet_name=0)
df      # 显示数据
```

运行代码，结果如图 9–36 所示。从图中可以看出，df 共有 1 499 行 8 列。每行数据均由“客户 ID”“客户姓名”“客户性别”“客户年龄”“是否会员”“R”“F”“M”列构成。

	客户ID	客户姓名	客户性别	客户年龄	是否会员	R	F	M
0	100933	王*	女	21	否	133	1	56.0
1	100951	王*	女	21	否	128	1	32.0
2	100991	王*	女	24	否	122	1	45.0
3	101183	王*	女	21	否	76	1	105.0
4	101206	王*	女	26	否	70	1	135.0
...	...	...	...	...	...	...	...	...
1494	100207	高*	女	30	否	311	2	598.0
1495	100696	陈*	女	37	否	77	2	896.0
1496	100002	葛*	女	18	是	332	2	604.2
1497	100008	刘*	女	36	是	318	2	456.0
1498	100025	石*	女	27	是	329	2	85.5

1499 rows × 8 columns

图 9–36　读入数据

二、为客户分析准备数据

微课 44：为客户分析准备数据

步骤 1： 在 df 中添加名为“年龄段”的新列，此列的值依据客户年龄进行判断。代码如下：

```
df['年龄段']=df['客户年龄'].apply(lambda x: "19 岁以下" if x<=19
                                   else("20~29 岁" if x<=29
                                   else("30~39 岁" if x<=39
                                   else("40~49 岁" if x<=49
                                   else("50~59 岁" if x<=59
                                   else "60 岁以上")))))
df.head()    # 显示前 5 行数据
```

运行代码，结果如图 9-37 所示。

	客户ID	客户姓名	客户性别	客户年龄	是否会员	R	F	M	年龄段
0	100933	王*	女	21	否	133	1	56.0	20~29岁
1	100951	王*	女	21	否	128	1	32.0	20~29岁
2	100991	王*	女	24	否	122	1	45.0	20~29岁
3	101183	王*	女	21	否	76	1	105.0	20~29岁
4	101206	王*	女	26	否	70	1	135.0	20~29岁

图 9-37　增加“年龄段”列

步骤 2： 在 df 中添加名为“RFM 值”的新列，此列的值依据前述任务分析的内容进行计算。代码如下：

```
# 将 R 列的每个值与 R 的均值进行比较，小于均值，则变量 R 为 1，否则为 0
R=df['R'].apply(lambda x: '1' if x<df['R'].mean() else '0')
# 将 F 列的每个值与 F 的均值进行比较，大于均值，则变量 F 为 1，否则为 0
F=df['F'].apply(lambda x: '1' if x>df['F'].mean() else '0')
# 将 M 列的每个值与 M 的均值进行比较，大于均值，则变量 M 为 1，否则为 0
M=df['M'].apply(lambda x: '1' if x>df['M'].mean() else '0')
df['RFM 值']=R+F+M   # 拼接变量 R、F 和 M 的值，保存到新列“RFM 值”中
df.head()
```

运行代码，结果如图 9-38 所示。

	客户ID	客户姓名	客户性别	客户年龄	是否会员	R	F	M	年龄段	RFM值
0	100933	王*	女	21	否	133	1	56.0	20~29岁	100
1	100951	王*	女	21	否	128	1	32.0	20~29岁	100
2	100991	王*	女	24	否	122	1	45.0	20~29岁	100
3	101183	王*	女	21	否	76	1	105.0	20~29岁	100
4	101206	王*	女	26	否	70	1	135.0	20~29岁	100

图 9-38　增加“RFM 值”列

步骤 3： 参照前述任务分析的内容，根据“RFM 值”列的数据对客户重要程度进行标记。代码如下：

```
df['RFM 类型 '] = df['RFM 值 '].apply(lambda x: " 重要价值客户 " if x=="111"
                                      else(" 重要发展客户 " if x=="101"
                                      else(" 重要保持客户 " if x=="011"
                                      else(" 重要挽留客户 " if x=="001"
                                      else(" 一般价值客户 " if x=="110"
                                      else(" 一般发展客户 " if x=="100"
                                      else(" 一般保持客户 " if x=="010"
                                      else " 一般挽留客户 ")))))))
df.head()
```

上述代码针对每行的 RFM 值（x），判断其与哪种 RFM 值（000、001、010、011、100、101、110、111）相等，并依据判断结果，为新列“RFM 类型”赋值。运行代码，结果如图 9-39 所示。

	客户ID	客户姓名	客户性别	客户年龄	是否会员	R	F	M	年龄段	RFM值	RFM类型
0	100933	王*	女	21	否	133	1	56.0	20~29岁	100	一般发展客户
1	100951	王*	女	21	否	128	1	32.0	20~29岁	100	一般发展客户
2	100991	王*	女	24	否	122	1	45.0	20~29岁	100	一般发展客户
3	101183	王*	女	21	否	76	1	105.0	20~29岁	100	一般发展客户
4	101206	王*	女	26	否	70	1	135.0	20~29岁	100	一般发展客户

图 9-39 增加“RFM 类型”列

三、对客户数据进行分组与统计

微课 45：对客户数据进行分组、统计和展示

步骤 1： 按“客户性别”列对数据分组，并统计每组客户数量。代码如下：

```
df_gb1 = df.groupby(' 客户性别 ')      # 按“客户性别”列对数据分组
df_sex = df_gb1[' 客户 ID'].count()   # 统计各组客户数量
df_sex
```

运行代码，结果如图 9-40 所示。

```
客户性别
女      1333
男       166
Name: 客户ID, dtype: int64
```

图 9-40 按客户性别统计人数

步骤 2： 按“是否会员”列对数据分组，并统计每组客户数量。代码如下：

```
df_gb2 = df.groupby(' 是否会员 ')          # 按“是否会员”列对数据分组
df_vip = df_gb2[' 客户 ID'].count()      # 统计各组客户数量
df_vip
```

运行代码，结果如图 9-41 所示。

```
是否会员
否      1140
是       359
Name: 客户ID, dtype: int64
```

图 9-41　按是否会员统计人数

步骤 3： 按“RFM 类型”列对数据分组，并统计每组客户数量。代码如下：

```
df_gb3=df.groupby('RFM 类型 ')          # 按“RFM 类型”列对数据分组
df_rfm=df_gb3[' 客户 ID'].count()      # 统计各组客户数量
df_rfm
```

运行代码，结果如图 9-42 所示。

```
RFM类型
一般保持客户      1
一般发展客户    517
一般挽留客户    491
重要价值客户      1
重要保持客户      5
重要发展客户    238
重要挽留客户    246
Name: 客户ID, dtype: int64
```

图 9-42　按 RFM 类型统计人数

四、展示客户分析结果

步骤 1： 导入 Matplotlib 绘图包，并设置绘图参数。代码如下：

```
import matplotlib.pyplot as plt
plt.rcParams['font.sans-serif'] = ['SimHei']          # 设置正常显示中文
plt.rcParams['axes.unicode_minus'] = False       # 设置正常显示负号
```

步骤 2： 分别按客户性别和是否会员进行客户数量分析。代码如下：

```
# 会员消费分析—不同类型的客户数量
```

```
# 子图 1:
plt.subplot(1, 2, 1)  # 将画布划分为 1 行 2 列的矩阵，1 为当前绘图位置
df_sex.plot(kind='bar', title=' 按性别统计人数 ', figsize=(6,4), rot=0)
# 子图 2:
plt.subplot(1, 2, 2)  # 将画布划分为 1 行 2 列的矩阵，2 为当前绘图位置
df_vip.plot(kind='bar', title=' 按是否会员统计人数 ', figsize=(6,4), rot=0)
plt.suptitle(' 客户数量分析 ')
plt.show()           # 此命令可以省略
```

运行代码，结果如图 9–43 所示。

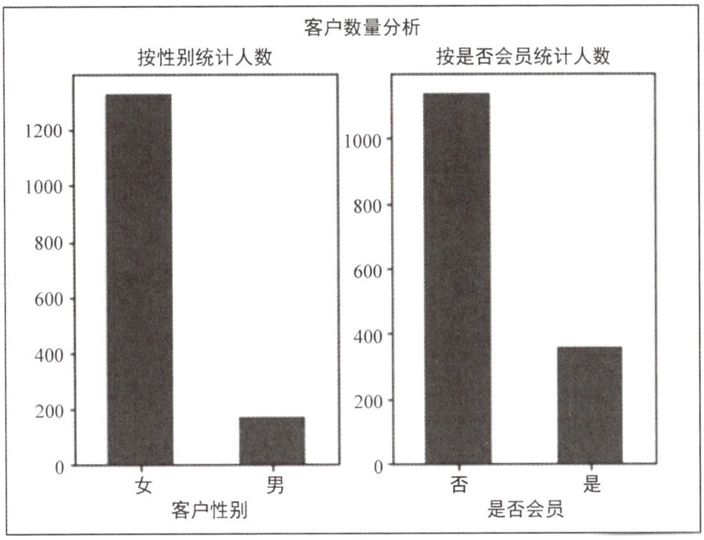

图 9–43　按客户性别和是否会员进行客户数量分析

步骤 3： 分别按客户性别、是否会员和 RFM 类型进行客户数量分析。代码如下：

```
# 会员消费分析—不同类型的客户数量
plt.figure(figsize=(7,5))  # 定义图表大小
# 子图 1:
plt.subplot(2, 2, 1)                # 将画布划分为 2 行 2 列的矩阵，1 为当前绘图位置
df_sex.plot.bar(rot=0)    # rot=0 参数设置坐标轴标签旋转度数
# 子图 2:
plt.subplot(2, 2, 2)                # 将画布划分为 2 行 2 列的矩阵，2 为当前绘图位置
df_vip.plot.bar(rot=0)
# 子图 3:
plt.subplot(2, 2, (3,4))   # 3 和 4 位置展示一个子图
```

```
df_rfm.plot.bar(rot=60)
plt.suptitle(" 客户数量分析 ")  # 添加标题
plt.tight_layout()              # 自动调整子图之间的间隔，以减少子图重叠
```

运行代码，结果如图 9-44 所示。

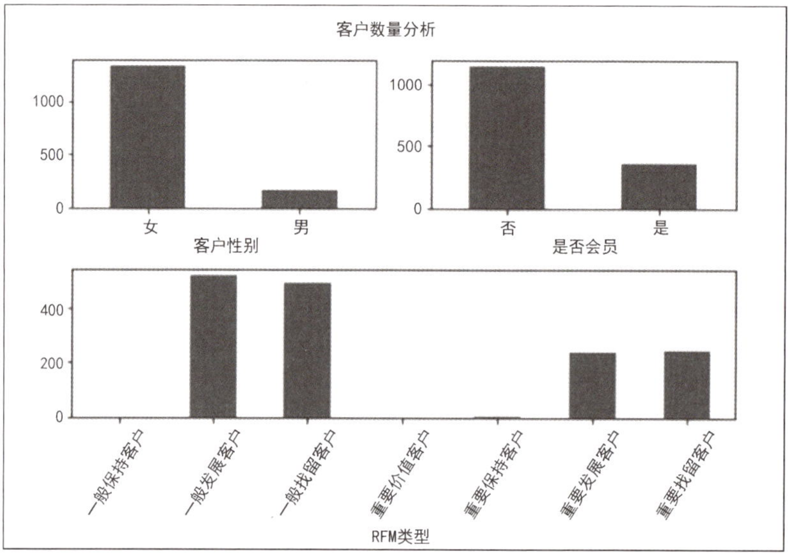

图 9-44　按客户性别、是否会员和 RFM 类型进行客户数量分析

步骤 4： 根据最近消费时间间隔（R）和消费金额（M）绘制散点图。代码如下：

```
sizes = df[' 客户年龄 ']
plt.scatter(df['R'],df['M'], color = '#0000FF',s=sizes)
```

运行代码，结果如图 9-45 所示。

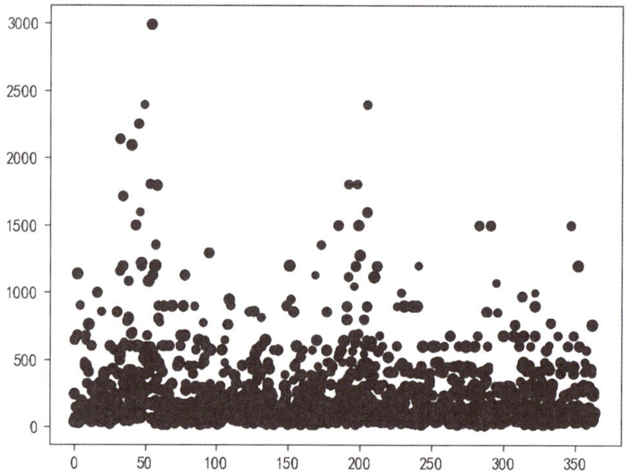

图 9-45　根据最近消费时间间隔（R）和消费金额（M）绘制散点图

步骤5： 根据客户年龄和消费金额（M）绘制散点图。代码如下：

```
plt.scatter(df['客户年龄'],df['M'], color = '#88c999')
```

运行代码，结果如图 9-46 所示。

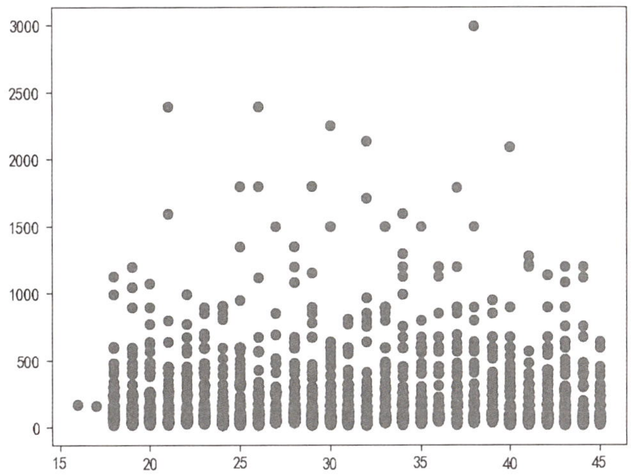

图 9-46 根据客户年龄和消费金额（M）绘制散点图

项目总结

本项目以汇绿生态财务指标可视化展示和客户消费数据可视化展示两个任务为例，从业务上讲解了判断上市公司是否发展良好、公司成长能力是否强大的方法，以及判断客户价值贡献的 RFM 模型；从技术上讲解了使用 Matplotlib 的 pyplot 模块绘制折线图、柱形图、条形图、子图及散点图的方法，实现了分析结果的可视化展示。

实战演练

一、单选题

1. 下列关于 Matplotlib 库的说法，不正确的是（　　）。

A. Matplotlib 是 Python 中最常用的可视化工具，只能用来绘制 3D 图表

B. 可以将 Matplotlib 绘制的图表保存到外部文件中

C. Matplotlib 以渐进、交互方式实现数据可视化

D. matplotlib.pyplot 模块中包含了快速生成多种图表的函数

2. 下列可以绘制散点图的函数是（　　）。

A. line()　　　　B. scatter()

C. bar()　　　　D. pie()

3. 下列代码绘出的图形是（　　）。

```
import matplotlib.pyplot as plt
x=['2019','2020','2021']
y=[100,200,323]
plt.plot(x,y)
```

A.

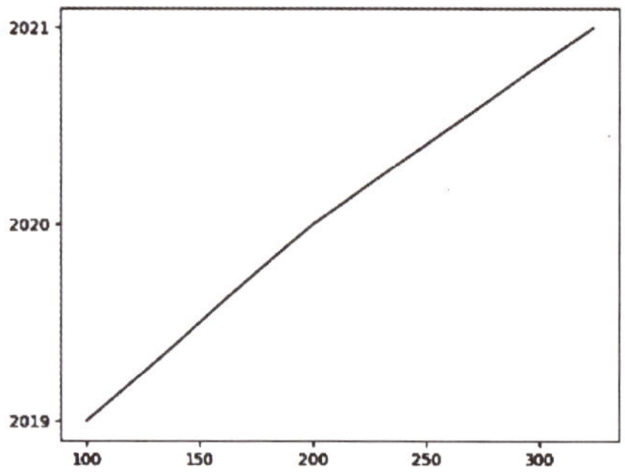

B.

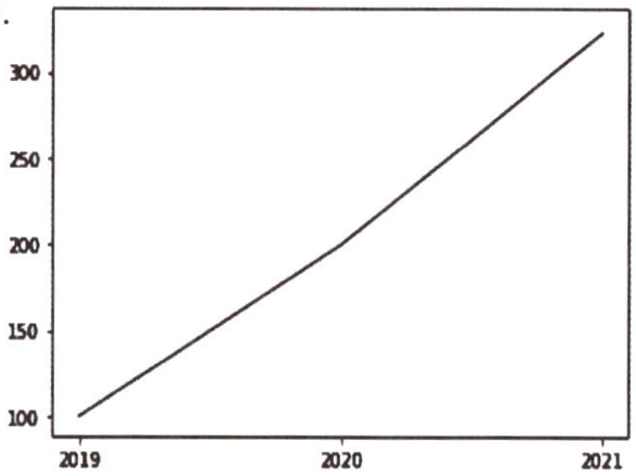

C.

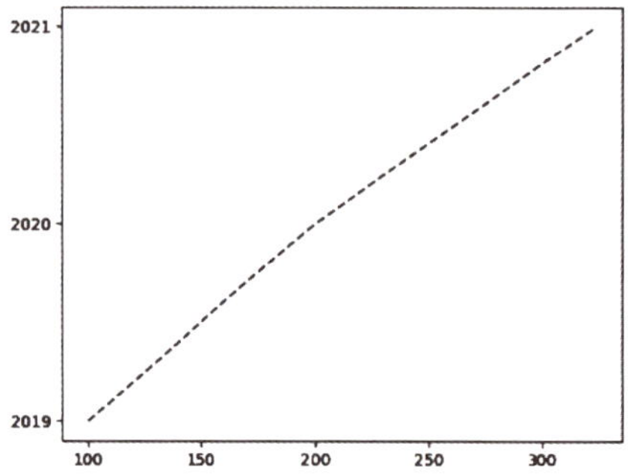

D.

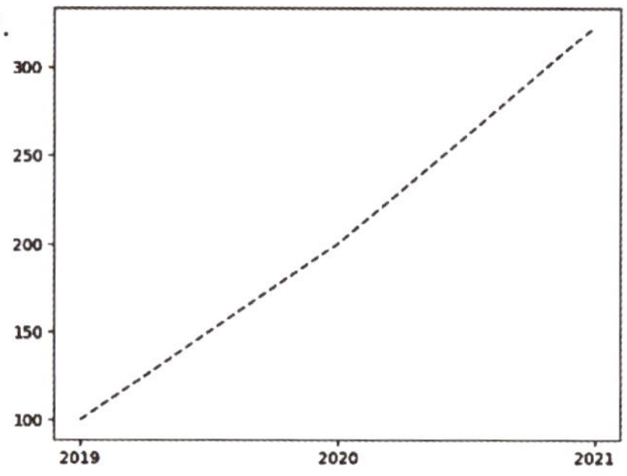

4. 代码 plt.subplot(2,2, (3,4)) 的含义是（　　）。

A. 将画布划分为 1 行 2 列的矩阵，当前子图为第 1 块子图

B. 将画布划分为 2 行 2 列的矩阵，当前子图为第 3 块子图

C. 将画布划分为 2 行 2 列的矩阵，当前子图为第 4 块子图

D. 将画布划分为 2 行 2 列的矩阵，当前子图为第 3 和第 4 块子图

二、实操题

1. 运行下面的代码，并分析运行结果。

```
import matplotlib.pyplot as plt
plt.rcParams['font.sans-serif'] = ['SimHei']         # 设置正常显示中文
plt.rcParams['axes.unicode_minus'] = False           # 设置正常显示负号
x = [' 苹果 ',' 梨子 ',' 草莓 ',' 香蕉 ',' 橙子 ',' 葡萄 ']
y = [123,150,268,360,180,271]
# 数字标签
for a,b in zip(x,y):
    plt.text(a,b+2,                                  # 坐标位置
             b,                                      # 显示的内容
             ha='center',                            # 垂直对齐方式：居中
             va='bottom',                            # 水平对齐方式：底部
             fontsize=12,                            # 字体大小
             color='white',                          # 字体颜色
             backgroundcolor = 'green',              # 背景色
             rotation=30,                            # 旋转角度
             alpha=0.5)                              # 透明度
plt.bar(x,y)
plt.xlabel(" 品种 ")
plt.ylabel(" 销量 ")
plt.show()
```

2. 根据素材文件“股票数据.xlsx”中的数据，按要求编写代码。

（1）读入此文件中的股票数据，保存到 DataFrame 对象 df 中。

（2）以股票名称为 x 轴、最新价为 y 轴，绘制柱形图。

（3）以股票代码为 x 轴、涨跌幅为 y 轴，绘制折线图。

（4）以最新价和涨跌幅为绘图数据，绘制散点图。

项目十

财务办公自动化

项目导读

在使用传统办公软件进行数据分析的过程中，使用最多的莫过于 Excel。随着移动互联网时代的到来，数据量日益增加，业务也趋于复杂化，越来越多的财务人员已经无法仅通过 Excel 完成日常财务工作，他们需要更加高效的办公解决方案。本项目将以自动银企对账和批量销售额处理为例，讲解如何使用 Python 高效实现财务办公自动化，并以此抛砖引玉，希望同学们能在未来的财务工作中实现更多日常业务的自动化处理。

项目分解

项目十　财务办公自动化

- ◎　任务一　实现自动银企对账
- ◎　任务二　批量汇总多个文件中的销售额

学习目标

知识目标

1. 熟悉银企对账业务逻辑；
2. 掌握使用筛选条件查询数据的方法；
3. 理解处理多个 Excel 文件的编程逻辑。

技能目标

1. 能使用 Python 完成银企对账；
2. 能使用 Python 实现办公自动化。

素质目标

1. 培养学生使用 Python 完成财务办公自动化的能力，增强专业技能；
2. 提升学生在数字化时代的竞争力。

任务一 实现自动银企对账

任务描述

为了保证企业银行存款的安全和核算的正确性，企业需要按期对账。本任务将编写 Python 程序，完成对某企业某月的“银行存款日记账”与“银行存款对账单”的相互核对，查找出是否有未达账项，根据未达账项编制银行存款余额调节表，并将银行存款余额调节表保存到 Excel 文件中。

任务分析

银企对账相关数据保存在 Excel 文件“银企对账.xlsx”中，该文件包含三张工作表：“银行存款对账单”“银行存款日记账”和“银行存款余额调节表”。本任务首先通过 Pandas 包的 read_excel() 函数读入上述工作表数据，将其保存到三个不同的 DataFrame 对象中；接着使用 merge() 函数全连接“银行存款对账单”数据和“银行存款日记账”数据，并在此基础上筛选出所有未达账项，将所有未达账项保存到“银行存款余额调节表”数据中，最后对所有未达账项进行调节，若试算平衡，则将银企对账结果保存到外部 Excel 文件中。

知识要点

一、银企对账认知

银企对账是指在每月的月末，由企业出纳人员将企业内部的银行存款日记账与企业开户银行的银行存款对账单进行逐笔核对，核对已达账项，找出未达账项，并编制银行存款余额调节表的过程。其中，未达账项是造成企业银行存款日记账余额和开户行银行对账单余额不相符的主要原因。

未达账项是指银行与企业之间由于凭证传递上的时间差，一方已登记入账，而另一方尚未入账的收支项目。具体来说，未达账项分为四种：① 银行已入账，但企业尚未入账的收入；② 银行已入账，但企业尚未入账的支出；③ 企业已入账，但银行尚未入账的收入；④ 企业已入账，但银行尚未入账的支出。

对于未达账项，企业应编制银行存款余额调节表进行调节。调节后，若企业银行存款日记账余额和开户行银行对账单余额试算平衡，则双方记账无差错；若企业银行存款日记账余额和开户行银行对账单余额试算不平衡，则双方记账有差错，需进一步核对出错原因，并更正错误记录。

二、使用筛选条件查询数据

在项目五中，我们已经学习了使用切片操作、loc[] 方法和 iloc[] 方法从数据中提取部分所需的数据。更进一步地，还可以利用筛选条件从数据中查询符合一定条件的数据，这种方式被称为条件查询。

在项目六任务一（参见图 6-6）和项目七任务一（参见图 7-15）中已经使用过条件查询，此处再列出一些条件查询示例，以总结和强化 Pandas 中条件查询的使用原理和方法。

（一）定义数据

```
import pandas as pd
import numpy as np
df = pd.DataFrame({" 姓名 ": [' 刘美 ',' 张明 ',' 聂红 ',' 张英 ',' 李维 '],
                   " 电话 ": [np.nan, '13934561234', '13812345678','13305678899',np.nan],
                   " 年龄 ": [np.nan, 20,np.nan,15,21]})
df
```

运行代码，结果如图 10-1 所示。

	姓名	电话	年龄
0	刘美	NaN	NaN
1	张明	13934561234	20.0
2	聂红	13812345678	NaN
3	张英	13305678899	15.0
4	李维	NaN	21.0

图 10-1 定义 df

（二）条件筛选

以下所有示例均使用图 10-1 所示的 df 数据。

1. 获取“姓名”列的数据

若要获取“姓名”列的数据，可以使用 df[' 姓名 '] 或 df.loc[:,' 姓名 '] 或 df.iloc[:,0]，如图 10-2 所示。

```
df['姓名']    # 获取姓名列
```

```
0    刘美
1    张明
2    聂红
3    张英
4    李维
Name: 姓名, dtype: object
```

（a）df[]形式

```
df.loc[:,'姓名']    # 获取姓名列
```

```
0    刘美
1    张明
2    聂红
3    张英
4    李维
Name: 姓名, dtype: object
```

（b）df.loc[]形式

```
df.iloc[:,0]    # 获取姓名列
```

```
0    刘美
1    张明
2    聂红
3    张英
4    李维
Name: 姓名, dtype: object
```

（b）df.iloc[]形式

图 10-2　获取“姓名”列数据

2. 筛选“姓名”等于“张明”的数据

筛选“姓名”等于“张明”的数据时，需要在 df[] 中或 df.loc[] 中使用筛选条件 df[' 姓名 ']==' 张明 '，如图 10-3 所示。

```
# 查找姓名等于张明的数据行
df[df['姓名']=='张明']
```

	姓名	电话	年龄
1	张明	13934561234	20.0

（a）df[]形式

```
# 查找姓名等于张明的数据行
df.loc[df['姓名']=='张明']
```

	姓名	电话	年龄
1	张明	13934561234	20.0

（b）df. loc[]形式

图 10-3　筛选“姓名”等于“张明”的数据

3. 筛选“年龄”等于“20.0”和“21.0”的数据

筛选“年龄”等于“20.0”和“21.0”的数据时，可以在 df[] 中或 df.loc[] 中使用筛选条件 df[' 年龄 '].isin([20,21])，其含义是依据 isin() 函数传入的年龄列表，筛选出与此列表中所含年龄相同的数据行。代码及运行结果如图 10-4 所示。

```
# 查找年龄等于20和21的数据行
df[df['年龄'].isin([20,21])]
```

	姓名	电话	年龄
1	张明	13934561234	20.0
4	李维	NaN	21.0

（a）df [] 形式

```
# 查找年龄等于20和21的数据行
df.loc[df['年龄'].isin([20,21])]
```

	姓名	电话	年龄
1	张明	13934561234	20.0
4	李维	NaN	21.0

（b）df. loc [] 形式

图 10-4　筛选“年龄”等于“20.0”和“21.0”的数据

提示

若要筛选“年龄”不等于“20.0”和“21.0”的数据行，可使用筛选条件~df[' 年龄 '].isin([20,21])，其中，“~”符号表示非、取反的意思。

4. 筛选“电话”不为空且“年龄”为空的数据

“电话不为空且年龄为空”是多条件筛选，“且”字表明两个条件要同时成立，即筛选条件可表示为 pd.notnull(df[' 电话 ']) &pd.isnull(df[' 年龄 '])。其中，逻辑运算符“&”用于连接多个同时成立的条件。代码及运行结果如图 10-5 所示。

```
# 查找电话不为空且年龄为空的数据
df[pd.notnull(df['电话']) & pd.isnull(df['年龄'])]
```

	姓名	电话	年龄
2	聂红	13812345678	NaN

（a）df[]形式

```
# 查找电话不为空且年龄为空的数据
df.loc[pd.notnull(df['电话']) & pd.isnull(df['年龄'])]
```

	姓名	电话	年龄
2	聂红	13812345678	NaN

（b）df.loc[]形式

图 10-5 筛选“电话”不为空且“年龄”为空的数据

提示

若要筛选“电话”不为空或者“年龄”不为空的数据，则筛选条件可表示为 pd.notnull(df[' 电话 ']) | pd.notnull(df[' 年龄 '])。其中，逻辑运算符“|”表示多个条件中只需满足一个条件即可。同学们可自行尝试查找“电话”不为空或者“年龄”不为空的数据。

任务实施

本任务主要完成三大操作：一是提取期末余额并填入银行存款余额调节表；二是筛选未达账项并填入银行存款余额调节表；三是试算平衡并生成银行存款余额调节表。

一、提取期末余额并填入银行存款余额调节表

（一）从银行对账单中筛选期末余额

微课 46：提取期末余额并填入银行存款余额调节表

步骤 1： 从“银企对账.xlsx”文件中读取“银行存款对账单”工作表，并将读到的数据赋值给 df 变量。注意，此素材文件需事先放置到当前 Jupyter 文件夹下。代码如下：

```
import pandas as pd
df = pd.read_excel(' 银企对账.xlsx',sheet_name=' 银行存款对账单 ')
df
```

运行代码，结果如图 10-6 所示。从图中可以看出，df 共有 103 行 8 列数据。

	日期	对方账号	对方户名	摘要	借方发生额	贷方发生额	余额	操作
0	2022-08-01	NaN	NaN	期初余额	NaN	NaN	2301431.0	NaN
1	2022-08-01	NaN	NaN	缴纳企业所得税	1319.9	NaN	2300111.1	回单
2	2022-08-01	6029*********591632	杭州奥洲外贸有限公司	货款	162650.0	NaN	2137461.1	回单
3	2022-08-01	6216*********292772	天津奥洲科技有限公司	货款	NaN	155480.0	2292941.1	回单
4	2022-08-01	6229*********887122	武汉双阳工贸有限公司	货款	NaN	287140.0	2580081.1	回单
...	...	...	...	...	...	...	...	...
98	2022-08-30	6227*********931008	李礼	提现	20519.4	NaN	2801268.6	回单
99	2022-08-31	6014*********330337	刘筱雪	差旅费	11739.5	NaN	2789529.1	回单
100	2022-08-31	6014*********153457	深圳邦立制造有限公司	货款	NaN	201740.0	2991269.1	回单
101	2022-08-31	6228*********387630	李玉成	办公费	20047.4	NaN	2971221.7	回单
102	2022-08-31	NaN	NaN	本月合计	4430169.3	5099960.0	2971221.7	NaN

103 rows × 8 columns

图 10-6　银行存款对账单数据

步骤 2： 从 df 中筛选“摘要”等于“本月合计”的行，并将该行的“余额”值存入 balance1 变量中。

步骤 2.1：从 df 中筛选“摘要”等于“本月合计”的行。代码如下：

```
df[df[' 摘要 ']==' 本月合计 ']
```

运行代码，结果如图 10-7 所示。

	日期	对方账号	对方户名	摘要	借方发生额	贷方发生额	余额	操作
102	2022-08-31	NaN	NaN	本月合计	4430169.3	5099960.0	2971221.7	NaN

图 10-7　本月合计行

步骤 2.2：获取“本月合计”行的行索引。代码如下：

```
df[df['摘要']=='本月合计'].index
```

运行代码，输出“Int64Index([102],dtype='int64')”。

步骤 2.3：将行索引转换为列表。代码如下：

```
df[df['摘要']=='本月合计'].index.tolist()
```

运行代码，输出“[102]”。

步骤 2.4：提取列表元素，并保存到 No 变量中。代码如下：

```
No = df[df['摘要']=='本月合计'].index.tolist()[0]
No
```

运行代码，输出“102”。

步骤 2.5：获取 No 行、“余额”列的值。代码如下：

```
balance1 = df.loc[No,'余额']      # 获取 No 行、“余额”列的值（某行某列的值）
balance1   # 输出本期银行对账单余额
```

运行代码，输出“2971221.7”。

综合上述步骤 2.1 至步骤 2.5 的分析，步骤 2 的完整代码如下：

```
No = df[df['摘要']=='本月合计'].index.tolist()[0]
balance1 = df.loc[No,'余额']
balance1
```

（二）从银行存款日记账中筛选期末余额

步骤 1： 从“银企对账.xlsx”文件中读取“银行存款日记账”工作表，并将读到的数据赋值给 df1 变量。代码如下：

```
df1 = pd.read_excel('银企对账.xlsx',sheet_name='银行存款日记账')
df1
```

运行代码，结果如图 10-8 所示。从图中可以看出，df1 共有 136 行 6 列数据。

步骤 2： 从 df1 中筛选“摘要”等于“本月合计”的行，并将该行的“余额”值存入 balance2 变量中。代码如下：

```
No = df1[df1['摘要']=='本月合计'].index.tolist()[0]
balance2 = df1.loc[No,'余额']
balance2
```

运行代码，结果输出“3164205.7”。

	日期	记字	摘要	借方发生额	贷方发生额	余额
0	2022-08-01	记002号	期初余额	NaN	NaN	2301431.0
1	2022-08-01	记003号	缴纳企业所得税	NaN	1319.9	2300111.1
2	2022-08-01	记004号	付货款	NaN	158530.0	2141581.1
3	2022-08-01	记006号	付货款	NaN	162650.0	1978931.1
4	2022-08-01	记010号	收货款	287140.0	NaN	2266071.1
...	...	...	...	...	...	...
131	2022-08-31	记217号	报销差旅费	NaN	11739.5	2982513.1
132	2022-08-31	记220号	收货款	201740.0	NaN	3184253.1
133	2022-08-31	记222号	报销办公费	NaN	20047.4	3164205.7
134	2022-08-31	NaN	本日合计	201740.0	31786.9	3164205.7
135	2022-08-31	NaN	本月合计	5792460.0	4929685.3	3164205.7

136 rows × 6 columns

图 10-8　银行存款日记账数据

（三）将 balance1 和 balance2 的值填写到银行存款余额调节表中

步骤 1: 使用 read_excel() 函数读取第三张工作表“银行存款余额调节表”数据，并将读到的数据保存到 df2 中。注意，此处使用 header 参数指明数据从第 3 行开始，并以第 3 行作为列名（默认情况下，header 参数的值为 0，即数据从第 0 行开始，并以第 0 行作为列名）。代码如下：

```
df2 = pd.read_excel(" 银企对账.xlsx",sheet_name=' 银行存款余额调节表 ',header=3)
df2.head()      # 显示前 5 行数据
```

运行代码，结果如图 10-9 所示。从图中可以看出，原始数据中重复的两个列名在读入 Pandas 后分别变成了“项目.1”和“金额（元）.1”，以示区分。另外，读入的数据中存在大量缺失数据，这些缺失的数据就是后续即将用 Python 代码自动填充的对账数据。

	项目	金额（元）	项目.1	金额（元）.1
0	企业银行存款日记账余额:	NaN	银行对账单余额:	NaN
1	加：银行已收、企业未收款	0.0	加：企业已收、银行未收款	0.0
2	NaN	NaN	NaN	NaN
3	NaN	NaN	NaN	NaN
4	NaN	NaN	NaN	NaN

图 10-9　df2 数据

步骤 2: 修改列名，以明示各列含义。代码如下：

```
df2 = df2.rename(columns ={' 项目 ':' 日记账项目 ',' 金额（元）':' 日记账金额（元）',
                          ' 项目 .1':' 对账单项目 ',' 金额（元）.1':' 对账单金额（元）'})
df2.head()      # 显示前 5 行数据
```

运行代码，结果如图 10-10 所示。

	日记账项目	日记账金额（元）	对账单项目	对账单金额（元）
0	企业银行存款日记账余额:	NaN	银行对账单余额:	NaN
1	加：银行已收、企业未收款	0.0	加：企业已收、银行未收款	0.0
2	NaN	NaN	NaN	NaN
3	NaN	NaN	NaN	NaN
4	NaN	NaN	NaN	NaN

图 10-10　修改 df2 的列名

步骤 3: 将 balance1（银行对账单期末余额）和 balance2（银行日记账期末余额）的值填入 df2 的相应位置处。代码如下：

```
df2.iloc[0,1] = balance2
df2.iloc[0,3] = balance1
df2.head()
```

运行代码，结果如图 10-11 所示。

	日记账项目	日记账金额（元）	对账单项目	对账单金额（元）
0	企业银行存款日记账余额:	3164205.7	银行对账单余额:	2971221.7
1	加：银行已收、企业未收款	0.0	加：企业已收、银行未收款	0.0
2	NaN	NaN	NaN	NaN
3	NaN	NaN	NaN	NaN
4	NaN	NaN	NaN	NaN

图 10-11　填入银行存款日记账期末余额和银行对账单期末余额

二、筛选未达账项并填入银行存款余额调节表

（一）清洗和准备数据

在筛选未达账项之前，先对 df（银行存款对账单）和 df1（银行存款日记账）进行数据清洗，以删除掉无用的数据，保持数据的简洁和整齐。

微课 47：筛选未达账项并填入银行存款余额调节表

步骤 1: 筛选 df 中“摘要”不等于“期初余额”和“本月合计”的行，即仅保留日常业务记录数据。代码如下：

```
options = ['期初余额','本月合计']                    # 以列表保存要删除的摘要
dfA = df.loc[~df['摘要'].isin(options)]             # 查找摘要不在 options 中的行
print('银行存款对账单的记录条数为：',len(dfA))   # 输出 dfA 的长度，即记录数
```

代码 df.loc[~df['摘要'].isin(options)] 使用 loc[] 方法提取需要的数据行；loc[] 中的 ~df['摘要'].isin(options) 是筛选条件，即筛选“摘要”值不等于 options 列表中所有元素的行。

运行代码，结果输出“银行存款对账单的记录条数为：101”。执行本步骤操作前，df 中有 103 行数据，筛去“期初余额”和“本月合计”行后，剩余 101 行数据，均保存到 dfA 中。

步骤 2： 同步骤 1，筛选 df1 中“摘要”不等于“期初余额”“本日合计”和“本月合计”的行，仅保留日常业务记录数据。代码如下：

```
options = ["期初余额","本日合计","本月合计"]  # 以列表保存要删除的摘要
dfB = df1.loc[~df1["摘要"].isin(options)]          # 查找摘要不在 options 中的行
print('银行存款日记账的记录条数为：',len(dfB))   # 输出 dfB 的长度，即记录数
```

运行代码，结果输出“银行存款日记账的记录条数为：103”。

步骤 3： 本任务所采用的查找未达账项的方法是，对于银行存款对账单（dfA）和银行存款日记账（dfB）中日期相同的业务，若银行存款对账单（dfA）某条记录的“借方发生额”等于银行存款日记账（dfB）某条记录的“贷方发生额”，或者银行存款对账单（dfA）某条记录的“贷方发生额”等于银行存款日记账（dfB）某条记录的“借方发生额”，则为已达账项，否则为未达账项。基于此原理，本步骤将利用 Pandas 的 merge() 函数实现 dfA 和 dfB 的全连接，为后续在连接后的大表上筛选已达账项和未达账项做好准备。全连接两表的代码如下：

```
# 将 dfA 和 dfB 以全连接方式横向关联，需设置 left_on 和 right_on 参数
dfresult = pd.merge(dfA,dfB,
                    left_on=['日期','借方发生额','贷方发生额'],
                    right_on=['日期','贷方发生额','借方发生额'], how='outer')
dfresult
```

left_on 参数指明左表 dfA 中用于连接的匹配列，right_on 参数指明右表 dfB 中用于连接的匹配列，连接时，left_on 中的参数与 right_on 中的参数依次对应形成连接的匹配列，即 dfA 和 dfB 全连接的条件是：dfA 的“日期”等于 dfB 的“日期”，且 dfA 的“借方发生额”等于 dfB 的“贷方发生额”，且 dfA 的“贷方发生额”等于 dfB 的“借方发生额”。

how='outer' 参数指明连接后显示左表与右表按连接条件能匹配的行、左表不能匹配的行及右表不能匹配的行。

运行代码，结果如图 10-12 所示。从图中可以看出，两表全连接后的结果保存在 dfresult 变量中，其中共有 109 行 13 列数据。对于连接前两表中相同的列名，连接后系统自动在 dfA 中的重复列名后添加了“_x”，在 dfB 中的重复列名后添加了“_y”，以示区分。

	日期	对方账号	对方户名	摘要_x	借方发生额_x	贷方发生额_x	余额_x	操作	记字	摘要_y	借方发生额_y	贷方发生额_y	余额_y
0	2022-08-01	NaN	NaN	缴纳企业所得税	1319.9	NaN	2300111.1	回单	记003号	缴纳企业所得税	NaN	1319.9	2300111.1
1	2022-08-01	6029*********591632	杭州奥洲外贸有限公司	货款	162650.0	NaN	2137461.1	回单	记006号	付货款	NaN	162650.0	1978931.1
2	2022-08-01	6216*********292772	天津奥洲科技有限公司	货款	NaN	155480.0	2292941.1	回单	NaN	NaN	NaN	NaN	NaN
3	2022-08-01	6229*********887122	武汉双阳工贸有限公司	货款	NaN	287140.0	2580081.1	回单	记010号	收货款	287140.0	NaN	2266071.1
4	2022-08-02	6216*********203271	广州旭巨贸易股份有限公司	货款	64700.0	NaN	2515381.1	回单	记011号	付货款	NaN	64700.0	2201371.1
...	...	...	...	...	...	...	...	...	...	...	...	...	...
104	2022-08-05	NaN	NaN	NaN	NaN	NaN	NaN	NaN	记047号	报销办公费	NaN	17681.4	1608999.8
105	2022-08-06	NaN	NaN	NaN	NaN	NaN	NaN	NaN	记057号	收货款	267340.0	NaN	1836067.8
106	2022-08-13	NaN	NaN	NaN	NaN	NaN	NaN	NaN	记106号	出差借款	NaN	880.0	1605864.0
107	2022-08-20	NaN	NaN	NaN	NaN	NaN	NaN	NaN	记149号	收货款	347910.0	NaN	1920558.3
108	2022-08-25	NaN	NaN	NaN	NaN	NaN	NaN	NaN	记168号	收货款	291960.0	NaN	2423772.5

109 rows × 13 columns

图 10-12　dfA 和 dfB 全连接的结果

思考

试一试解读图 10-12 中的每行数据是如何连接起来的？是属于按连接条件匹配的行？还是不能匹配的行？若是不能匹配的行，是左表的行还是右表的行？

（二）查找未达账项

本部分将在 dfresult 中查找未达账项。dfresult 中的未达账项有四种，对于 dfresult 中的某条记录：① 若左表（dfA）的贷方发生额不为空，且右表（dfB）的借方发生额为空，则为银行已收企业未收款；② 若左表（dfA）的贷方发生额为空，且右表（dfB）的借方发生额不为空，则为企业已收银行未收款；③ 若左表（dfA）的借方发生额不为空，且右表（dfB）的贷方发生额为空，则为银行已付企业未付款；④ 若左表（dfA）的借方发生额为空，且右表（dfB）的贷方发生额不为空，则为企业已付银行未付款。

1. 查找银行已收企业未收款

步骤 1： 从 dfresult 中筛选 dfA 的贷方发生额不为空，且 dfB 的借方发生额为空的数据。代码如下：

```
# 查找银行已收企业未收款
dfresult1 = dfresult[pd.notnull(dfresult[' 贷方发生额 _x']) &pd.isnull(dfresult[' 借方发生额 _y'])]
print(' 银行已收企业未收款共有 {} 条记录 '.format(len(dfresult1)))
dfresult1
```

运行代码，结果如图 10-13 所示。从图中可以看出，银行已收企业未收款共有 2 笔，一笔金额为 155 480.0 元，另一笔金额为 59 230.0 元。

银行已收企业未收款共有2条记录

	日期	对方账号	对方户名	摘要_x	借方发生额_x	贷方发生额_x	余额_x	操作	记字	摘要_y	借方发生额_y	贷方发生额_y	余额_y
2	2022-08-01	6216*********292772	天津奥洲科技有限公司	货款	NaN	155480.0	2292941.1	回单	NaN	NaN	NaN	NaN	NaN
11	2022-08-04	6227*********861331	深圳卓康科技有限公司	货款	NaN	59230.0	2327554.7	回单	NaN	NaN	NaN	NaN	NaN

图 10-13　银行已收企业未收款

步骤 2： 将银行已收企业未收款填到 df2（银行存款余额调节表）中。注意这些数据在 df2 的位置（参照图 10-11），第一个银行已收企业未收款位于第 1 行的“日记账金额（元）”列处；第二个银行已收企业未收款位于下一行的“日记账金额（元）”列处，以此类推。

步骤 2.1：从 dfresult1 中提取银行已收企业未收款（图 10-13 中的“贷方发生额 _x”列）。代码如下：

```
data = dfresult1[' 贷方发生额 _x']   # 提取“贷方发生额 _x”列数据，data 是 Series 类型
data
```

运行代码，结果如图 10-14 所示。

```
2       155480.0
11       59230.0
Name: 贷方发生额_x, dtype: float64
```

图 10-14　data 为银行已收企业未收款数据

步骤 2.2：重置 data 的行索引。代码如下：

```
data.reset_index(drop=True, inplace=True)   # 参数 drop=True 表示删除原索引
data
```

运行代码，结果如图 10-15 所示。

```
0     155480.0
1      59230.0
Name: 贷方发生额_x, dtype: float64
```

图 10-15 重置 data 的行索引

步骤 2.3：获取 data 中的两个未达账数据。代码如下：

```
data[0], data[1]
```

运行代码，结果输出“(155480.0, 59230.0)”，表示 data[0] 的值为 155 480.0，data[1] 的值为 59 230.0。

步骤 2.4：将银行已收企业未收的两个未达账金额填入对应位置，并计算款项金额合计。代码如下：

```
total1 = 0   # 存放银行已收企业未收款金额合计
# 将银行已收企业未收款金额填入对应位置，并计算款项金额合计
rowS = 1   # df2 中银行已收企业未收款起始行号
for i in range(len(data)):
    df2.loc[i+rowS,'日记账金额（元）'] = data[i]
    total1 = total1+ data[i]
print('银行已收企业未收款总金额合计：',total1)
df2.head()
```

for 循环的作用是逐个将 data 中的数据填入 df2 的相应位置，同时计算 total1 的未收款累计金额。

运行代码，结果如图 10-16 所示。从图中可以看出，data 的两个数据成功填入 df2。

	日记账项目	日记账金额（元）	对账单项目	对账单金额（元）
0	企业银行存款日记账余额:	3164205.7	银行对账单余额:	2971221.7
1	加：银行已收、企业未收款	155480.0	加：企业已收、银行未收款	0.0
2	NaN	59230.0	NaN	NaN
3	NaN	NaN	NaN	NaN
4	NaN	NaN	NaN	NaN

图 10-16 填写银行已收企业未收款

2. 查找企业已收银行未收款

步骤 1： 从 dfresult 中筛选 dfA 的贷方发生额为空，且 dfB 的借方发生额不为空的数据。代码如下：

```
dfresult2 = dfresult[pd.isnull(dfresult['贷方发生额_x']) & pd.notnull(dfresult['借方发生额_y'])]
```

```
print(' 企业已收银行未收款共有 {} 条记录 '.format(len(dfresult2)))
dfresult2
```

运行代码，结果如图 10-17 所示。从图中可以看出，企业已收银行未收款共有 3 笔，第 1 笔金额为 267 340.0 元，第 2 笔金额为 347 910.0 元，第 3 笔金额为 291 960.0 元。

企业已收银行未收款共有3条记录

	日期	对方账号	对方户名	摘要_x	借方发生额_x	贷方发生额_x	余额_x	操作	记字	摘要_y	借方发生额_y	贷方发生额_y	余额_y
105	2022-08-06	NaN	NaN	NaN	NaN	NaN	NaN	NaN	记057号	收货款	267340.0	NaN	1836067.8
107	2022-08-20	NaN	NaN	NaN	NaN	NaN	NaN	NaN	记149号	收货款	347910.0	NaN	1920558.3
108	2022-08-25	NaN	NaN	NaN	NaN	NaN	NaN	NaN	记168号	收货款	291960.0	NaN	2423772.5

图 10-17　企业已收银行未收款

步骤 2： 将企业已收银行未收款填到 df2 中，这些数据在 df2 的位置（参照图 10-11）从“对账单金额（元）”列的第 1 行依次向下排列。代码如下：

```
# 填写企业已收银行未收款
data = dfresult2[' 借方发生额 _y']          # 提取“借方发生额 _y”列数据，data 是 Series 类型
rowNo = data.index                          # 获取企业已收银行未收款的行号
total2 = 0                                  # 存放企业已收银行未收款金额合计
# 将企业已收银行未收款金额填入对应位置，并计算款项金额合计
rowS = 1                                    # df2 中企业已收银行未收款起始行号
for i in range(len(data)):
    df2.loc[i+rowS,' 对账单金额（元）'] = data[rowNo[i]]
    total2 = total2 + data[rowNo[i]]
print(' 企业已收银行未收款总金额合计：',total2)
df2.head()
```

运行代码，结果如图 10-18 所示。

企业已收银行未收款总金额合计：　907210.0

	日记账项目	日记账金额（元）	对账单项目	对账单金额（元）
0	企业银行存款日记账余额：	3164205.7	银行对账单余额：	2971221.7
1	加：银行已收、企业未收款	155480.0	加：企业已收、银行未收款	267340.0
2	NaN	59230.0	NaN	347910.0
3	NaN	NaN	NaN	291960.0
4	NaN	NaN	NaN	NaN

图 10-18　填写企业已收银行未收款

3. 查找银行已付企业未付款

步骤 1： 从 dfresult 中筛选 dfA 的借方发生额不为空，且 dfB 的贷方发生额为空的数据。代码如下：

```
# 查找银行已付企业未付款
dfresult3 = dfresult[pd.notnull(dfresult[' 借方发生额 _x']) &pd.isnull(dfresult[' 贷方发生额 _y'])]
print(' 银行已付企业未付款共有 {} 条记录 '.format(len(dfresult3)))
dfresult3
```

运行代码，结果如图 10-19 所示。从图中可以看出，银行已付企业未付款共有 4 笔。

银行已付企业未付款共有4条记录

	日期	对方账号	对方户名	摘要_x	借方发生额_x	贷方发生额_x	余额_x	操作	记字	摘要_y	借方发生额_y	贷方发生额_y	余额_y
7	2022-08-02	6229*********598854	钟玲玉	办公费	16499.0	NaN	2324934.7	回单	NaN	NaN	NaN	NaN	NaN
19	2022-08-06	NaN	NaN	缴纳印花税	18669.6	NaN	2330662.6	回单	NaN	NaN	NaN	NaN	NaN
44	2022-08-13	6216*********673184	刘启顺	办公费	7796.8	NaN	2030713.9	回单	NaN	NaN	NaN	NaN	NaN
54	2022-08-16	6222*********949291	王正龙	出差借款	520.0	NaN	1856683.1	回单	NaN	NaN	NaN	NaN	NaN

图 10-19 银行已付企业未付款

步骤 2： 将银行已付企业未付款填到 df2 中，这些数据在 df2 的位置从“日记账金额（元）”列的第 17 行依次向下排列。代码如下：

```
# 填写银行已付企业未付款
data = dfresult3[' 借方发生额 _x']   # 提取“借方发生额 _x”列数据，data 是 Series 类型
rowNo = data.index                    # 获取银行已付企业未付款的行号
total3 = 0                            # 存放银行已付企业未付款金额合计
# 将银行已付企业未付款金额填入对应位置，并计算款项金额合计
rowS = 17                             # df2 中银行已付企业未付款起始行号
for i in range(len(data)):
    df2.loc[i+rowS,' 日记账金额（元） '] = data[rowNo[i]]
    total3 = total3 + data[rowNo[i]]
print(' 银行已付企业未付款总金额合计： ',total3)
df2.iloc[17:23]
```

运行代码，结果如图 10-20 所示。

银行已付企业未付款总金额合计： 43485.4

	日记账项目	日记账金额（元）	对账单项目	对账单金额（元）
17	减：银行已付、企业未付款	16499.0	减：企业已付、银行未付款	0.0
18	NaN	18669.6	NaN	NaN
19	NaN	7796.8	NaN	NaN
20	NaN	520.0	NaN	NaN
21	NaN	NaN	NaN	NaN
22	NaN	NaN	NaN	NaN

图 10-20　填写银行已付企业未付款

4. 查找企业已付银行未付款

步骤 1： 从 dfresult 中筛选 dfA 的借方发生额为空，且 dfB 的贷方发生额不为空的数据。代码如下：

```
# 查找企业已付银行未付款
dfresult4 = dfresult[pd.isnull(dfresult[' 借方发生额 _x']) & pd.notnull(dfresult[' 贷方发生额 _y'])]
print(' 企业已付银行未付款共有 {} 条记录 '.format(len(dfresult4)))
dfresult4
```

运行代码，结果如图 10-21 所示。从图中可以看出，企业已付银行未付款共有 5 笔。

企业已付银行未付款共有5条记录

	日期	对方账号	对方户名	摘要_x	借方发生额_x	贷方发生额_x	余额_x	操作	记字	摘要_y	借方发生额_y	贷方发生额_y	余额_y
101	2022-08-01	NaN	NaN	NaN	NaN	NaN	NaN	NaN	记004号	付货款	NaN	158530.0	2141581.1
102	2022-08-02	NaN	NaN	NaN	NaN	NaN	NaN	NaN	记015号	付货款	NaN	183110.0	2006083.7
103	2022-08-02	NaN	NaN	NaN	NaN	NaN	NaN	NaN	记021号	付货款	NaN	182800.0	1661513.7
104	2022-08-05	NaN	NaN	NaN	NaN	NaN	NaN	NaN	记047号	报销办公费	NaN	17681.4	1608999.8
106	2022-08-13	NaN	NaN	NaN	NaN	NaN	NaN	NaN	记106号	出差借款	NaN	880.0	1605864.0

图 10-21　企业已付银行未付款

步骤 2： 将企业已付银行未付款填到 df2 中，这些数据在 df2 的位置从“对账单金额（元）”列的第 17 行依次向下排列。代码如下：

```
# 填写企业已付银行未付款
data = dfresult4[' 贷方发生额 _y']  # 提取“贷方发生额 _y”列数据，data 是 Series 类型
rowNo = data.index                   # 获取企业已付银行未付款的行号
total4 = 0                          # 存放企业已付银行未付款金额合计
# 将企业已付银行未付款金额填入对应位置，并计算款项金额合计
```

```
rowS = 17                              # df2 中企业已付银行未付款起始行号
for i in range(len(data)):
    df2.loc[i+rowS,' 对账单金额（元）'] = data[rowNo[i]]
    total4 = total4 + data[rowNo[i]]
print(' 企业已付银行未付款总金额合计：',total4)
df2.iloc[17:23]
```

运行代码，结果如图 10-22 所示。

企业已付银行未付款总金额合计： 543001.4

	日记账项目	日记账金额（元）	对账单项目	对账单金额（元）
17	减：银行已付、企业未付款	16499.0	减：企业已付、银行未付款	158530.0
18	NaN	18669.6	NaN	183110.0
19	NaN	7796.8	NaN	182800.0
20	NaN	520.0	NaN	17681.4
21	NaN	NaN	NaN	880.0
22	NaN	NaN	NaN	NaN

图 10-22 填写企业已付银行未付款

（三）删除未填写数据的空行

步骤 1： 查看 df2 中的数据，会发现其中有很多没有填写数据的空行（限于篇幅，这里不作展示，请运行教材配套的源代码自行查看）。

步骤 2： 删除没有填写数据的空行，并对删除数据后的 df2 重置索引。代码如下：

```
df2.dropna(how='all',inplace=True)                # 删除空行
df2.reset_index(drop=True,inplace=True)           # 重置索引
df2
```

运行代码，结果如图 10-23 所示。

	日记账项目	日记账金额（元）	对账单项目	对账单金额（元）
0	企业银行存款日记账余额:	3164205.7	银行对账单余额:	2971221.7
1	加：银行已收、企业未收款	155480.0	加：企业已收、银行未收款	267340.0
2	NaN	59230.0	NaN	347910.0
3	NaN	NaN	NaN	291960.0
4	减：银行已付、企业未付款	16499.0	减：企业已付、银行未付款	158530.0
5	NaN	18669.6	NaN	183110.0
6	NaN	7796.8	NaN	182800.0
7	NaN	520.0	NaN	17681.4
8	NaN	NaN	NaN	880.0
9	调节后的存款余额	0.0	调节后的存款余额	0.0

图 10-23 删除空行后的银行存款余额调节表

三、试算平衡并生成银行存款余额调节表

微课 48：试算平衡并生成银行存款余额调节表

步骤 1： 对“银行存款余额调节表”进行试算平衡。若平衡，则将调节后的余额填入 df2；若不平衡，则给出相应提示信息。代码如下：

```
balance3 = balance2+total1-total3   # 日记账调节后的存款余额
balance4 = balance1+total2-total4   # 对账单调节后的存款余额
# 判断是否试算平衡
if balance3==balance4:
    df2.iloc[-1,1] = balance3         # 填写日记账调节后的存款余额
    df2.iloc[-1,3] = balance4         # 填写对账单调节后的存款余额
else:
    print(' 试算不平衡！请查找原因。')
df2
```

其中，df2.iloc[-1,1] 的参数 [-1,1] 表示最后 1 行的第 1 列位置。像列表元素可以从右至左以−1，−2，−3，…进行索引一样，Pandas 也可以从后向前对行进行索引，或从右至左对列进行索引，并且索引方式也是−1，−2，−3，…

运行代码，结果如图 10-24 所示。

	日记账项目	日记账金额（元）	对账单项目	对账单金额（元）
0	企业银行存款日记账余额：	3164205.7	银行对账单余额：	2971221.7
1	加：银行已收、企业未收款	155480.0	加：企业已收、银行未收款	267340.0
2	NaN	59230.0	NaN	347910.0
3	NaN	NaN	NaN	291960.0
4	减：银行已付、企业未付款	16499.0	减：企业已付、银行未付款	158530.0
5	NaN	18669.6	NaN	183110.0
6	NaN	7796.8	NaN	182800.0
7	NaN	520.0	NaN	17681.4
8	NaN	NaN	NaN	880.0
9	调节后的存款余额	3335430.3	调节后的存款余额	3335430.3

图 10-24　试算平衡后的银行存款余额调节表

思考

df2.iloc[-1,3] 指的是 df2 的哪个位置？

步骤 2： 将试算平衡后的银行存款余额调节表保存到 Excel 文件中。代码如下：

```
df2.to_excel('银行存款余额调节表.xlsx')
```

运行代码，在 Jupyter 的当前文件夹下查看是否生成“银行存款余额调节表.xlsx”文件，并查看其中数据是否正确，如图 10-25 所示。

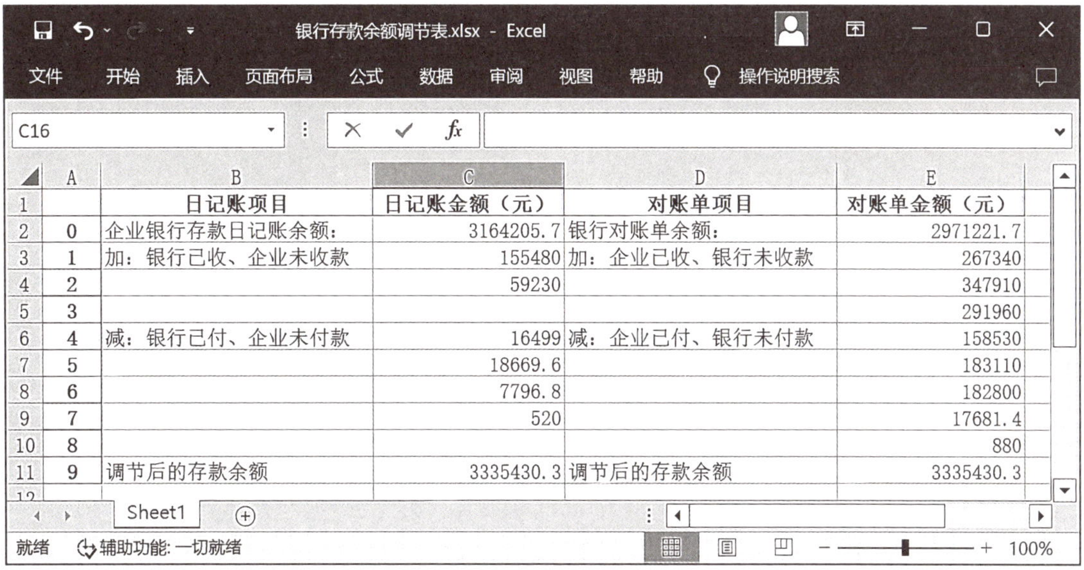

	A	B	C	D	E
1		日记账项目	日记账金额（元）	对账单项目	对账单金额（元）
2	0	企业银行存款日记账余额：	3164205.7	银行对账单余额：	2971221.7
3	1	加：银行已收、企业未收款	155480	加：企业已收、银行未收款	267340
4	2		59230		347910
5	3				291960
6	4	减：银行已付、企业未付款	16499	减：企业已付、银行未付款	158530
7	5		18669.6		183110
8	6		7796.8		182800
9	7		520		17681.4
10	8				880
11	9	调节后的存款余额	3335430.3	调节后的存款余额	3335430.3

图 10-25 “银行存款余额调节表.xlsx”文件

任务二
批量汇总多个文件中的销售额

任务描述

AA 公司自 2018 年 9 月至 2019 年 8 月间 12 个月的销售数据分别保存在 128 个 Excel 文件中，每个文件均包含若干品牌的销售记录。本任务将计算各品牌在 12 个月间的销售总额，并以可视化形式展示计算结果。

任务分析

Excel 是微软的经典之作，在日常工作中的数据整理、分析和可视化方面有其独到的优势，尤其是在熟练掌握函数和数据透视等高级功能之后，使用 Excel 可以大幅提高工作效率。但当数据量超大时，Excel 的操作复杂、效率变慢等劣势也随之产生，甚至可能出现内存溢出等无法打开文件的情况，导致后续的数据分析难上加难。本任务将借助 Python 的 Pandas 库来处理大批量 Excel 文件，以此提高工作效率。

实施本任务前，需将 128 个 Excel 文件保存到“D:\sourcefile”路径下，这 128 个文件都具有相同的文件结构。本任务先以其中一个文件为例讲解这些文件的处理方法，再将此方法应用到其他所有文件。由于本任务操作涉及文件路径的处理，以及处理 128 个文件所消耗时间的计算，因此还会用到 Python 的 OS 库和 time 库。

知识要点

一、OS 标准库认知

Python 的 OS 标准库是一个操作系统接口模块，其提供了一些方便使用操作系统相关功能的函数。下面重点讲解 OS 库中的两个常用函数。

（一）os.chdir(path) 函数

该函数可以改变 Jupyter 的当前操作目录（即文件夹），参数 path 需设置为当前目录的路径。代码如下：

```
import os
os.chdir('d:')     # 将 D 盘设置为当前目录
```

（二）os.listdir(pathname) 函数

该函数可以列出由参数 pathname 指定的目录下的所有子目录和文件，或者列出当前目录下的所有子目录和文件（缺省 pathname 参数）。代码如下：

```
import os
os.chdir('D:\\lx')       # 将当前目录切换到 D:\\lx(D 盘需有 lx 文件夹）
os.listdir()             # 列出当前目录（即 D:\\lx）下的所有子目录或文件
os.listdir('D:\\sourcefile')      # 列出 D:\\sourcefile 下的所有子目录或文件
```

二、time 库认知

time 库是 Python 中用于处理时间的标准库。time 库主要包括以下三类函数：① 时间获取类函数：time()、ctime()、gmtime()；② 时间格式化类函数：strftime()、strptime()；③ 程序计时类函数：sleep()、perf_counter()。

鉴于本任务将使用 time() 函数获取系统时间，因此下面对此函数进行讲解。若同学们对 time() 库的其他函数用法感兴趣，可自行查阅相关资料。

time 库中的 time() 函数可以返回一个从 1970 年 1 月 1 日 0 点 0 分开始、至当前时刻为止的、以秒为单位的小数；time 库中的 strftime() 函数可以将此小数转换为不同格式的时间表示形式。如图 10-26 所示。

```
import time    # 导入time库
print("现在时间：",time.time())
print("现在时间：",time.strftime('%H:%M:%S'))
print("现在时间：",time.strftime('%H点%M分%S秒'))
print("现在时间：",time.strftime('%a,%d %B %Y年%H点%M分%S秒'))
```

```
现在时间：  1679919433.6751115
现在时间：  20:17:13
现在时间：  20点17分13秒
现在时间：  Mon,27 March 2023年20点17分13秒
```

图 10-26　时间库示例

其中，strftime() 函数中的参数是指定格式的时间字符串模板，它可将以小数形式返回的时间转换为指定的时间格式。时间字符串模板中，“%”后面的字符是时间格式控制符，

用于指定该位置显示的相应时间数据。

任务实施

本任务主要完成四大操作：一是查看素材文件；二是处理单个文件；三是批量处理所有文件；四是绘制图表。

一、查看素材文件

步骤 1: 导入本任务所需的 Python 包，并将素材文件所在目录设置为当前目录，以便使用相对路径方式读取素材文件。代码如下：

```
import os
import time
import pandas as pd
os.chdir('D:\\sourcefile')      # 将素材文件所在目录设置为当前目录
```

步骤 2: 查看当前目录下的文件信息。代码如下：

```
# 将当前目录下的所有文件名以列表形式保存到 fileNameList 中
fileNameList = os.listdir()
# 输出列表长度，即文件个数
print(' 当前目录下，一共有 {} 个文件 '.format(len(fileNameList)))
print(fileNameList[0:2])  # 显示 2 个文件名
```

运行代码，结果如图 10-27 所示。由于文件名过多，这里仅显示 2 个文件名。同学们可以自行使用命令 print(fileNameList) 显示全部文件名。

```
当前目录下，一共有128个文件
['专项户外运动装备&冰爪.xlsx', '专项户外运动装备&呼吸管-呼吸器.xlsx']
```

图 10-27　查看当前目录下的文件信息

二、处理单个文件

下面以“垂钓装备 & 绑钩器.xlsx”文件为例，讲解单个文件的处理方法。

微课 49：处理单个文件

步骤 1: 读入“垂钓装备 & 绑钩器.xlsx”文件，查看此文件的结构。代码如下：

```
name = '垂钓装备 & 绑钩器.xlsx'
df = pd.read_excel(name)   # 读取文件
df.head()  # 显示前 5 行，观察文件结构
```

运行代码，结果如图 10-28 所示。从图中可以看出，df 包含 6 列数据。

	日期	转化率	访客数	三级类目	客单价	品牌
0	2019-08	0.025806	221402	绑钩器	33.284283	品牌-17
1	2019-08	0.019638	14074	绑钩器	233.995330	品牌-12
2	2019-08	0.065407	75392	绑钩器	11.938785	品牌-20
3	2019-08	0.015905	85529	绑钩器	41.059966	品牌-13
4	2019-08	0.039033	23839	绑钩器	44.502008	品牌-1

图 10-28 单个文件的结构

步骤 2: 增加一个名为“销售额”的新列，此列的计算公式为：销售额 = 访客数 × 转化率 × 客单价。代码如下：

```
df['销售额'] = df['访客数'] * df['转化率'] * df['客单价']
df.head()
```

运行代码，结果如图 10-29 所示。

	日期	转化率	访客数	三级类目	客单价	品牌	销售额
0	2019-08	0.025806	221402	绑钩器	33.284283	品牌-17	190167.455681
1	2019-08	0.019638	14074	绑钩器	233.995330	品牌-12	64673.807815
2	2019-08	0.065407	75392	绑钩器	11.938785	品牌-20	58871.997672
3	2019-08	0.015905	85529	绑钩器	41.059966	品牌-13	55856.842507
4	2019-08	0.039033	23839	绑钩器	44.502008	品牌-1	41409.600947

图 10-29 增加“销售额”列

步骤 3: 统计当前文件中的品牌数量。

步骤 3.1：按品牌对 df 分组。代码如下：

```
df.groupby('品牌')
```

运行代码，结果如图 10-30 所示。

```
<pandas.core.groupby.generic.DataFrameGroupBy object at 0x000002741C7A3CD0>
```

图 10-30 按品牌对 df 分组

步骤 3.2：将分组结果转换为列表。代码如下：

```
list(df.groupby(' 品牌 '))
```

运行代码，结果如图 10-31 所示（限于篇幅，仅截取部分数据）。从图中可以看出，每个分组都以元组形式作为列表的一个元素。如“品牌-1”组是列表的第 0 个元素。

```
[(' 品牌-1',
           日期        转化率      访客数  三级类目        客单价       品牌              销售额
  4    2019-08  0.039033    23839  绑钩器  44.502008  品牌-1   41409.600947
  23   2019-07  0.012659   123349  绑钩器  42.206792  品牌-1   65906.902642
  43   2019-06  0.048609    85170  绑钩器  17.728170  品牌-1   73394.869121
  77   2019-05  0.024994    11067  绑钩器  43.081976  品牌-1   11916.934912
  97   2019-04  0.023452     9330  绑钩器  51.951219  品牌-1   11367.463240
  105  2019-03  0.033758    20119  绑钩器  54.100487  品牌-1   36744.236192
  125  2019-02  0.032703     7644  绑钩器  54.313753  品牌-1   13577.626669
  140  2019-01  0.024751    44733  绑钩器  60.590075  品牌-1   67083.804223
  175  2018-12  0.037248     6758  绑钩器  42.408876  品牌-1   10675.198509
  180  2018-11  0.023047   146910  绑钩器  51.056656  品牌-1  172866.322349
  215  2018-10  0.038140    24428  绑钩器  13.121330  品牌-1   12225.086680
  232  2018-09  0.045687     6930  绑钩器  40.016248  品牌-1   12669.699874),
 (' 品牌-10',
           日期        转化率     访客数  三级类目         客单价       品牌              销售额
  13   2019-08  0.029295   10292  绑钩器   51.231927  品牌-10  15446.710155
```

图 10-31　将分组结果转换为列表

步骤 3.3：统计列表长度，即列表中有多少个分组。代码如下：

```
len(list(df.groupby(' 品牌 ')))
```

运行代码，结果输出“20”，表明当前文件中共有 20 种不同的品牌。

步骤 3.4：综合步骤 3.1 至步骤 3.3，统计当前文件中的品牌数量。代码如下：

```
# 统计当前文件中的品牌数量
kind = len(list(df.groupby(' 品牌 ')))
print(' 当前文件中有 {} 种品牌 '.format(kind))
```

运行代码，结果输出“当前文件中有 20 种品牌”。

步骤 4： 统计各品牌的销售总额。代码如下：

```
df_sum = df.groupby(' 品牌 ')[' 销售额 '].sum().reset_index()
df_sum.head()
```

代码 df.groupby(' 品牌 ')[' 销售额 '].sum().reset_index() 先对 df 按照品牌分组；在分组基础上，再对“销售额列”调用 sum() 函数进行求和；最后再调用 .reset_index() 对计算结果设置行索引。

运行代码，结果如图 10-32 所示。

	品牌	销售额
0	品牌-1	529837.745358
1	品牌-10	217976.661847
2	品牌-11	327093.079507
3	品牌-12	485635.295843
4	品牌-13	438391.195855

图 10-32　统计各品牌的销售总额

步骤 5： 各销售文件的文件名中列出了此文件中销售数据所属的二级商品类目和三级商品类目，如当前文件名为“垂钓装备 & 绑钩器.xlsx”，其中“垂钓装备 & 绑钩器”是当前文件中销售数据的二级商品类目和三级商品类目。下面将从文件名中提取二级商品类目和三级商品类目，并将类目信息添加到分组结果中。代码如下：

```
df_sum['类目'] = name.replace('.xlsx','')   # 将文件名中的后缀替换为空，即删除
df_sum.head()
```

运行代码，结果如图 10-33 所示。

	品牌	销售额	类目
0	品牌-1	529837.745358	垂钓装备&绑钩器
1	品牌-10	217976.661847	垂钓装备&绑钩器
2	品牌-11	327093.079507	垂钓装备&绑钩器
3	品牌-12	485635.295843	垂钓装备&绑钩器
4	品牌-13	438391.195855	垂钓装备&绑钩器

图 10-33　增加类目列

思考

尝试用其他方法从文件名中提取二级商品类目和三级商品类目信息。

三、批量处理多个文件

微课 50：批量处理多个文件

步骤 1： 批量处理 128 个文件数据。代码如下：

```
start = time.time()                # 获取程序开始运行时间
result = pd.DataFrame()             # 定义 DataFrame 对象 result，用以存储汇总结果
```

```
# 循环遍历所有文件
os.chdir('D:\\sourcefile')                    # 将当前目录改变为 D:\sourcefile
for name in os.listdir():                  # 遍历 128 个文件
    df = pd.read_excel(name)   # 读取文件数据
    df[' 销售额 '] = df[' 访客数 '] * df[' 转化率 '] * df[' 客单价 ']   # 添加销售额列
    df_sum = df.groupby(' 品牌 ')[' 销售额 '].sum().reset_index() # 按品牌汇总销售额
    df_sum[' 类目 '] = name.replace('.xlsx','')          # 增加类目列
    result = pd.concat([result,df_sum])             # 上下拼接所有 df_sum
# 汇总各品牌销售额，并按销售额降序排序
final = result.groupby(' 品牌 ')[' 销售额 '].sum().reset_index().sort_values(' 销售额 ',ascending = False)
final.to_excel('D:\\final.xlsx')   # 将结果保存到 D 盘的 final.xlsx 文件中

end = time.time()                  # 获取程序结束时间
print(' 用 Python 操作 128 个文件所需时间：{} s'.format(end-start))   # 本次计算所花费的时间
```

运行代码，结果输出“用 Python 操作 128 个文件所需时间：5.745786666870117 s”。不过程序运行时间也会受到计算机自身性能的影响，多次运行取平均运行时间，会得到一个较合理的时间消耗值。

步骤 2： 打开 D 盘中的“final.xlsx”文件，查看汇总结果，如图 10-34 所示。

	A	B	C
1		品牌	销售额
2	15	品牌-5	1226223641
3	8	品牌-17	1195280572
4	2	品牌-11	1151829216
5	4	品牌-13	1150687030
6	3	品牌-12	1143519788
7	9	品牌-18	1110814024
8	13	品牌-3	1106001226
9	1	品牌-10	1088054963
10	12	品牌-20	1079942454
11	16	品牌-6	1079597979
12	11	品牌-2	1064011507
13	7	品牌-16	1063687674
14	0	品牌-1	1061681673
15	6	品牌-15	1058597306
16	10	品牌-19	1052228347
17	19	品牌-9	1046192023
18	5	品牌-14	1028947688
19	18	品牌-8	1009751950
20	17	品牌-7	1000761063
21	14	品牌-4	979272391.6

图 10-34　批量处理 128 个文件数据的结果

四、绘制图表

步骤 1： 导入 Matplotlib 绘图包，并设置绘图参数。代码如下：

```
import matplotlib.pyplot as plt
plt.rcParams['font.sans-serif'] = ['SimHei']          # 设置正常显示中文
plt.rcParams['axes.unicode_minus'] = False           # 设置正常显示负号
```

步骤 2： 用柱形图展示不同品牌的销售额对比情况。代码如下：

```
final.reset_index(drop=True).plot.bar(rot=0)
```

其中，final.reset_index(drop=True) 用于重置 final 的行索引，参数 drop=True 表示删除 final 的原索引。

运行代码，结果如图 10-35 所示。

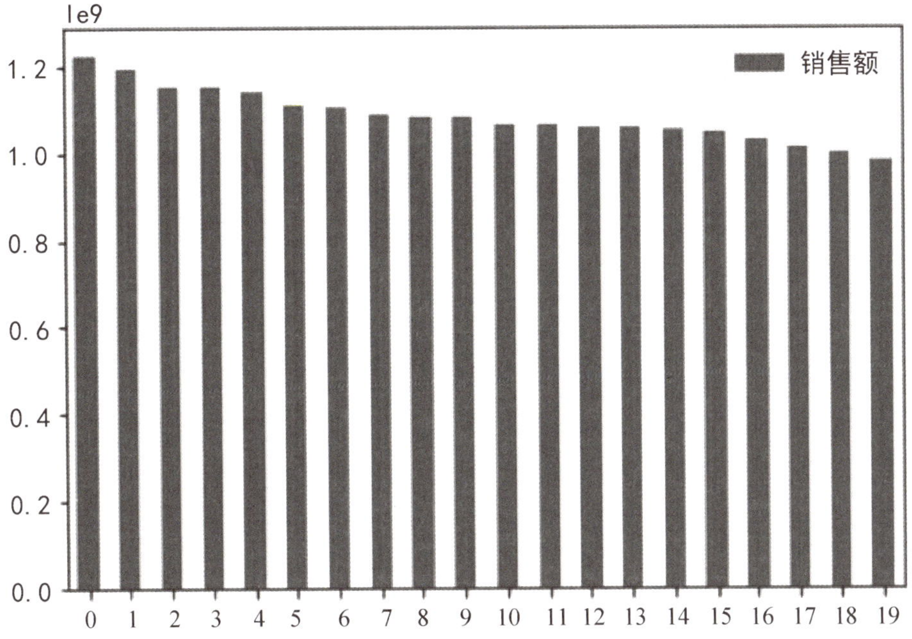

图 10-35　不同品牌的销售额对比

步骤 3： 对图 10-35 进行修饰，如添加图表标题、添加 y 轴名称、显示网格线、x 轴标签倾斜显示等。代码如下：

```
final.plot.bar(x=' 品牌 ',y=' 销售额 ',grid=True,
               title=' 各品牌销售额对比图 ',
               rot=45,figsize=(6,3),ylabel=' 销售额 ')
```

运行代码，结果如图 10-36 所示。

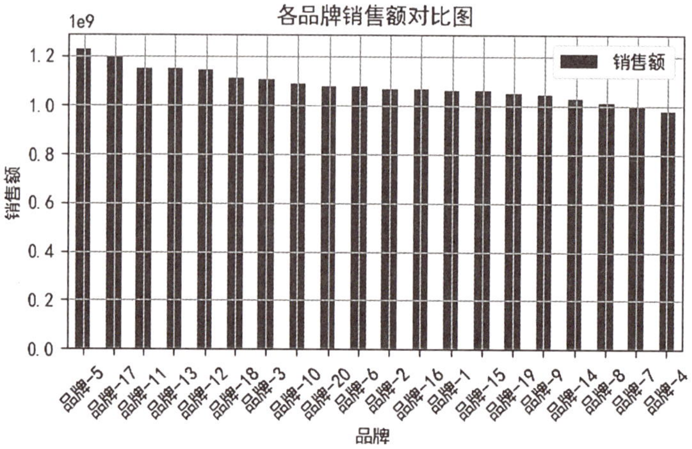

图 10-36　修饰后的图表

项目总结

本项目以实现自动银企对账和批量汇总多个文件中的销售额两个任务为例，讲解了使用 Python 实现自动化业务处理的相关知识和方法。业务自动化处理常需要使用更多的 Python 工具包、更强的业务理解能力和代码编写能力，因而，熟悉更多的工具包、不断地探索业务本质、不断地提升 Python 综合应用能力，能大幅提升使用 Python 解决问题的能力和水平。

至此，本书的教学内容就要结束了，而学习的脚步并不会停止。时代在进步，技术在革新，希望同学们以此书为起点，不断提升数字素养，提升数据思维和逻辑思维，能主动发现数据，并能主动应用数据，为推动我国的产业数字化贡献力量。

实战演练

一、单选题

1. 在 Pandas 中进行数据访问时，下列方法错误的是（　　）。

A. 通过 loc 按行标签（即自定义的行名、行索引）选取某行数据

B. 通过 loc 按列标签选取某列数据

C. 通过 iloc 按数字索引获取数据

D. 通过 iloc 按索引名称获取数据

2. 现有如下数据集，要获取成绩（score）大于 80 分的数据，下列代码正确的是（　　）。

```
import pandas as pd
data = [[' 小明 ',56],[' 小红 ',84],[' 小美 ',95],[' 小齐 ',75]]
df = pd.DataFrame(data,index = ['a','b','c','d'],columns=['name','score'])
df
```

A. df['score']>80
B. df[df['score']>80]
C. df['score']>80 == True
D. df['score']>80 == False

3. 在第 2 题的 df 数据中，查找成绩大于 80 且小于 90 的数据，下列代码正确的是（　　）。

A. df[(df['score']>80) & (df['score']<90)]
B. df[df['score']>80&df['score']<90]
C. df[(df['score']>80) and (df['score']<90)]
D. df[df['score']>80anddf['score']<90]

4. 在 D 盘中有文件夹 test，要列出 test 文件夹下的所有子文件夹和文件，下列代码错误的是（　　）。

A. import os
os.chdir('D:\\test')
os.listdir()

B. import os
os.listdir('D:\\test')

C. import os
os.chdir('D:')
os.listdir('test')

D. import os
os.chdir('D:')
os.listdir('D:\\test')

5. 若要将当前时间用“××××年××月××日××点××分××秒××月××日，星期×”的格式显示，则下列代码正确的是（　　）。

A. print(' 现在时间：',time.strftime('%H 点 %M 分 %S 秒 '))
B. print(' 现在时间：',time.strftime('%a,%d %B %Y 年 %H 点 %M 分 %S 秒 '))
C. print(' 现在时间：',time.strftime('%Y-%H-%M-%S,%a,%d %B'))
D. print(' 现在时间：',time.strftime('%Y 年 %H 点 %M 分 %S 秒 ,%a,%d %B'))

二、实操题

1. 使用任务一提供的素材文件“银企对账.xlsx”，对银行已入账但企业尚未入账的款项进行核对。
2. 使用任务二提供的素材文件“垂钓装备 & 抄网.xlsx”，计算该文件中各品牌的销售总额，并以可视化图表展示结果。

参考文献

[1] 李庆辉. 深入浅出 Pandas：利用 Python 进行数据处理与分析 [M]. 北京：机械工业出版社，2021.

[2] 朝乐门. Python 编程：从数据分析到数据科学 [M]. 北京：电子工业出版社，2019.

[3] 李刚. 疯狂 Python 讲义 [M]. 北京：电子工业出版社，2019.

[4] 高翠莲，乔冰琴，王建虹. 财务大数据基础 [M]. 北京：高等教育出版社，2021.

[5] 高翠莲，安玉琴，陈强兵. 财务大数据分析 [M]. 北京：高等教育出版社，2022.

[6] 裴淑琴，财务会计报告分析 [M]. 北京：北京师范大学出版社，2011.

[7] 张先治，陈友邦. 财务分析 [M]. 8 版. 大连：东北财经大学出版社，2017.

[8] 张新民，钱爱民. 财务报表分析 [M]. 5 版. 北京：中国人民大学出版社，2019.